Semine Demirci

1971'de Amasya'nın Gümüşhacıköy ilçesine bağlı Köseler Köyü'nde dünyaya geldi. Beşikdüzü Öğretmen Lisesi ve Validebağ Sağlık Meslek Lisesi'nde tamamladığı ortaöğreniminin ardından Boğaziçi Üniversitesi Rehberlik ve Psikolojik Danışmanlık Bölümüne girdi. Muhammed Furkan'ın doğumu üzerine tahsilini yarıda bırakıp evinin hanımı olarak çalışmaya başladı. Semine Demirci Üsküdar Belediyesi adına Altunizade Kültür Merkezi'nde düzenlenen "Ev Akademisi" seminerlerini koordine etmektedir. *Her Güne Bir Dua*, *Zafer* Dergisi'nde de yazıları yayınlanan Semine Demirci'nin ilk kitap çalışmasıdır. Semine Demirci, Muhammed Furkan, Mustafa Ahmed ve Sueda Zeynep'in sevgili annesi; Senai Demirci'nin sevgili eşidir.

Senai Demirci

1964'de Samsun'un Terme ilçesinde doğdu. Samsun'da başladığı tıp öğrenimini İstanbul'da sürdürdü ve 1990 yılında Marmara Üniversitesi Tıp Fakültesi'ni bitirdi. Senai Demirci'nin *Yeni Asya Gazetesi*, *Köprü*, *Karakalem*, *İzlenim*, *Zafer*, *Altınoluk*, *Beyan* ve *Çare* Dergileri'nde çıkan yayınlanmış denemeleri dışında *Şöyle Garip Bencileyin;* (Karakalem 1993), *Dar Kapıdan Geçmek;* (Nesil, 1996; II. Baskı Karakalem, 1999) *Risale Düşünceleri;* (Zafer Yayınları, 1999), *Bilimin Öteki Yüzü;* (Y. Bouguenaya, M. Karabaşoğlu ile birlikte, III. Baskı Karakalem, 1998), *Aşka Dair Öyküler* (Timaş, 2002) ve *Sevgilinin Evine Doğru* (Timaş, 2003) adlı kitapları ve çok sayıda çeviri eseri vardır.

Kanal 7'de, Sağlık Ocağı, Yaşama Gücü ve Yürüyüşler adlı programların yapımcılığını ve sunuculuğunu yaptı, İmam Hatip Belgeseli yapımına katkıda bulundu. Ayrıca, Moral FM, Marmara FM, Radyo Çağ, Üsküdar FM ve Burç FM'de radyo programları yaptı. 2001'de webmaster Mehmet Çelik'le birlikte Türkçe'deki ilk interaktif dua sitesi olan **www.dualar.com**'u kurdu.

Halen tıpta kalite yönetim çalışmaları da yapan Senai Demirci, Üsküdar Belediyesi adına Altunizade Kültür Merkezi'nde düzenlenen "Ev Akademisi" seminerlerini yönetmektedir. Muhammed Furkan, Mustafa Ahmed ve Sueda Zeynep'in de sevgili babaları; Semine Demirci'nin sevgili eşidir.

furkan kitaplığı: 34

ısbn: 975-7969-19-2
1. basım, nisan 2000
29. basım, 2007

teknik hazırlık: betül biliktü
kapak tasarımı: burhan derdiyok
iç baskı: alemdar ofset
kapak baskı: milsan
cilt: dilek mücellit

furkan kitaplığı
kızkulesi yayıncılık ve tanıtım hiz.
merkez: selman ağa mah., selami ali efendi cad., no: 11 üsküdar / istanbul
tel: 0216 341 08 65 - 492 59 74/75   belgegeçer: 334 61 48
dağıtım: çatalçeşme sk., defne han, no: 27/3 cağaloğlu / istanbul
tel: 0212 520 49 27   belgegeçer: 520 49 28
www.kaknus.com.tr   e-posta: info@kaknus.com.tr

HER GÜNE BİR DUA

Semine & Senai Demirci

Sunuş

Dua, varlığımızı ötelere taşıyan kristal bir andır. Dua, kalbimizi dudağımıza komşu eyleyen duru bir nefestir. Dua, bakışımızı gayba açan billur penceredir. Dua, niyetimizi ümide ulaştıran bin kanatlı melektir. Dua, nefesimizi semalara taşıyan yumuşacık bir rüzgardır. Dua, cılız sözlerimizi ebedî meyvelere dönüştüren bir kutlu ağaçtır. Dua kalbimizi yalnızlık ve yetimliğin toprağından sıyırıp sonsuz baharların çiçeği eyleyen bin bereketli tohumdur. Dua, aczimizi ve fakrımızı Kadir-i Rahim'in dergahında reddedilmez bir şefaatçı eyleyen kapıdır. Dua, sözümüzü vahyin ırmağına akıtan pınardır. Dua, hüznümüzü bu yaşama sınavında bizimle derttaş olmuş nice peygamberin[as] genişlemiş göğsüne taşıyan elçidir. Dua, herbirimizi Yaratıcımızın ebedi Sözü'yle "ağızbirliği" ettiren Rabbanî bir lûtuftur.

Önsöz

Dua, istemektir. İstemenin şekli, zamanı, yeri, konusu, gerekçesi, sıklığı gibi detayları bir yana bırakırsak, duanın insan eylemlerinin nihaî sonucu olduğunu görürüz. Ne yaparsak yapalım, ne edersek edelim, yaptığımız şey "istemek"ten ibarettir. Elimizden gelmeyen için duaya sarılmak da, elimizden gelen için işe sarılmak da, şekli farklı olmakla birlikte "dua"nın "isteme" anlamında buluşurlar. Öyle ise dua etmek ya da etmemek diye bir seçeneğimiz yok. Bazen el açar, dilimizle dua eder, sözümüzü dua eyleriz, bazen yaptığımız işle ister, eylemimizi dua eyleriz. El açıp fısıltıyla dua ettiğimizde sözümüzü işiten Yaratıcı da, bir işe girişip, girişimimizin sonucunu yaratmasını beklediğimiz Yaratıcı da aynı ve tek Yaratıcıdır.

Her Güne Bir Dua, bir taraftan size hergün için özel bir dua aktarırken, bir taraftan da dua kültürünün ince detaylarını paylaşmak, derin heyecanlarını çoğaltmak üzere tasarlandı. Her Güne Bir Dua, bir günlük formunda hazırlandı. Böylece "kulluğun özü" olarak tanımlanan dua eyleminin her güne, mümkünse her ana yayılmasına özel bir katkı yapmayı amaçladık. Bununla birlikte günlere bakmaksızın başlayıp bitirebileceğiniz ya da başucu kitabı gibi başvurabileceğiniz bir dua kitabı ihtiyacına da cevap vermeye çalıştık.

Her Güne Bir Dua'da yayınlanan dualar ve dua yazıları bir yıla yayılan bir hazırlık döneminde seçildi ve olabildiğince hatasız olmasına dikkat edildi. Bununla birlikte hatasız kul olmayacağı gerçeğinden hareketle kitabımızın da hatasız olmayacağını peşinen kabul ediyoruz. Özellikle dua metinlerinde yanlış görürseniz, beraberce istiğfar edip düzeltme niyetindeyiz, bu konuda siz okuyucularımızdan da yardım bekliyoruz.

Bu türden derleme kitaplarda bir telif hakkının da doğduğunu biliyoruz. Bu kitapta yazılarını ya da dua metinlerini aldığımız yazarlardan izin almaya özen gösterdik. Yazılarının alıntılanmasına bizzat izin veren ya da izin alma fırsatımız olmadığı halde yazısının yayınlanmasını hoşgören yazarlarımıza kalbî teşekkürler borçluyuz. Bundan başka, başta Türkçe tek interaktif dua sitesi www.dualar.com olmak üzere sair internet kaynaklarından gelen bazı yazıların yazarları aktarımlar sırasında kaydedilmemiş ve sehven bir başka isimle yayınlanmış olabilir. Özellikle bu konuda siz okuyucularımızdan kul hakkına girmemek adına yardım bekliyoruz. Yazarı belirtilmemiş ya da yazarı yanlış belirtilmiş bir metin görürseniz bize bildirmekten çekinmeyin.

Her Güne Bir Dua'daki dua metinlerinin her dilden, her dinden, her milletten olmasına çalıştık. Çünkü, biz dua etme eyleminin, varoluşundaki derin sızıyı farkeden, aczini ve fakrını hisseden her insan için evrensel ve insanî bir eylem olduğuna inanıyoruz. Bütün dinlerin özü Yaratıcı'yla iletişim kurmak, O'na arz-ı hal etmek ise, hepsinin de bir dua kültürüyle taçlandığını görmek şaşırtıcı olmamalıdır. Her Güne Bir Dua'ya, hayır ve güzellik adına varolan her şeyi kapsadığından emin olduğumuz İslam kaynaklarındaki dualar başta olmak üzere, insan fıtratının içten yansımaları olarak tanık olmanızı istediğimiz diğer kültürlere ve dinlere ait yakarışları da ekledik.

Duanın asıl dili gönül dilidir. Duada ellerimizi açtığımız kadar gönlümüzü de açmalıyız. Avuçlarımızı, açıp göğe döndürdüğümüz gibi, aczimizi de fakrımızı da Rabbimizin dergâhında itiraf etmeli ve hissetmeliyiz. Bir istek, bir arzu, bir özlem, hangi dilden olursa olsun, gönlümüzün diliyle, içtenliğimizin dudağıyla söylenince sahici bir yakarışa, sıcacık bir yakınlığa dönüşür. Bir başka kültürün bir başka insanın duasını da bu içtenliği ve yakınlığı yakalayıp dilimize getirdiğimiz anda "bize ait" ve "bizden" yaparız. Kabulüne inanarak, cevap verileceğinden emin olarak dua etmek, duanın sesini yükseltir. Yakarışın yankısını güçlendirir. Arzu ve isteyişin şiirini billurlaştırır.

Bununla birlikte, özellikle Kur'anda Rabbimizin bize öğrettiği duaların, şefkatli peygamberimizin(asm) mübarek diliyle telaffuz ettiği yakarışların Arapça söyleyişlerinin vahyin ve nebevi kelâmın her an taze olan diriliğine taşıyan canlı bir ten olduğuna ifade etmek gerektir. Bu duaları, Arapça lafızları ile söylemek, bu ulvi diriliği dilimize, damağımıza, dimağımıza, kalbimize taşımak anlamına geldiği gibi, bizi ve eşyayı sayısız dille konuşturan ezeli Mütekellim ile "ağız birliği" etmek gibi Sözün Sahibi Rabbimizin sözünü "ağzımıza koymak" gibi tarifsiz ve tadına doyulmaz meyveleri vardır. Bu yüzden, Kur'an'da bize öğretilen duaları, bizim varoluş sancılarımızı bizim adımıza çekip ihtiyacımızı dillendiren peygamber yakarışlarını da kitapta sıraladık. Dileyen okuyucularımız bu duaları Kur'an'a bakarak doğrudan okuyabilirler.

Her Güne Bir Dua'nın hazırlığı www.dualar.com'un yayını vesilesiyle yaşadığımız tatlı ve ulvi dua heyecanıyla yoğunlaştı. Bu vesileyle, www.dualar.com sitesinin kuruluşunda bizlere gönüllü yardımcı olan dua dostlarımıza, heyecanımızı paylaşıp çoğaltan onbinlerce www.dualar.com üyesine ve ziyaretçisine sayısız teşekkür borçluyuz.

Tüm dualarımızın kabulünü diliyor, duada buluşmak ve dualaşmak niyetiyle kalbinize ince yakarışlardan derlediğimiz sayfalarla misafir oluyoruz. Dualarınızda bizleri de unutmamanız duasıyla.

Semine & Senai Demirci

Şubat 2002; Beylerbeyi, İstanbul
e-mail: senaidemirci@hotmail.com
e-mail: seminedemirci@hotmail.com
website: www.dualar.com

Sen affın sahibisin, bizleri affet. Sen ki ellerini açana
"Lebbeyk" diyensin. Dua dostlarıyla birlikte kapında duruyor
açılana kadar da dua ediyoruz. Açılmazsa da kovma bizleri Ya Rab.

Dua ile varedildik, öyleyse
tüm varlığımızla dua edelim!

Her sabah aynaya baktığımızda dua edilecek ve dua eden o kadar çok şey görürüz ki.. Gözlerimiz, ışığı görme duamızın kabulüdür. Yüzümüz güzel görünme duamızın kabulüdür. Burnumuz güzel kokularla birlikte olma duamızın kabulüdür. Dudağımız, damağımız, dilimiz bir kelam söyleme duamızın kabulüdür. Kulağımız, güzel sözler işitme, ahengi dinleme duamızın kabulüdür. Ellerimiz, bir şeylere sahip olma, bir şeyleri elimizin altında tutma, güzel şeylere dokunma duamızın kabulüdür. Sahi, bunca önemli ve büyük duayı ne zaman seslendirmiştik de kabul edildi? Yokluğumuzda varedilme arzumuzu, insan olma duamızı ifade edecek neyimiz vardı? Acizdik, hiçbir şeye gücümüz yetmiyordu. Fakirdik, hiçbir şeyin sahibi değildik o zamanlar... Ama şimdi herşeye sahip olmak isteyen, ebediyen var olmak isteyen bir insan olarak varız.. Yokluğumuz bir nazlı niyaz ve bir tatlı dua olmuş ve varedilişimizle kabul edilmiş! Öyleyse, neden tüm varlığımız duaya adanmasın?

Senai Demirci

"İlahî, ben Peygamberin Muhammed'in(asm) Senden istediği bütün hayırlı şeyleri Senden isterim. O'nun(asm) Sana sığındığı bütün kötü işlerden de Sana sığınırım."

Hadis-i Şerif

Duaların hepsini toplayan dua

Sahabelerden Ebû Umame el Bahilî(ra) anlatıyor: Resul-ü Ekrem(asm) Efendimiz, her vesile ile dua ederdi. Biz bunlardan bir kısmını ezberlerdik, bir kısmını ise ezberleyemezdik. Bir gün; "Ya Resulallah(asm), siz çok dua ediyorsunuz. Bunlar aklımızda kalmıyor" dedik. Bunun üzerine Resul-ü Ekrem(asm) "Size bu duaların hepsini toplayan bir dua öğreteyim mi?" dedi ve bize bu duayı tavsiye etti:

"İlahî, ben, Peygamberin Muhammed'in(asm) Senden istediği bütün hayırlı şeyleri Senden isterim. O'nun(asm) Sana sığındığı bütün kötü işlerden de Sana sığınırım. Yardım ancak Senden beklenir ve dünya ve ahirette istenilecek şeye ulaştıracak Sensin. Hâkîmâne tasarruf da ve kamil kuvvet de ancak Allah iledir. Kuvvet ve kudret ancak Allah'ın inayeti iledir."

Yâ İlâhî! Kapında sadakatle gelip duran,
iflas etmiş bu fakîre lûtfunla kerem eyle!
Ey Celîl olan Allahım! Büyük günah sahibi,
bu zelîl ve garîb kulunun günahını bağışla!

Hz. Ebu Bekir-i Sıddık'ın (ra) Duası

Huzur nerede?

Hep onu ararız.. O'nun peşinden koşarız. Telaşların ardından onu beklemeye başlarız. Kaygıların arasında onu özleriz. Umutsuzlukların sonrasına saklarız onu. Geniş bir zamanda, uzak bir günde onu bizimle birlikte olacağını umarız. O'nu geçmiş günlerde yâdederiz. O'nun geçmişte bir ara bizimle birlikte olup yittiğini zannederiz. Onu, yani huzur dediğimiz hali uzaklarda bildiğimiz için, sonralara ertelediğimiz için, arkalara bıraktığımız için, sadece özlediğimiz için bulamayız... Oysa huzur, ne dünde kalmıştır, ne yarınların arkasına saklıdır. Huzuru ertelemekten ve yitirdiğimizi zannetmekten vazgeçersek, onu şimdi yanımızda buluruz. Şimdi'miz sonsuz derinleşir, aldığımız her nefeste sonsuz huzuru farkederiz. Huzur dediğimiz şimdinin sonsuz derinleşmesidir. Huzur şimdidir. Şimdi huzurdur...

Senai Demirci

Ey Tanrı, hep güzellikler içinde yürüyelim ve gözlerimiz hep farkına varabilsin kırmızı ve mor günbatımının güzelliğinin.

Kızılderili Duası

Dua seni ötelere taşır

Hayâllerini küçümseme.
Hayâli olmayanın ümidi yoktur.
Ümidi olmayanın gayesi yoktur.
Hayatı, nerede bulunduğunu unutacak kadar hızlı yaşama.
Nerede olduğunu hatırla, nereye doğru koştuğunu da bil.
Hayat bir yarış değildir; yolun her adımında durup düşünülesi bir aheste yürüyüştür.
Dua etmeyi unutma.
Dua, ayaklarımızı bu dünyanın eşiğinden öte taşır.
Dua, ellerimizi bu dünyanın kapısından öte uzatır.
Dua, gözlerimizi bu dünyanın penceresinden öte baktırır.
Dua, kalbimizi bu dünyanın duvarlarından öte taşırır.
Dua, ruhumuzu bu dünyanın sınırlarından öte taşır.

Senai Demirci

*"Ey Rabbimiz! Bizi sana boyun eğenlerden kıl,
neslimizden de sana itaat eden bir ümmet çıkar,
bize ibadet usullerimizi göster,
Tevbemizi kabul et; zira, tevbeleri çokça kabul eden,
çok merhametli olan ancak Sensin."*

Bakara, 128

Şükür nedir?

Cüneyd-i Bağdâdî Hazretleri henüz yedi yaşındayken, hocası ve aynı zamanda dayısı olan Sırrî-yi Sekatî ile beraber hacca gitmişti. Mescid-i Haram'da dört yüz kadar ulemâdan büyük zât toplanmış, şükür hakkında konuşuyorlardı. Herkes şükür hakkında bir şeyler söylüyor, şükre kâmil bir tarif getirmeye çalışıyorlardı. Uzun konuşmalar sonunda dörtyüz değişik fikir çıkmasına rağmen, herkesi tatmin edecek bir şey söyleyebilen olmamıştı. Sırrî-yi Sekatî bir de yanındaki Cüneyd-i Bağdâdî'ye sordu. 'Mâdem ki buradasın, sen de bir şeyler söyle' dedi. Cüneyd-i Bağdâdî Hazretleri, 'Şükür, Rezzak olan Allah'ın ihsan ettiği nimet ile O'na isyân etmemektir' buyurdu. Orada bulunanların hepsi şaşırıp, 'Seni tebrik ederiz, maksadı en güzel sen tarif ettin. Ancak bu kadar tarif olurdu' dediler.

6 Ocak

"Allahım, Senin yardımınla hareket ederim,
Senin yardımınla kıpırdarım,
Senin yardımınla yürürüm!"

Peygamberimizin(asm) yolculuğa çıkarken yaptığı dua

Ağaç ki, eğile eğile ibadet olmuş

Bir ağaç ki eğile eğile
İbadet olmuş,
Bir ağaç ki "ağaç" deyip geçmek
Âdet olmuş...

Dalları sallana sallana
Salıncak,
Budakları inile çıkıla
Basamak,

Kendisi renkten, ışıktan, kokudan
Bir demet olmuş,

Cenneti anlatan
Bir ayet olmuş.
Karışmış dallar dallara,
Kuşlarını çağırır yollardan.
Uçurur kuşlarını yollara..
Rengiyle, kokusuyle, tadiyle
Ziyafet olmuş.

Bir ağaç ki "ağaç" deyip geçmek
Adet olmuş.

Arif Nihat Asya

Sevgili Allah, yeni öyküler yazamaz mısın?
Yazdıklarının hepsini okuyup, bitirdik
ve yeniden başa döndük!

Bir çocuktan çocukça ve masumca bir dua

Sürprizler diyarı

Cennet bir sürprizler diyarıdır. Bizi hangi amelimizin kurtaracağı da belli değildir; o da bir sürprizdir. Bazen dudağımızda beliren bir tebessüm goncası karşımızda bütün ümitleri hazanla sarsılmış birisine öyle bir inşirah baharı yaşatır ki onun karşılığını biz ahirette cennet bahçeleri olarak görürüz. Öyleyse iyiliklerden hiçbirini, ama hiçbirini küçük görmek doğru değildir. Velev ki bu iyilik kovadaki suyu bir başkasının kabına boşaltmak kadar küçük bile olsa….

Fethullah Gülen

*Allahım! Sana şükrümde, Seni zikrimde ve
Sana en güzel ibadetlerimi yapmamda bana yardım et.*

Gelenler, gidenler

Her an bir 'ayrılık' yaşıyoruz. İçinde yaşadığımız bir 'an', bir 'an' sonra gidiyor. Her gün su verdiğimiz, toprağını havalandırdığımız 'menekşe' yapraklarıyla, rengarenk çiçekleriyle bize gülümsüyor ve sonra soluyor, gidiyor. Bebekliğimiz, çocukluğumuz ve gençliğimiz geliyor ve gidiyor. Güneş geliyor, akşam gidiyor. Ay geliyor, sabah gidiyor. Akşam geliyor ve gidiyor, sabah geliyor ve gidiyor. Tren geliyor ve gidiyor. Dalgalar geliyor ve gidiyor. Bahar, dolu vagonlarla geliyor ve gidiyor. Annemiz, babamız, kardeşlerimiz, akrabalarımız, biz... geliyoruz ve gidiyoruz. Günler geliyor ve gidiyor. Bulutlar geliyor ve gidiyor.

Velhasılı her şey geliyor ve gidiyor. Ne anlatıyor bu gelip gitmeler? Neden önce 'var' oluyor, sonra 'yok' oluyor? Nereden geliyor ve nereye gidiyor gördüğümüz her 'şey' ve yaşadığımız her 'an'? Neyi göstermek istiyor bu ayrılıklar?

Ya İlâhi! Bize bu ayrılıkların hikmetini anlamayı nasip eyle! Bu ayrılık hüznün arkasında hangi sevinçler var? Göster bize Ya Rabbi! Aczimizle, fakrımızla 'ayrılık perdesi'ni aralamak için Senin dergâhına sığınıyoruz. Bize yardım et.

Ferda Çiftçi

"Rabbim! Sadrımı (göğsümü) aç, genişlet!"

Musa'nın(as) birinci duası, Taha Suresi 25

Hz. Musa'nın(as) birinci duası

Hâlık-ı Zülcelâl tarafından resûl olarak vazifelendirildiği dakikada, Hz. Musa ancak bir resûlün sergileyebileceği bir davranış sergiler ve her mü'min için örnek teşkil edecek bir duada bulunur. Bu, Tâhâ sûresinde zikri geçen ve "Rabbim! Göğsümü genişlet!" talebiyle başlayan bir duadır. (…)

En başta, duanın ilk cümlesinden öğrenildiği üzere, hakikatın hakikaten tebliğcisi olmak, zordur. Bu, sabırsız, asabî, çabucak darılan, kolayca üzülen, çarçabuk ümitsizliğe düşen, kolaylıkla vazgeçen insanların harcı değildir. Hakikatın tebliği hengâmında, iç karartan ve göğüs daraltan türlü çeşit söz ve davranışa maruz kalınacaktır. (…) Hakikat yolcusunun, hakikatın hakkıyla tebliğine karşı haksızlardan gelecek bütün bu muamelelere göğüs gerebilmek, dayanabilmek ve direnebilmek için, yüreğini geniş tutmaya ihtiyacı vardır. Bir insan olarak pekâlâ sıkılıp daralabileceği bu ânlarda dahi sabır, azim ve sebat ile tebliğine devam edebilmesi; bu sıkılıp daralmalar ile geri adım atmalardan yahut yanlış adımlar atmaktan veyahut duraklamaktan azade olabilmesi için, bu yürek ve göğüs genişliği vazgeçilmez bir şarttır.

Hz. Musa "Rabbim! Sadrımı (göğsümü) aç, genişlet!" derken, bu vâkıayı da gözler önüne sermektedir.

Metin Karabaşoğlu, Kur'ân Okumaları

 *Ocak*

*Rabbim, sen her fiilinde nazik ve incitmesizsin;
senin rahmetin o kadar büyük ki insanların sadece iyilikleri değil
hataları da senin rahmetine erişme vesilesidir.*

Blaise Pascal

Pascal'dan şifa duaları

Bir fizikçi ve matematikçi olarak bildiğimiz Blaise Pascal, kısa ömründe ağır hastalıklar ve acılar yaşamış bir insandır. Uzun hastalık dönemlerinde yaşadığı derin acz hali Pascal'ı Allah'a küstürmek yerine her an biraz daha Allah'a yanaştırmış ve kendisine verilen bu halin bir anlamı olduğunu düşündürmüştür. "Pascal'ın Şifa Duaları" diye adlandırdığımız bu dualarından biri şöyle:

Rabbim, sen her fiilinde nazik ve incitmesizsin; senin rahmetin o kadar büyük ki insanların sadece iyilikleri değil hataları da senin rahmetine erişme vesilesidir. Kabul et, bu halimle Sana Rabb-i Rahim olarak yöneleyim. Çünkü benim sağlıktan hastalık haline geçişim Sana bir değişiklik getirmez. Sen hep aynısın; hem mutluluğumda hem acılı anlarımda benim Rabb-i Rahimimsin.

Allahım; bizi bu dünyadan şehadet ve imân ile çıkar.

Risale-i Nur'dan

Duanın adabı

Namaz ve ibadetten sonra dua etmek.
Tevbe ve istiğfarını kemal-i ihlas ile takdim etmek.
Kıbleye yönelmek ve evvelinde "Elhamdülillahi Rabbil Alemîn" diyerek Allah'ı hamdüsena eylemek.
Resul-ü Ekrem'e (asm) duanın önünde ve sonunda salat ve selam eylemek
Duanın sonunda "amin" demek.
Duayı yalnız kendisine mahsus kılmamak, bütün mü'minleri duaya ortak etmek.
Ellerini semaya kaldırıp avuçlarını açmak ve duanın sonunda yüzünü meshetmek.
Huzur-u kalble, huşu içinde, teslim olarak niyazda bulunmak.
Kabul edileceğini umarak ve cevap verileceğinden emin olarak dua etmek.

Seni çağırıyorum ey Rabbim,
Seher vakti beni bir Sen işitirsin.
Seher vakti Sana duamı arzediyorum,
aczimi, fakrımı ilan ediyorum.

"Kur'ân'ı yoldaş eyle"

Ya Rabbi! Kur'ân ve Kendisine Kur'ân indirilen Zât hakkı için kalplerimizi Kur'ân nuruyla nurlandır. Kur'ân'ı her hastalığa karşı bize şifa, hayatımızda ve ölümümüzden sonra bize yoldaş eyle. Kur'ân'ı bize dünyada arkadaş, kabirde yoldaş, kıyamette şefaatçi, sırat köprüsünde nur, cehenneme karşı perde ve örtü, cennete girmekte rehber ve arkadaş, hayırlı işlere ulaşmada önder ve rehber eyle. Bunu fazlın, cömertliğin, keremin, ihsanın ve rahmetin adına Senden istiyoruz.

Risale-i Nur'dan

13 Ocak

Hisset beni, duy beni, dokun bana,

Bir Allah'ı Arayış Filmi Olarak Bilinen
Tommy'nin Nakarat Cümlesi

Engin için

Yokluğumuz varedilme duamızdır

Bizi ciddiye alan yoktu, arzularımız bile yoktu. Sonra bir küçük hücre olarak varolduk. Bir karanlığın orta yerine bir pıhtı olarak düşüverdik sessizce. Öyle ki varlığımıza duacı olan anababamız bile henüz varlığımızdan haberdar değildi. Kendi varlığımızı kendimiz de bilmiyorduk. Sadece "Bir Yaratıcımız" vardı! Biz yokken de varlığa dair hasretimizi Bilen, dilimiz dönmezken de konuşma duamızı İşiten, yüzümüz yokken de insan olma niyetimizi Gören, aklımız ermezken de varolma iştahımızı Bilen bir O vardı.. Şimdi, neden daha fazlasını istemeyelim O'ndan? Neden dilimiz duadan, gözümüz O'na şahid olma arzusundan, yüzümüz O'na yönelmekten, kulağımız O'nun kelamını dinlemekten uzak olsun? Neden yokluğumuzu bir varlık duası bilip bizi Vareden'e bütün varlığımızla bir dua olarak hitap etmeyelim?

Senai Demirci

 Ocak

Ey Allahım nurumu artır, bana nur ver ve benim için bütün nurları içine alan büyük bir nur ihsan eyle.

Peygamberimizin^(asm) Dilinden

Ben senin mahlukun ve masnûunum...

Allahım sen benim Rabbim, Halık'ım ve Mabud'um olduktan sonra, iki dünyanın hayatını da kaybetsem ve kâinat bütünüyle bana düşmanlık etse, ehemmiyet vermemeliyim. Çünki ben Senin mahlukun ve masnuunum sonsuz günahkârlığım ve insana değer kazandıran sair hasletlerden nihayetsiz uzaklığımla beraber, Seninle bir alâka ve intisap cihetim var.

İşte Senin böyle durumdaki bir mahlukunun lisanıyla niyaz ediyorum:

Ey Halık'ım, ey Rabbim, ey Razık'ım, ey Malik'im, ey Musavvir'im, ya Mabud'um Esma-i Hüsnan, İsm-i Azamın, Kur'an-ı Hakîmin, Habib-i Ekremin, Kelam-ı Kadimin, Arş-ı Âzamın ve bir milyon ihlas suresi hürmetine bana merhamet et ya Allah, ya Rahman, ya Hannan, ya Mennan, ya Deyyan! Günahlarımı bağışla ya Gaffar, ya Settar, ya Tevvab, ya Vehhab. Beni affet ya Vedud, ya Rauf, ya Afüvv, ya Gafur. Bana lütufta bulun ya Latif, ya Habir, ya Semi, ya Basir.

Risale-i Nur'dan

15 Ocak

Ya Rabbi,
Mal verdiğinde Saadet de ver; Kuvvet verdiğinde Akıl da ver
Tevazu verdiğinde İzzet de ver; İktidar verdiğinde Basiret de ver
Belâ verdiğinde İman da ver; Nimet verdiğinde Şükür de ver
Güzellik verdiğinde İffet de ver; Cesaret verdiğinde İnsaf da ver
Zorluk verdiğinde Sabır da ver.

Babadan bebeğe mektup

İlk resmin elimde şimdi. İşin doğrusu, bir şeye benzediğin de söylenemez bu resme göre. Belki bir fasulye tanesi kadarsın. Doğru ya, sen, şimdi fasulyenin ne kadar ve nasıl bir nimet olduğunun farkında bile değilsin. Acele etme sakın, zamanla öğreneceksin. Boyun 2,5 cm miş, biliyor muydun? Masanın üzerindeki yeşil silgiye takıldı gözlerim. O bile bu yarı kullanılmış haliyle senden çok daha büyük!
Rabbimiz, silgi kullanmaya gerek duymayacağın bir hayat versin sana.
Annen, bugün kalp atışlarını dinlemiş senin. Eve geldiğimde, tarifsiz bir tebessüm konmuştu gözlerine bu yüzden. Belki çok erken ama, ben senden, daha şimdiden rica ediyorum; bu tebessümü yok edecek hiçbir şey yapma olur mu? Çünkü o tebessüm çok yakışır annenin yüzüne; senin, bizim yüreğimize ve evimize yakıştığın kadar.
Rabbimiz, her daim, yüzümüze yakışan bir tebessümle yaşatsın bizi.
Şimdiden bir telaş sardı herkesi. Herkesin dilinde bu soru var. "İsim düşündünüz mü?" Keşke bilerek ve isteyerek, sen seçebilsen ismini ve bizde geçiştirsek bu soruları, "cismi ile gelen, ismini de getirir" diyerek.
Rabbimiz, ismine uyacak bir hayat versin sana.

Sinan Doğan

16 Ocak

Allahım,
dalalete uğratmaktan ve dalalete uğratılmaktan Sana sığınırım.

Peygamberimizin (asm) Dilinden.

"Dua eden ebedî bir dilim olsun"

Günahlarımı affet ya Halim, ya Alim, ya Kerim, ya Rahim! Beni dosdoğru yola hidâyet et ya Rab, ya Samed, ya Hadi. Bana fazl ve ihsanda bulun ya Bedi, ya Baki, ya Adl, ya Hu! Ya Erhamer-rahimin! Kur'an'daki ism-i Azam ve şu âlem kitabının en büyük sırrı olan Hz. Muhammed(asm) hürmetine, bu güzel isimlerini bedenimdeki kalbime ve kabrimdeki ruhuma İsm-i Azam'ın nurlarını akıtan pencereler eylemeni niyaz ediyorum. Bu isimlerin, kabrimin tavanı ve hakikat güneşinin huzmelerini ruhuma akıtan pencereler olsun. Allahım kıyamete kadar bu isimlerle dua eden ebedî bir dilimin olmasını temenni ediyorum.

Risale-i Nur'dan

17 Ocak

*Allahım,
Bugün kalbime
Seni nerde ve nasıl bulacağımı öğret.*

Aziz Anselm'in Duası

Allahım Peygamber Efendimize⁽ᵃˢᵐ⁾ rahmet eyle.

Allahım Peygamber Efendimize⁽ᵃˢᵐ⁾ rahmet eyle. Öyle rahmet ki, onun hürmetine bizi bütün korku ve belâlardan kurtar. Bütün ihtiyaçlarımızı o rahmetin hürmetine yerine getir. Bütün günahlarımızı o rahmetin hürmetine temizle, o rahmetin hürmetine bütün hata ve günahlarımızı bağışla.

Ey Allahım, ey dualara cevap veren! Hayatım boyunca ve ben öldükten sonra, her an bu salavatın kat katını ver. Bir milyon salat ve selam, bir o kadar da çarpımından çıkan netice ve bunun da katı katı, efendimiz Muhammed'e⁽ᵃˢᵐ⁾, O'nun Âl, ashab, yardımcı ve tabilerine olsun.

Bu salavatların herbirini benim ömür müddetimdeki günahkâr neferlerim sayısınca çoğalt. Bu salavatların herbirisi hürmetine beni affeyle bana merhamet et. Bunu rahmetinle yap, ya Erhamer-rahimin.

 *Ocak*

*Rabbim, fakirden asla yüz çevirmemeye
ve küstah kuvvete diz çökmemeye yetecek kuvvet ver bana.*

R. Tagore

Büyük ceza

İsrailoğullarından biri Allah'a hitap ediyor:
- Yarabbi, ben ne günahlar işledim ve sen bana onların cezasını vermedin!
Allah onun peygamberine vahyediyor:
- Git ona de ki, ben kendisine cezaların en büyüğünü verdim ama farkında değil; ondan gözyaşı ve duayı kaldırdım!
Hassas ve rakik gönüllerin neşe ve huzuru, Allah ile beraber olma şuurudur. Bu beraberlik hali gönülde dua hissiyatını doğururken, gözde yaş, dilde yakarış olarak tezahür eder. Bu itibarla kalbinde dua coşkusu, dilinde yalvarıp yakarma terennümü, gözünde gözyaşı bulunmayan bir kul elbette mahrum bir kuldur. Bu mahrumiyet de nice istiğfârı gerektirecek büyük bir ceza-yı ilâhîdir. Kullarına karşı merhamet ve sehaveti nihayetsiz olan Rabbimizden, bizleri duadan ve kendi rızası için dökülen gözyaşından mahrum bırakmamasını niyaz ederiz!

Fahrettin Yıldız, Altınoluk

Burnun ganamaya.

Van Yöresi Duası

Allah'tan istedim

Allah'tan acıyı benden gidermesini istedim
Dedi ki, acıyı benim gidermemden önce,
sen onu kendinden uzak eylemelisin.
Allah'tan özürlü çocuğumu iyileştirmesini istedim.
Dedi ki, beden eksik olabilir ancak canın özrü olmaz.
Allah'tan bana sabır vermesini istedim
Dedi ki, sabır gayretle gelir, sabır verilmez; öğrenilir.
Allah'tan bana mutluluk vermesini istedim
Dedi ki, ben sana hayat verdim, mutluluğu sen keşfedeceksin.
Allah'tan derdime deva vermesini istedim
Dedi ki, derdin sana devadır; deva seni benden uzaklaştırabilir, dert yaklaştırır.
Allah'tan beni mükemmele ulaştırmasını istedim.
Dedi ki, ben seni en güzel kıvamda yarattım, alçalmamak senin elinde.
Allah'tan büyük işler başaracak kuvvet istedim
Dedi ki, önemli olan küçük işleri büyük aşkla yapmandır.

Ya Râb,
her an Seninle berabermişiz gibi bizlere lezzet ver.

Gönenli Mehmed Efendi

Bir damla suyun duası

Ben bir damlacıktım denizlerde dolaşan. Deryada bir damla, dünyada bir zerre... Akıntılarla dünyayı dolaştım kaç sefer. Dalgalarla kıtalara gidip geldim, güneşin erişemediği yerlere inip çıktım. Hiçbir an bir yerde duramadım. Bir damlaydım, ama deniz bendim aynı zamanda. Bir damla olarak kalmaya razı değildim. Bunların ötesinde bir duam vardı benim: "bir yudum su olmak". Günler ve geceler boyu yakardım Alemlerin Rabbine. Şevkle hevesle denizden denize koştum, bir gün dualarım kabul olacak diye. Bir gün güneşin tebessümüyle dualarıma cevap geldi. Bir parça ışık bir parça sıcaklık erişti uzayın derinliklerinden. Ve bir kuş gibi havalandım. Fazlalıklarımı denize bırakıp saf bir su damlası halinde yükseldim göklere. Yer ve gökler, Rabbinin emriyle arınan sayısız su damlalarıyla beraber, meleklerin ellerinde, görünmez bir ordu halinde uçtuk uçtuk. Sonra "toplan" emri erişti. Bulutlarda toplandık. Dokuz gün, dokuz gece göklerde uçtuk durmadan. Nice ovalar, nice dağlar, nice kıtalar aştık. Sonra "in" emrini alan yeryüzüne indi. Kimimiz toprağın altına sızdı, kimimiz göllere doluştu. Bense bir akarsuya karışıp her saniye yüz milyar yeni arkadaşımla tanışarak aktım günler boyunca. Dağlardan ovalardan geçtim bir yudum su olmak için. Deniz olmak yetmezdi bana. Bulutlar akarsular da yetmezdi. Ben bir yudum su olmak istedim. Bir yudum su için dua eden bir tende dolaşmak istedim. Onunla beraber, onun diliyle, onun zerreleriyle Alemlerin Rabbini zikretmek istedi dilim. Ben onun için dua ettim, onun için bir yudum su olmak istedim ve oldum.

Ümit Şimşek, Bakıp da Görmediklerimiz

21 Ocak

*(Rabbimiz) yalnız Sana kulluk ederiz ve
yalnız Senden medet umarız. Bizi doğru yola hidâyet eyle.
Kendilerine lütuf ve ikramda bulunduğun kimselerin yoluna;
gazaba uğramışların ve sapmışların yoluna değil!*

Fatiha, 5-7

Esra için

Hz. Zekeriyya'nın^(asm) evlat duası

Zekeriyya Aleyhisselamın çocuğu olmuyordu. Hanımı ve kendisi de ihtiyardı. Çocuğu olmasını çok arzu ediyordu. Zekeriyya Aleyhisselam Rabbine gizlece şöyle yakardı: "Ey Rabbim beni yalnız başıma bırakma. Çünkü Sen Varislerin En Hayırlısısın." Bunun üzerine Cenab-ı Hakk katından kendisine Cebrail Aleyhisselam tarafından Yahya müjdelenir. Enbiya Suresi'nin 89. ayetinde kelam-ı ezelî olarak talim edilen bu duadan başka, Zekeriyya Aleyhisselam'ın Al-i İmran'ın 38. ayetinde de evlat isteme duası zikredilir: "Ey Rabbim bana Senin katından lütuf ve kereminle tertemiz bir çocuk ihsan et. Muhakkak Sen duaları İşitensin."

 **22 Ocak**

Beni, düşünmeden su gibi akıp giden,
nereden geldiğini, nereye gideceğini bilmeyen;
bakıp da görmeyen, işitip de anlamayan
kulların arasına koyma.

Rauf Denktaş

Dualaşalım, duada buluşalım

Çoğu şeyin materyal olana kaydığı, içtenliklerin gündelik telaşlar arasında eridiği, dostlukların sahihliğini kaybettiği bir çağda, ciddi, anlamlı, içten, sıcak ve sevimli bir yardımlaşma biçimidir dualaşmak. Dua etmek, belki de hayatımızın en hareketli ve en evrensel yanı olduğu halde, zaman içinde klişeleşen, daralan, marjinalleşen bir konuma itilmiştir. İletişim araçları, işlevlerinin tam aksine herbirimizi yalnızlaştırıp yabancılaştırırken, biz iletişimi yerine oturtmak adına, temel acılarımızı paylaşarak birbirimize teselli olalım, duacı ve destekçi bulalım. En gizli fısıltılarımızı bir "İşiten"in olduğunu bilen, en ince ihtiyaçlarımızı bir "Gören"in olduğunu bilenler olarak, kalbimizde birbirimiz için yer ayıralım, başka kalplerde kendimize yer edinelim.

Senai Demirci

*Lütfûnu bizimle beraber kıl
ve muhafazanı bizden eksik etme Yarabbi!*

Sultan I. Murad'ın Kosova'da şehid olmadan az önce yaptığı duadan

Samed ismi ve dua

Azgınlığın temelinde kibir ve istiğnâ duygusu olduğu gibi kulluğun temelinde ve özünde de kendi acziyetini ve Hakk'a karşı fakrını (ihtiyaç halini) bilme şuuru vardır. "Her şey kendisine muhtaç ve kendisi hiçbir şeye muhtaç olmayan" anlamına gelen "Samed" isminin yegane sahibi Yüce Rabbimiz "Ey insanlar! Hepiniz Allah'a muhtaçsınız." buyurmak suretiyle insana işte bu acziyetini hatırlatır.

Fakr ve acziyetinin farkında olarak korku dalgalarından kurtulup, ümit sahiline ulaşma adına "tut beni elimden tut Allahım, tut ki edemem Sensiz" şuuruyla bütün benliğini Hakk'a verenlerin sahil-i selâmete çıkacakları muhakkaktır.

Fahrettin Yıldız, Altınoluk

24 Ocak

*Ey Rabbimiz, bizden cehennem azabını uzaklaştır;
cehennem azabı sürekli bir belaktır.*

Furkan, 65

Dua, rıza-yı ilahînin şifresidir

Günümüzde sadece 5 vakit namazın veya belli bir kısım ibâdetlerin sonuna sıkıştırılarak küçültülen dua, gerçekte hayatın ve hayat ötesinin en büyük gereğidir.

Dua, rızâ-yı ilâhinin şifresi ve cennet yurdunun da anahtarıdır. Dua, abdden Rabb'e yükselen kulluk nişanı, Rabb'den abde inen rahmet simgesidir. Allah ile kul arasında olan münasebetin tam odak noktasıdır. Dua, ulvî bir mi'ractır. İnsanı basamak basamak Hakk'a yücelten mukaddes bir mi'rac...

Dua, küçüğün büyükten, âcizin güçlüden ihtiyaç ve arzusunu ciddi olarak istemesi ve rica etmesidir. Kulun düşüncesinin Rabbe takdim edilmesi şeklidir dua.

Pınar Çakmakçı, Altınoluk

25 Ocak

*Ey Rabbimiz nurumuzu tamamla,
bizi bağışla! Sen herşeye Kadirsin.*

_{Mü'minlerin cennete girdiklerinde ettiği dua, Tahrim 8}

İnce ve içten bir dua

Merhum Elmalılı Hamdi Yazır'ın *Hak Dini Kur'an Dili* adlı tefsirine başlarken ettiği dua dillere destan bir incelikte, kabule şayan bir içtenliktedir:
"İLAHİ! Hamdini sözüme sertâc ettim. Zikrini kalbime mi'rac ettim. Kitabını kendime minhâc ettim. Ben yoktum var ettin, varlığından haberdar ettin. Aşkınla gönlümü bîkarar ettin. İnayetine sığındım, kapına geldim, kulluk edemedim affına geldim. Şaşırtma beni doğruyu söylet, neş'eni duyur hakikati öğret. Sen duyurmazsan ben duyamam. Sen söyletmezsen ben söyleyemem. Sen sevdirmezsen ben sevemem. Sevdir bize hep sevdiklerini. Yerdir bize hep yerdiklerini, Yâr et bize erdirdiklerini. Sevdin habibini kâinata sevdirdin. Sevdin de hil'at-i risâleti giydirdin. Makam-ı İbrahim'den Makam-ı Mahmud'a erdirdin. Server-i asfiyâ kıldın. Hatem-i Enbiyâ kıldın. Muhammed Mustafâ kıldın. Salâtü Selam, tahiyyâtü ikram, her türlü ihtirâm O'na; O'nun âl-i ashâbû etba'ına Ya Rab!"

 26 Ocak

Allahım bize dünyada da,
ahirette de iyilik ver ve
bizi cehennem azabından koru!

Bakara Suresi, 201

Üç vakit

Taberânî bir rivâyette şöyle der:
"Müslüman kişi için 3 vakit vardır. Onlarda dua ederse, sıla-i rahmi kıran ve günah olan bir şey talep etmedikçe, kendisine mutlaka icâbet edilir.
1. Namaz için müezzin ezan okurken, susuncaya kadar,
2. Savaşta iki saf karşılaşınca, Allah aralarında hükmedinceye kadar,
3. Yağmur yağarken, kesilinceye kadar.

27 Ocak

Ey kalbleri halden hale çeviren MukallibelKulûb, kalbimi dinin üzere sabit kıl!

Peygamberimizin (asm) Dilinden

Kuldan Rabbe yükselen tatlı bir nağme

Kul, erişemeyeceği ve iktidarı ile elde edemeyeceği herşeyini mutlak iktidar sahibi olan Kâdir-i Mutlak'tan ister, işte bu isteğin adıdır dua. O, kuldan Rabb'e yücelen tatlı bir nağmedir tâ Arş'a kadar...

Duanın tek bir formülü yoktur. Herkes gönlünden koptuğunca dilinin döndüğünce, uzun veya kısa ifâdelerle, duasını yapabilir. Ancak Resûlullah (asm) başta olmak üzere diğer İslâm ulemâsının yapmış olduğu dualarla Dergâh-ı İzzet'e el açıp yalvarıp yakarmanın da ayrı bir feyzi vardır.

Duanın belli bir "dil"i de yoktur. Mevla Teâlâ her dilden anlar; Yeter ki dua cânü gönülden yapılmış olsun.

Pınar Çakmakçı, Altınoluk

28 Ocak

Rabbimiz; beni, annemi, babamı,
bütün mü'minleri hesap gününde affet.

İbrahim Suresi, 41

Camide Hıristiyan ayini yapılır mı?

Sahaflar Şeyhi Muzaffer Ozak, Amerika'da bir kilisede papazdan izin alarak zikir yapmışlar. Zikir sonrasında papaz Muzaffer Ozak'a dönerek, "Efendi," der, "bir şey sorabilir miyim?" Muzaffer Ozak, "Estağfirullah," demiş, "bir değil, bin şey sorun isterseniz, buyurun!" Papaz şunu sorar: "Siz Amerika'ya geldiniz. Bizden müsaade isteyip bizim mabedlerimizde kendi dininizin icaplarını icra ettiniz. Şimdi biz kalksak Türkiye'ye gelsek ve kendi dinimizin icaplarını camilerinizde icra etmek istesek, bize müsaade eder misiniz?" Muzaffer Ozak, hiç yutkunmadan, çok net ve berrak bir üslupla papaza şu cevabı verir: "Bize göre, Hazreti İsa da, Hazreti Musa da hak peygamberlerdir. Hazreti İsa'ya gelen İncil, Hazreti Musa'ya gelen Tevrat da hak kitaptır. Bizim imanımızın şartları içinde Musa'ya, İsa'ya, Tevrat'a, İncil'e inanmak da vardır. Dolayısıyla Hz. İsa ve Hz. Musa adına yapılan bütün mabedlerde İslamı icra etmek bizim için tabiî bir haktır, çünkü biz onların Peygamberliğini tanıyoruz. Siz de bizim yaptığımız gibi Peygamberimiz Muhammedin peygamberliğini tanıyın, iman edin, onun ve kitabının adına yapılmış camilerde ibadet edin. Müsaade o zaman kendiliğinden çıkar zaten.."

29 Ocak

"Allahım nimetinin zevalinden, verdiğin afiyetin gidivermesinden, musibetin birden bire gelmesinden, bütün gazabından Sana sığınırım."

Peygamberimizin(asm) Dilinden

Hac Duası

Allah'ım,
Uyduk biz O'na hiç görmeden,
İki cihanda O'nu görmekle nimetlendir bizi.
Sabit kıl kalbimizi O'nun muhabbeti üzere.
Daim kıl bizi O'nun sünneti üzere.
Kat bizi O'nun ümmetine.
Haşret bizi O'nun kurtulmuş zümresi içre.
Doldur kalbimizi O'nun muhabbeti ile
ne atanın, ne malın, ne malın fayda verdiği o günde,
seçilmişlerin varacağı havzına vardır.
Ve doyumsuz kâsesinden içir bizi.
Ve kolaylaştır O'nun haremini ziyareti bize
ölümümüzden önce.
Ve kabul buyur bizden dua ve tazarrumuzu
Ey Merhametlilerin En Merhametlisi.

30 Ocak

Yazın ortası, sıcağın ortası, imtihanın ortası... Kevserim ol. Selsebilim. Gölgem ol. Serinletenim. Tesellim ol. Ferahlatanım. Ve herkes beni bıraktığında, ben beni bıraktığımda Sen beni bırakma Rabbim.

Yasemin Hekim

Nazım Hikmet ve Mevlânâ

"Mevlânâ"

Sararken alnımı yokluğun tacı,
Gönülden silindi neşeyle acı.
Kalbe muhabbette buldum ilacı,
Ben de müridinim işte, Mevlana.
Ebede sed çeken zulmeti deldim,
Aşkı içten duydum, arşa yükseldim,
Kalbden temizlendim, huzura geldim,
Ben de müridinim işte, Mevlânâ.

Nazım Hikmet, İlk şiirlerinden

31 Ocak

Rabbim,
ben Senin bana indireceğin hayra
öylesine muhtacım ki...

Hz. Mûsa'nın(as) Duası, Kasas Suresi 24

Hz. Musa'nın(as) kuyu başında yaptığı dua

Hz. Musa(as) Mısır'da bir kavgaya karışıp bir adamın ölmesine sebep olur. Firavun'un zulmünden çekinip Medyen'e doğru kaçar. Medyen Hz. Şuayb'ın(as) peygamberlik yaptığı bir yerdir. Hz. Şuayb(as) o sırada çok yaşlıdır. Hz. Musa(as) bir su kuyusunun başında Hz. Şuayb'ın(as) iki kızına hayvanlarını sulamada yardımcı olur. Bunun ardından yorulur ve acıkır. Kuyunun başında dinlenmek için oturduğunda şöyle dua eder: "Rabbim, ben Senin bana indireceğin hayra öylesine muhtacım ki..."

1 Şubat

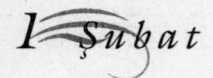

> *"Ey gökleri ve yeri yaratan Rabbim!*
> *Müslüman olarak canımı al ve beni salih kullarına kat"*
>
> Yusuf'un(as) Duası, Yusuf Suresi 101

Böyle bir dostunuz oldu mu?

Daima düşünceliydi. Susması konuşmasından uzun sürerdi. Lüzumsuz yere konuşmaz; konuştuğunda ne fazla ne eksik söz kullanırdı. Dünya işleri için kızmazdı. Kendi şahsı için asla öfkelenmez ve öç almazdı. Kötü söz söylemezdi. Affediciliği fıtrî idi. İntikam almazdı. Düşmanlarını sadece affetmekle kalmaz, onlara şeref ve değer de verirdi. Kendisini üç şeyden alıkoymuştu: Kimseyle çekişmezdi. Çok konuşmazdı. Boş şeylerle uğraşmazdı. Umanı umutsuzluğa düşürmezdi. Hoşlanmadığı bir şey hakkında susardı. Hiç kimseyi ne yüzüne karşı ne de arkasından kınamaz ve ayıplamazdı. Kimsenin kusurunu araştırmazdı.

2 Şubat

"Allahım;
zelil olmaktan ve zillete uğratmaktan Sana sığınırım"

Peygamberimizin (asm) Dilinden

Böyle bir dostunuz oldu mu?

Kimseye hakkında hayırlı olmayan sözü söylemezdi. Yanında en son konuşanı ilk önce konuşan gibi dikkatle dinlerdi. Bir toplulukta bulunduğu zaman bir şeye gülerlerse, o da güler; bir şeye hayret ederlerse, o da onlara uyarak hayret ederdi. Gerçeğe aykırı övmeyi kabul etmezdi. Her zaman ağırbaşlıydı. Konuşurken çevresindekileri adeta kuşatırdı. Kelimeleri parıldayan inci dizileri gibi tatlı ve berraktı. Yürürken beraberindekilerin gerisinde yürürdü; ayaklarını yerden canlıca kaldırır, iki yanına salınmaz, adımlarını geniş atar, yüksek bir yerden iner gibi öne doğru eğilir, vakar ve sükûnetle rahatça yürürdü. Kapısına yardım için gelen kimseyi geri çevirmezdi.

3 Şubat

*Allahım, zulmetmekten ve
zulmedilmekten Sana sığınırım.*

Peygamberimizin (asm) Dilinden

Böyle bir dostunuz oldu mu?

Bir gün kendisinden yaşça küçük bir dostunun omuzlarından tutarak şöyle demişti: "Sen dünyada garip bir kimse yahut bir yolcu gibi yaşa!" Her zaman hüzünlü ve mütebessim bir haletle dururdu, yüzünde daima ışıldayan bir parlaklık olurdu. Adet üzere sarf edilen hiçbir kötü sözü ağzına almadı. Sıkıntılı hallerinde kabalaşmaz, bağırmazdı. Fakirlerle birlikte yerdi; öyle ki onlardan ayırt edilemezdi. Önüne ne konulursa yerdi. Sade kıyafetler giyer, gösterişten hoşlanmazdı.

Ya İlahi!
Bize bu ayrılıkların hikmetini anlamayı nasip eyle!
Bu ayrılık hüznünün arkasında hangi sevinçler var?
Göster bize Ya Rabbi!

Böyle bir dostunuz oldu mu?

Konuşurken yüzünü başka tarafa çevirmez, bulunduğu mecliste ayrıcalıklı bir yere oturmazdı. Sabahları evinden çıkarken şöyle söylerdi: "İlahî, doğru yoldan sapmaktan ve saptırılmaktan, kanmaktan ve kandırılmaktan, haksızlık etmekten ve haksızlığa uğramaktan, saygısızlık etmekten ve saygısızlık edilmekten sana sığınırım." Sıradan değildi. Sıradan insanlar gibi yaşardı. O Peygamberdi. O herbirimize çok "düşkün", herbirimiz üzerinde "titreyen" Peygamberimizdi(asm). Ve herbirimize herbirimizden daha dosttu. Herbirimizin ebedî mutluluğu adına Âlemlerin Rabbine dost oldu. Hatalarımıza, kusurlarımıza, eksiklerimize, isyanlarımıza, unutmalarımıza, günahlarımıza rağmen "çetin" ve "korkulu" Hesap Gününde bize dost kalacağına söz verdi.

5 Şubat

Şimdi uyku zamanım.
Rabbim ruhumu yanımda tut.
Eğer uyanmadan ölürsem, Ruhumu yanına al.

18. Yüzyıl Avrupası'nda Çocuklar İçin 'Uykudan Önce' Duası

Dua bir incidir

Ne kadar da eskidir incinin hikayesi. Karanlıklar, derinlikler içinde kendi üzerine kapanmış, dalgaları unutmuş, sahilde olup bitenlere bigâne kalmıştır. Tek bir huzme ışık bile sızmamıştır yanına. Sabretmiş, inci olmuştur; lekesiz beyaz bir inci. Işığın dokunmak için özlediği inci, insanların tenine değdirmeye can attığı inci, sahildekilerin uğruna diplere daldığı inci.. Kim hatırlar bir incinin kendi haline, kendi başına, kendi içindeki yalnızlığını? Bugün, kendi içinize doğru bir bakın... Ne kadar çok inciyi hoyrat gözlerde lekeliyor, ne kadar inciyi apansız ışıklar altında matlaştırıyorsunuz.
Bugün bir fısıltıyla dua edin. Yalnızlığınızın sessizliğinde, yalnızlığınızın karanlığında hiç dokunulmamış, hiç eskimemiş, hiç bilinmemiş, hiç duyulmamış bir nefesle dua edin. Bir inciniz olsun dua, yüreğinizde lekesiz büyüsün, Rabbinizle başbaşa olduğunuz gizli zamanlarda kristalleşsin.

6 Şubat

Bizi batıldan hakka ilet
Bizi karanlıktan aydınlığa eriştir.
Bizi ölümden ebediyete ulaştır.
Selam, Selam, Selam

Bir Uzakdoğu Duası

Sultan I. Murad'ın Kosova duası

Ya Rabbi, Hz. Peygamber'in⁽ᵃˢᵐ⁾ yüzünün suyu, Kerbelâ'da akan kan, ayrılık gecesinden ağlayan göz, aşkının yolunda sürünen yüz, dertlilerin hazîn gönlü ve canlara tesir eden yakarışları için! Lütfûnu bizimle beraber kıl ve muhafazanı bizden eksik etme Yarabbi!
Yarab! İslâm ehline yardımcı ol, düşmanın elini bizden uzak tut! Günahımıza değil, candan ve gönülden gelen ahımıza bak! Mücahidlerini telef ve bizi düşman oklarına hedef ettirme.
Vücutlarımızı mezardan sakla, İslâm'ı tehlikelerden uzak tut. Bunca senedir ettiğimiz duaları ve din uğruna yaptığımız savaşları boşa çıkarma, adımı kahrın ile perişan, yüzümü halkın içinde siyah etme! İslâm topraklarını ayaklar altında çiğnetme, utanç içindeki insanların yaşadığı bir yer haline getirme.
Yarabbi, bilirim ki İslâm ehline lütûfların çoktur, lütûflarını bu savaşta da göster. Din yolunda şehit olunacaksa, beni et.

7 Şubat

*Rabbim bağışla, merhamet et; çünkü
Sen Merhamet Edenlerin En Hayırlısısın*

Mü'minûn Suresi, 118

Küçük bir sabah duası

Eksiklerim çoktur benim
Ben temiz bir dal değilim
Hep karanlık bir köşem var
Bilirim Tanrım bilirim.

Günah işlerim günboyu
Hep bulanır arı suyu
İçimde gizli bir kuyu
Korkup da eğilmediğim.

Sen yine bağışlayansın
Dersin: 'Güneşimde ısın
Sen de bir dünya dalısın
Hem bir yüce can verdiğim...'

Kara uykulardan sonra
Uyanmaya gelir sıra
Erişirim sabahlara
Belki hiç beklemediğim.

Bağışla, bağışla beni
Yüreğim kutsuyor seni
Herşeyde ılgın sesini
Duyup aşkla dinlediğim.

Ceyhun Atıf Kansu

8 Şubat

*Allahım, hayattaki bütün sevinçlerim için
sana şükran sunuyorum.*

Earl Brihtnot

Kuşat beni Rabbim

Kuşat beni Rabbim.
Kuşat beni Rabbim
Beni yanında tut.
Beni yanında tut.
Kötülüğü benden uzak eyle.
Kötülüğü benden uzak eyle.
Kuşat beni Rabbim
Kuşat beni Rabbim
Ümidi kalbimde tut.
Ümidi kalbimde tut.
Şüpheyi kalbimden uzak eyle.
Şüpheyi kalbimden uzak eyle.

Kuşat beni Rabbim.
Kuşat beni Rabbim
Işığı bana yakın tut
Işığı bana yakın tut
Karanlığı benden uzak eyle
Karanlığı benden uzak eyle
Kuşat beni Rabbim
Kuşat beni Rabbim
Huzuru benimle bırak.
Huzuru benimle bırak.
Kötülüğü benden uzak tut.
Kötülüğü benden uzak tut.

9 Şubat

*Ya Râb! Kalplerimizi ilminle süsle,
ibadetinle bütün âzâlarımızı güzelleştir, takva ile keramete kavuştur.*

Gönenli Mehmed Efendi'den

Dua doğru yola götürür

Allah Teâlâ buyuruyor: "Ey Resûl-i Ekrem! Benim kullarım sana Rabbimiz uzak mıdır, yakın mıdır? diyerek benden suâl ettiklerinde sen onlara cevap ver ki, ben onlara pek yakınımdır. Bana dua eden kulumun duasını ben kabul ederim, dua ettiklerinde benden dualarının kabulünü istesinler ve bana imân etsinler. Me'mul ki onlar imânları ve duaları sebebiyle doğru yola vâsıl olur ve irşâd olunurlar." (Bakara: 186)

Duanın kabulü üç şeye mütevakkıfdır:

1- Kazaya muvafık olmak.
2- O kimse hakkında duanın kabulü hayırlı olmak.
3- İstenilen şey muhal olmamaktır.

Duanın kabulünde adâbına ve şerâitine riâyet etmek lâzımdır. Bu şerâitin cümlesi mevcud olduğu halde kabul olunmak ciheti galib ise de fakat kabulü yine, meşiyyet-i ilâhiyyeye muallaktır. Binaenaleyh dilerse kabul eder dilerse kabul etmez.

10 Şubat

Allahım; ben Senden razı,
Sen de benden razı olarak canımı al.

Dua ve helal lokma

Dua etmek de ayn-ı ibâdettir. Hususiyle dua etmek, Cenâb-ı Hakk'a arz-ı ihtiyaç ve iltica eylemek de müstakilen bir ibâdet makamına kaim olacağından lisanen dua etmek ve kalben de Cenab-ı Hakk'ın kaza ve kaderine razı ve teslim olmak evlâ ve ercahdır. Şu kadar ki duanın en mühim şartı "helâl lokma"dır.

Âyet-i celilede:

"Rabbimiz size: Bana dua edin, duanızı kabul ederim dedi. Zira o kimseler ki onlar duadan kibir ettiler, yakında zelil ve hâkir oldukları halde cehenneme dahil olurlar."
(Mü'min sûresi: 60)

Dua; insanların muhtaç oldukları şeyleri Cenab-ı Hak'tan tazarrû' ve niyâz ederek kemâl-i tevâzû' ile istirham edip istemeleridir. Buna nazaran mânâ-yı nazm: 'Siz benden muhtaç olduğunuz şeyleri kemâl-i tevâzû' ile isteyin. Ben de sizin duanızı kabul edeyim ve istediğinizi vereyim." demektir.

M. Sami Ramazanoğlu

14 Şubat

Rab seni mübarek kılsın ve seni korusun.
Rab senin yüzünü ışıtsın ve sana lûtfetsin.
Rab sana yüzünü çevirsin ve sana selamet versin

Mezamir'den

Şu karanlık yolları, sana ulaştıran yollar et

Ulu Tanrım, şu karanlık yolları,
Bizi sana ulaştıran yollar et!
İhtirasla kilitlenmiş kolları,
Birbirini kucaklayan kollar et!

Muhabbetin gönlümüzde hız olsun,
Güttüğümüz Hakk'a veren iz olsun,
Önümüzde uçurumlar düz olsun,
Yolumuzda dikenleri güller et!

Dalaletle bırakıp da insanı,
Yapma arzın en korkulu hayvanı;
Unutturma doğruluğu vicdanı
Bizi Sana layık olan kullar et!

Orhan Seyfi Orhon

12 Şubat

Rabbim, beni öyle bilge yap ki ben
Senin insanlara öğrettiklerini anlayabileyim ve kayaların ve
yaprakların arasına gizlediğin dersleri okuyabileyim!

Bir Kızılderili Duasından

Dua: yüce bir lütuf, büyük bir ikram

"Bana dua edin, size icâbet edeyim."
Mü'min Suresi, 160

Yüce Allah, batıl tanrılardan bahsederken onların duaya icabet edemeyeceklerinden söz eder ve duaya icabet edemeyen bir varlığın ilah olmasının nasıl mümkün olabileceğini sorar. Buna mukâbil Zât-ı ulûhiyyetinin kullarına yakın ve dualarına icâbet ettiğini bildirir. Âlemlerin Rabbinin, kuluna şu iltifatı ne yüce bir lütuftur: Hakkın maiyyetine girme, O'nunla âdeta sohbet etme ve O'nu rahmet ve inayetiyle kendine şahdamarından daha yakın hissetme nimeti, beşer idrakini zevk-i manevî ile âdeta sarhoş edecek büyük bir ikrâm-ı ilâhîdir. Bu manevî ziyafetten mahrûmiyet ise gerçekten apaçık bir hüsrandır.

Fahrettin Yıldız, Altınoluk

13 Şubat

Benimle kal akşam vakti çöktüğünde,
karanlıklar derinleşirken Rabbim benimle kal!

Henry Francis Lyte

Baba'nın oğlu için duası...

"Serbest ve geniş vakitlerinde yani sıhhat, servet, âsâyiş ve emniyet gibi esbâb-ı istirâhat mükemmel olduğu zamanlarda Cenâb-ı Allah'a ibâdet, tâat ve dua ile kendini arzet ki sıkıntılı zamanda seni lutf ile hıfz eylesin."
"İcâbet olunacağına yakînen inanarak dua ediniz. Ve biliniz ki Allah Azze ve Celle gâfil bir kalbin duasına icabet etmez."
"Din kardeşi hakkında gıyâbî olarak edilen dua dergâh-ı icâbetten reddolunmaz."
"İyilik görenlerin, iyilik gördüğü kimseler hakkında hayır duaları da reddolunmaz."
"Ezân ile kamet arasında yapılan dua müstecab olur, o arada dua ediniz."
"Kul ebeveynine duasını terk ederse, rızkının kesilmesine sebep olmuş olur."
"Bir babanın oğlu için duası, bir Peygamberin ümmeti hakkındaki duası gibi makbuldür."

14 Şubat

Gülüş ile dolsun bu evlilik,
her günümüz cennetten bir gün olsun.

Mevlânâ'dan

Bir ceninin hatıra defterinden

Gözlerim yok...
Görmüyorum. Görme isteğime bile körüm. Görmek istediğimi bilmiyorum. Gözlerim yok. Ne renklerden haberim var, ne şekilleri tahmin edebilirim.
Sen bana gözlerimi verdin. Görmek istediklerimi de Sen verdin. Görme isteğimi gördün. Ben görmek istiyor bile değilken, beni gördün. Gözümün göreceklerini gördün. Gözümü verdin, gözümün göreceklerini verdin. Işığı ve gölgeyi, her şeyi, her şekli, her rengi...
Sen gördün, Sen verdin.
Gözlerim yoktu, gözlerimin olmadığını bir Sen gördün.

Senai Demirci

15 Şubat

Rabbim beni ve ailemi onların kötülüklerinden kurtar!

Lût'un(as) Duası

Gül yaprağı

Dergâhın kapısı hikmeti arayan herkese açıktı. Hakikatin peşine düşen herkes kabul ediliyordu. Dergâhta geçerli olan incelik; anlatmak istediklerini konuşmadan açıklayabilmekti. Bir gün dergâhın kapısına bir yabancı geldi. Yabancı kapıda öylece durdu ve bekledi. Burada sessizce ve sezgiyle buluşmaya inanılıyordu, o yüzden kapıda herhangi bir tokmak, çan veya zil yoktu. Bir süre sonra kapı açıldı, içerdeki mürid kapıda duran yabancıya baktı. Bir selamlaşmadan sonra sözsüz konuşmaları başladı. Gelen yabancı, dergâha girmek, fikir halkasına dahil olmak, burada kalmak istiyordu. Mürid bir süre kayboldu, sonra elinde ağzına kadar suyla dolu bir kapla döndü ve bu kabı yabancıya uzattı. Bu, "yeni bir arayıcıyı kabul edemeyecek kadar doluyuz" demekti. Yabancı dergâhın bahçesine döndü, aldığı bir gül yaprağını kabın içindeki suyun üstüne bıraktı. Gül yaprağı suyun üsünde yüzüyordu ve su taşmamıştı. İçerideki mürid saygıyla eğildi ve kapıyı açarak yabancıyı içeriye aldı. Dergâhta suyu taşırmayan bir gül yaprağına her zaman yer vardı.

16 Şubat

Duy beni Rabbim,
Kırık bir kalp: En iyi parçam

Ben Johnson

Hz. Ali'nin⁽ʳᵃ⁾ Kufe Camii'inde yaptığı münâcât'tan

Allahım! Sadece tertemiz bir kalple Allah'ın huzuruna çıkan hariç, mal ve evlatların insana hiçbir yararı olmadığı günde Senden aman diliyorum.

Zalimin hasretle ellerini ısıracağı ve "Keşke ben Resulullah'a itaat yolunu tutsaydım" diyeceği günde Senden aman diliyorum.

Günahkârların yüzlerinden tanınacağı, saçları ve ayaklarından tutulacağı günde Senden aman diliyorum.

Babanın oğul yerine ve evladın da baba yerine cezalandırılmayacağı günde Senden aman diliyorum.

Ve doğrusu Allah'ın va'di haktır. Zalimlere mazeretlerinin bir fayda sağlamayacağı, onların Allah'ın rahmetinden uzak ve kötü bir menzilde olacağı günde Senden aman diliyorum.

Hiç kimsenin kimse üzerinde güç sahibi olamayacağı ve yetkinin yalnız Allah'a has olacağı günde, Senden aman diliyorum.

17 Şubat

*Rabbim, bilmediğim şeyi Senden istemekten
Sana sığınırım. Eğer bana mağfiret etmez ve
merhamet etmezsen hüsrana uğrayanlardan olurum.*

Hz. Nuh'un(as) Duası, Hud Suresi 47

Bir ceninin hatıra defterinden

Elim yok...
Elimden tutan yok.
Tutunacak bir dal da bilmem. Ellerim yok. Parmaklarımın arasından kayıp giden bir şeyler bile yok. Serçe parmağım yitik, işaret parmağımdan haber yok, avuçlarım ezik.. Elim yok; Elim olsa bile boş.. Tutamam, kavrayamam.
Ne avucumda avunacak bir şeyim, ne elde tutmak istediğim. Ellerim yok. Ellerim elimde değil.
Sen bana el verdin. Beni elimden tuttun. Elimden tutacak ana baba verdin. Elde edeceklerimi Sen hazır ettin. Herşey Senin 'kudret eli'ne tutundu. Ben, ellerim ve elde edeceklerim, öylece ele avuca geldi.
Elim yoktu, Sen elimden tuttun.

18 Şubat

Dilimi Sana yakarışımın lezzeti,
sözümü Senin hoşnutluğunun serveti
varlığımı sonsuz lütfunun demeti eyle!

Demet için

Dua nedir?

İnsan, "hakikatı" itibariyle Allah'ın bir "esmâ terkibi"dir... Yani, Allah'ın güzel isimlerinin işaret ettiği mânâlardan oluşan bir formüldür!.. Bir diğer ifade şekliyle Allah insanı kendi güzel isimlerinin mânâlarıyla varetmek sûretiyle onu yeryüzünde kendisine "halife" kılmıştır!.. Bu isimlerin mânâları çeşitli dönüşümlerden sonra, takdir edilen şekliyle insanın beyninde açığa çıkmıştır!.. "Allah istemedikçe sizde o istek oluşmaz" hükmünce, "duanız", hakikatı itibariyle Allah'a ait olan bir istektir!..

19 Şubat

Mevlam, ey Mevlam!
Sen Bahşedensin, ben ise dilenci;
dilenciye Bahşeden'den başka kim merhamet eder?

Hz. Ali (ra)

Dua üzerine

"Dua rahmet-i ilâhiyenin ihsânına vesile ve miftahdır."
"Dua mü'minin mânevi silâhıdır."
"Dua ibâdetin iliği mesâbesindedir."
"Dua belâyı def eder."
"Kaderden hazer, sakınmak, kaderi def edemez. Lâkin sâlih kimselerin duası nâzil olmuş ve nuzûl edecek olan belâ ve mesâibi def ve ref'a medâr olur. Böyle olunca ey Allah'ın kulları dua ediniz."
"İnsanların en âcizi duadan âciz olanıdır."

20 Şubat

Sahte yardımcılar tükenince ve huzur kaçınca,
yardımsızların yardımı,
benimle kal, Rabbim

Henry Francis Lyte

Yılanlı kuyuya düşmek mi lâzım?

Kur'an-ı Kerim duanın nasıl yapılması gerektiğini şöyle beyan eder: "Rabbinize yalvara yakara ve gizlice dua edin. Bilesiniz ki O, haddi aşanları sevmez."(el-A'râf 7/55) "(Âyetlerimize gerçekten inanan o kullar) korku ve ümit içinde Rablerine yalvarmak (dua etmek) üzere vücutları yataklardan uzak kalır ve kendilerine verdiğimiz rızıktan Allah yolunda harcarlar." (es-Secde 32/16) Kur'an-ı Kerim azgın dalgalar karşısında ölümle karşı karşıya kalan kimselerin ihlâslı bir şekilde duaya yöneldiklerini bildirir. (el-Yûnus 10/22; el-Ankebût 28/65; er-Rûm 30/33) Demek ki insan Allah'tan başka her çarenin tükendiğini gördüğü anda samimî bir şekilde O'na yönelip dua etmektedir. Necip Fazıl, "Ağlayabilmek ve duaya sarılmak için ille yılanlı kuyuya düşmek mi lazım?.. Asıl dünyanın en korkunç bir yılanlı kuyu olduğunu anlamak yetmez mi?" diye sorar.

21 Şubat

Zihnimle yaptığım zorbalık için, sözümle yaptığım zorbalık için, bedenimle yaptığım zorbalık için af diliyorum.

Uzakdoğu'dan

Yaşanmış bir kader öyküsü

Çoğu insanın televizyonda sunduğu sağlık programı ile tanıdığı doktorun telefonu çaldı. Her zamanki gibi bir yardım isteniyordu. Telefondaki hanım sesi, gayet nazikçe kendini tanıttıktan sonra, böbrek hastası olduğunu ve düzenli olarak diyalize girdiğini söyledi. Konuşmanın devamında, genç doktor, hastanın çok güvendiği ve her zaman danıştığı doktorun şimdi Amerika'da olduğunu ve henüz hiç görüşmediği, ancak sesinden çaresizliği okunan hastanın tıpkı Amerika'daki doktoru gibi kendisine destek olacak bir doktor aradığını öğrenecekti. Ne kadar zor bir iş! diye düşündü doktor. Kaybedilmiş bir dostun yerine onu aratmayacak bir dost bulmak! Hem de hiç tanımadığınız birine, hiç tanımadığınız doktorlar arasından.. Bu arada hasta Amerika'ya giden doktorunun adını verdi: "Dr. Engin Uçar" dedi, "tanırsınız belki!" "Hayır," dedi doktor, "maalesef." İçinden de, "Giden doktorun adına ne gerek var ki" dedi. İster istemez, ajandasının kenarına "giden doktor"un adını yazdı. Görev Engin Uçar gibi bir doktor bulmaktı. Hastaya nerede diyalize girdiğini sordu. Hastanenin adını duyunca bir ümit ışığı doğdu doktorun kalbinde. En azından hasta için elinden geleni yapacak olmanın vicdan huzuruyla rahatladı. Çünkü bir kaç gün önce, yöneticilik yaptığı hastanede göreve başlayan kadın-doğum uzmanı hanım doktor eşinin aynı hastanede çalıştığını söylemişti. Henüz yeni tanışmış olmalarına rağmen, doktor hanımın sevecen ve iyiliksever karakterinden emindi. En azından durumu ona aktarır, hastanın bu zor talebini eşine aktarmasını isteyebilirdi. Bir kaç dakika sonra, telefonu kapatıp mesai bitişi için çıkmak üzere hastanenin başhekimine uğradı. Başhekimin odasında tanımadığı biri oturuyordu. Başhekim bey tanıştırdı: "Dr. Engin" Tam da konuşmak istediği dok-

22 Şubat

Rabbim işimi kolaylaştır.

_{Hz. Musa(as)'nın ikinci duası, Taha Suresi 26}

Yaşanmış bir kader öyküsü

tordu bu. Hastanenin yeni kadın-doğum doktorunun eşi. Meseleyi ayak üstü açmak olmazdı. "Ne garip!" dedi içinden, "hem de hastanın Amerika'ya giden doktoruyla adaş." Bir kaç saniye sonra, kafasından doktor hanımın evlilik soyadı ile "Engin" adını yanyana getirince, tam da hastanın Amerika'ya giden doktorunun adı –soyadı oluştu. Adeta zor bir yap-boz oyununu tamamlamışçasına, hayretle, "Dr. Engin Uçar siz misiniz?" diye sordu. Alelacele ajandasının kenarına isteksizce yazdığı "Dr. Engin Uçar" ismini kontrol etti. "Siz yakında Amerika'ya gittiniz mi?" diye sordu. "Evet" cevabını alınca, ikinci soruyu sordu heyecanla, "peki özel olarak ilgilendiğiniz bir diyaliz hastanız var mıydı?" Doktor tebessümle, "Vezire Hanım mı?" dedi. Ajandasını kontrol ederek onayladı doktor: "Biraz önce beni aradı, sizin yerinize sizin gibi bir doktor bulmamı istedi benden." Arkasından sordu: "Döndüğünüzü haber vermek ister misiniz?" Ümitsizce aldığı telefonu, kaderin bu güzel tecellisinin sevinciyle tuşlamaya başladı: "Vezire Hanım, doktorunuzu buldum" dedi tarif edilmez bir iç huzuruyla. Az sonra, hiç tanımadığı bir hastanın bir kaç dakika önce tanıdığı doktoruyla yeniden görüşmesini seyretti. Bir kaç dakika içinde, hem hasta sevinmiş, hem hastaya tam da aradığı doktoru bulan doktor üzerinden ağır bir sorumluluğu atmış, hem de Dr. Engin bu güzel kader sürpriziyle tanıştığı yeni doktor arkadaşına "ebedî dostluk" adına ısınıvermişti.

Vezire Işık, 2001'in Temmuz'unda, hanımların ve erkeklerin cennete gireceği 33 yaşında, güzel bir seccadeden ibaret çeyizini geride bırakarak, sessizce ve tebessümle bu dünyaya veda etti.

23 Şubat

Kibirle dolaştırma beni, önyargılarla oynaştırma beni, hayırlıların dostluğundan uzaklaştırma beni, öfkeye bulaştırma beni...

Pattinatar

Hz. Ali'nin⁽ra⁾ Kumeyl Duası'ndan

Allahım, ismet perdesini yırtan günahlarımı affet.
Allahım, bedbahtlıkların inişine sebep olan günahlarımı bağışla.
Allahım, nimetlerini değiştiren günahlarımı affet.
Allahım, duaların kabulünü engelleyen günahlarımı affet.
Allahım, belâlar getiren günahlarımı affet.
Allahım işlediğim bütün günahları ve yaptığım bütün hataları affet.
Allahım, zikrinle Sana yaklaşıyorum ve kendi hürmetine Senden şefaat diliyorum.
Cömertliğinden, beni kendine yaklaştırmanı diliyorum.
Bana şükrünü öğretmeni ve zikrini ilham etmeni diliyorum.
Allahım senden huzû, tevazu ve huşu diliyorum.
Ve bana müsamaha etmeni, bana merhamet etmeni ve bana verdiğine razı ve kanaatkâr kılmanı, beni her durumda mütevazi kılmanı diliyorum.

24 Şubat

*Kurtar beni ey Allahım,
çünkü sular canıma kadar girdi... Feryadımdan yoruldum,
boğazım kurudu... kurtar beni ey Allahım.*

Mezmurlar'dan

Bir kapı var orda

Bir kapı var orda, biliyorsunuz her an açık, ona yönelmiyorsunuz... Bu olacak iş değil... Ona yöneliyorsunuz ya da, şöyle sıkıştığınız, başınız dara düştüğü, okyanusta geminiz dalgalarla boğuştuğu, gökte uçağınız türbülans içinde kıvrandığı zaman... Darda... Yüreğiniz mengeneye sokulduğunda...

O zaman da dua lâzım ama, gözün nurunda Rabbin lütfunu unutmamak kaydıyla... Bir çocuğun gülümsemesinde O'nun şefkatini ihmal etmemek şartıyla... Yani, eğer farz kılsaydı Rabbimiz, her nefesimizin bir dua gerektirdiğini, sadaka vermek gerekseydi, her eklem için bir sadaka zarureti olduğunu unutmamak kaydıyla... Oysa ne de az beraberiz Rabbimizle... Ne de zor zamanlarda çalıyoruz rahmet kapılarını...

Ahmet Taşgetiren

25 Şubat

Ya Rab!
Beni kaderine razı,
rızkına şâkir kullarından eyle...

Üç kimsenin duası

Ebu Hureyre'den(ra) rivayet olunduğuna göre Resulullah(asm) şöyle buyurmuştur: Üç kimsenin duası reddolunmaz:
1. Âdil sultanın,
2. İftar edinceye kadar oruçlunun,
3. Mazlûmun

Allah mazlumun duasını bulutların üzerine çıkarır, semânın kapılarını açar ve şöyle buyurur: "İzzet ve celâlim hakkı için, bir müddet sonra da olsa sana muhakkak suretle yardım edeceğim." Binâenaleyh mazlûmun duasından hazer etmek lâzımdır. Zulüm ve haksızlık yapıp mazlûmu (kalbini yıkıp da) Cenâb-ı Hakk'a karşı "Ah!.." ettirmemek lâzımdır.

M. Sâmi Ramazanoğlu

26 Şubat

Rabbimiz bizleri dua edememe illetinden koru,
ve hepimizi rızana ve cemâline ermek dileğiyle korku
ve ümitle gece gündüz sana dua edip yalvaran kullarından eyle!

Dua ve gece

Dua, umduklarına ulaşmanın en güçlü silâhıdır; özündeki Allah`a ait kuvvet ve kudretin sendeki değerlendirilişidir!. Gece, nasıl güneşin parazit oluşturan ışınımı dünyanın arka yüzünde kaldığı için kesiliyor ve kısa dalga yayın çok net alınabiliyorsa; insan beyni de, özellikle gece yarısı ve sonrasında çok hassas hâle gelir ve kuvveti artar.. Bu, hem alıcılık (ilham) yönünden böyledir; hem de vericilik yâni "dua" yönünden böyledir.. "İslâm Dini"nde gecenin önemi buradan ileri gelir.

27 Şubat

Ey Rabbimiz; biz nefsimize zulmettik. Eğer Sen bize mağfiret etmez ve merhamet etmezsen, muhakkak biz hüsrana uğrayanlardan oluruz.

<small>Cennetten çıkarılmaları üzerine, Hz. Adem(as) ve Havva'nın birlikte yaptığı dua, Araf 23</small>

Bir ceninin hatıra defterinden

Sağırım...
Bir haber yok, kötüsü bile. Sesler uzak, müzik yabancı, ahenk dargın.
İşitemiyorum. Kulaklarım yok. Bana Sen kulak verdin. Kulaklarım oldu. Dalgaların sesini işiten, mahrem fısıltılardan haberli kulaklarım oldu.
Kuru yaprağın dalından düşüşünü duyan, rüzgârın ıslığına ritim veren, yağmurun yağışına ahenk katan, her notada ruhuma yeniden üfleyen Sen'sin.
Bana kulak verdin. Herşeyi, her an işiten Sen.
Ben kulak sahibi değilken, işitmek istediklerini işittin.
Ben müziği bilmezken, ben rüzgârın ve denizin sesini işitmezken, ben annemin sesini tanımazken, ben sağır iken, beni Sen işittin, arzularıma Sen kulak verdin, iç çekişlerimi Sen duydun.
Beni işittin, işitmek istediklerime Sen ses verdin.
Beni işitir eyledin.
Sağırdım bana bir Sen kulak verdin.

Senai Demirci

28 Şubat

Yalnız Sana kulluk ediyor (olmak için)
yalnız Senden yardım diliyoruz.

Fatiha Suresi'nden, *İşâratü'l-İ'caz* mealiyle

Dua, kulluğun özüdür

Çoğu zaman ancak sıkıntı hallerinde ve son kapı olarak duaya başvururuz. Halbuki dua, sebeplerin tükendiği yerde sığınılacak ve kendisine başvurulacak son kapı değil, aksine sebeplerin yokluğunda, oluşmasında, devamında ve başarıya ulaşmasında sürekli gündemde olması gereken daimî bir kapıdır. Zira "Dua kulluğun özüdür." (Tirmizi, Daavât,) Rabbimiz bizleri dua edememe illetinden korusun ve hepimizi "rızasına ve cemâline ermek dileğiyle korku ve ümitle, gece gündüz Kendisine dua edip yalvaran kullarından eylesin!.."

1 Mart

> *"Sığınırım sabahın Rabbine; yaratıklarının şerrinden,*
> *çöktüğü vakit karanlığın şerrinden,*
> *düğümlere üfleyenlerin şerrinden,*
> *hased ettiği vakit, hased edenin şerrinden."*

Felak Suresi

Gelsin bu hastalık, bu gurur ve ihtirasımı öldürsün

Sana ibadet edeyim diye bana sağlık verdin; ne ki ben çoğu zaman bu güzel sağlık halimi Sana ibadet yolunda kullanamadım. Şimdi, kendi halimi düzeltmem için bana hastalık verdin. Sağlıklı halimdeyken sağlığımı, gururuma ve bencil arzularıma alet etmiştim. Gelsin bu hastalık, gurur ve ihtirasımı öldürsün. Beni dünyevî hazlardan soğutsun ki, sadece Senin aşkından haz alayım. Hasta yatağımın sessizliğinde yalnız Sana ibadet eden bir kul olayım. Ve lûtfet ki, bedenim heyecanlı olduğunda, ruhanî hazları unutan ben, bedeninin ağrıdan inlediği bu zamanda da ruhanî hazlara nail olsun.

Blaise Pascal

2 Mart

Ey güzîde Yâr,
Bize Senin aşk u rahmetini terennüm edecek o ince,
o nezîh sevimli sözleri hatırlat ve öğret ki biz,
huzûr-u kerîminde o sözlerimizle Senin merhametini kazanalım,
Seni kendimize acındıralım.

Mevlânâ C. Rumî

Bir ceninin hatıra defterinden

Dilim dönmüyor. Sesim çıkmıyor. Dudaklarım suskun. Konuşma yok, bir hece bile. Damaklarıma hiç değmedi dilim. Her dudak arasını gül bahçesine çeviren o ince çizgi, tebessüm yok, tebessüm eden de yok.
Öpecek yok beni. Ve öpemem de.
Daha dudağım dudağıma değmedi. "Ağzı var dili yok" bile değilim. Dilim yok, ağzım da, damaklarım da, dudaklarım da... Lezzetleri bilmiyorum. Dilimi tuza bandırmadım daha. Damağımda şeker tadı hiç gezinmedi. Dudaklarıma pınar suyu değmedi.
Ve Sen bana damak verdin. Dudak verdin. Dil verdin. Söz verdin. Dilim dönmüyordu, Sen bana söz verdin.

Senai Demirci

3 Mart

Ya Râb! Bize Senin sevdiklerini sevdir.
Bizleri razı olduğun işlerle meşgul eyle.

Gönenli Mehmed Efendi

Bir ceninin hatıra defterinden

Dudağıma söz değmedi... Dudağım ve damağım yok.. Dilim dönmüyor henüz.. Lezzetler uzakta. Öpücük tadını bilmiyorum. Tebessüm sevincinden habersizim. Kelâm bilmem. Dudağıma gökten soğuk sular değdireceğine, damağıma lezzetler ihsan edeceğine, dilime şiirler dolayacağına söz verdin. Ve söz verdin ağzıma.
Kur'ân'la Konuşan Sen,
Taşları, dağları, denizleri konuşur eyleyen Sen, dilime kelâm verdin, söz verdin ağzıma. Sözden anlayan dostlar verdin.
Ben tebessümden habersizken, ben gülmeyi bilmezken, bana rahmetinle Sen tebessüm ettin. İki dudak verdin, bir dil. Cümle dudakları gül eyledin. Gülücükler verdin. Güller verdin.

"Allahım!
Senden sevgini ve Seni sevenlerin sevgisini ve
Senin sevgine beni ulaştıracak ameli taleb ediyorum..."

Hz. Davud'un(as) Duası

"Ömrümüzün en hayırlı anını sonu eyle"

Ey gözlerin göremediği, başkalarının zan ve tereddütlerinin aslını asla karıştıramadığı ve vasfedenlerin vasfedemediği, hadiselerin değiştiremediği, belâlardan korkmayan ve dağların ağırlıklarını, denizlerin miktarlarını, yağmur damlalarının sayısını, ağaçların yapraklarının adedini ve üzerine gecenin karanlığının çöktüğü, gündüzün aydınlığının doğduğu şeylerin sayısını bilen, hiçbir semanın semayı, hiç bir arzın arzı, hiç bir denizin dibindekini ve hiç bir dağın içindekini kendinden gizleyemediği Allahım; ömrümün en hayırlı anını sonu, amelimin en hayırlısını son amelim ve günlerimin en hayırlısını ise Sana kavuştuğum gün kıl...

5 Mart

*"Allahım,
huşû duymaz bir kalbten Sana sığınırım..."*

Peygamberimizin(asm) Dilinden

Resûlullah'ın(asm) vefatına yakın zamanlarda ettiği dua

Hz. Âişe(ra) anlatıyor: Resulullah(asm) vefatından önce şu duaları çok tekrar ederdi: "Sübhânallahi ve bihamdihi, estağfirullahe ve etübu ileyh. (Allahım Seni hamdinle tesbih ederim, mağfiretini diler, günahlarıma tevbe ederim.)" Ben kendisinden bunun sebebini sordum. Şu açıklamayı yaptı: "Rabbim bana bildirdi ki, ben ümmetim hakkında bir alâmet göreceğim. Ben onu görünce 'Sübhanallahi ve bihamdihi, estağfirullahe ve etübu ileyh' zikrini arttırdım."

Buhâri, Tefsir, Nasr, Ezân 123,139; Megâzi 50; Müslim, Salat 220, (484)

6 Mart

İlâhî!
Tedbirin ile beni tedbirimden,
İhtiyâr ve İrâden ile beni ihtiyâr ve irâdemden müstağnî eyle!

Olcay için

Bir ceninin hatıra defterinden

Ayaklarım yoktu, beni varlığa Sen yürüttün. Çıkış yok. Yollar kapalı. Ne dağlar, ne vadiler, yürünesi değil. İki ayağım çukurda, yokluk çukurunda. Adım atacak yer yok. Ayaklarım yok, güzel ayakkabılarım da. Çiçekli çoraplarım, yeni örülmüş patiklerim kayıp. Coşkuyla koşacak kimsem yokken, ağır ağır yürüyeceğim yolları bilmezken, Sen beni bilinmez yollardan geçirdin.

Ayaklar verdin. Yokluktan varlığa yürüttün bedenimi. Hiç yoktan ayağa kaldırdın beni. Yol verdin.

Ve çiçekli çoraplar ve güzel ayakkabılar verdin. Ayaklarımı verdiğin gibi, yürünesi yolları, dağları, denizleri ve vadileri ayaklarımın altına serdin.

Senai Demirci

7 Mart

*Yalnız Sana muhtaç eyle,
muhtacına muhtaç eyleme ya Rabbi!*

Sevgi için

Çobansız bırakma Allahım

Biz kısık sesleriz
Minareleri Sen
Ezansız bırakma ALLAHIM
Ya çağır şurada bal yapanlarını
Ya kovansız bırakma ALLAHIM
Mahyasızdır minareler
Göğü de Kehkeşansız bırakma
ALLAHIM
Müslümanlıkla yoğrulan yurdu
Müslümansız bırakma ALLAHIM
Bize güç ver
Cihad meydanını
Pehlivansız bırakma ALLAHIM

Kahraman bekleyen yığınlarını
Kahramansız bırakma ALLAHIM
Bilelim hasma karşı koymasını
Bizi cansız bırakma ALLAHIM
Müslümanlıkla yoğrulan yurdu
Müslümansız bırakma ALLAHIM
Yarının yollarında yılları da
Ramazansız bırakma ALLAHIM
Ya dağıt kimsesiz kalan sürünü
Ya çobansız bırakma ALLAHIM
Müslümanlıkla yoğrulan yurdu
Müslümansız bırakma ALLAHIM

Arif Nihat Asya

8 Mart

Ya Rab,
mü'minin, müslümanın, müslümanın yardımcısının ve
mazlumun yardımcısı ol, onlara hidayet, nusret, galibiyet ve
muzafferiyet ihsan eyle.

"Çok kar, çok dua..."

Bir sabah bir kalktım ki, bir sürü kar yağmış. Her yer bembeyaz. Hemen anneme koştum ve dedim ki, "Anneciğim, baksana melekler ne kadar çok dua getirmiş bize." Annem gülümsedi. Ben de gülümsedim. Niye böyle dediğimi biliyor musunuz? Her kar tanesini yeryüzüne bir melek indiriyor ya, işte ondan. Hep beyaz kalın.

Zaman Gazetesi, Çocuk Sayfasından

9 Mart

Ey Rabbimiz,
hâlimizi en güzel hâl üzere hâllendir.

Hadis-i Şerif

Biz O'na uzak, O bize yakın

Bedevîlerden birinin Resul-ü Ekrem'e⁽ᵃˢᵐ⁾ gelerek, "Rabbimiz bize yakın mıdır ki O'na münâcâtta bulunalım, yoksa uzak mıdır ki O'nu çağıralım?" sorusu üzerine "Kullarım (Habibim) Sana Ben'i sorunca (haber ver ki) işte Ben muhakkak yakınımdır. Bana dua edince Ben o dua edenin davetine icâbet ederim. O halde onlar da Benim davetime (itaatle) icâbet ve Bana imân(da devam) etsinler. Ta ki (o sayede) doğru yolu bulup ulaşmış olurlar." (el-Bakara 186) meâlindeki ayet-i kerime inmiştir. Yani Allah Azze ve Celle her halûkârda kuluna yakındır; ilmi ve kudreti'yle kulunun yanındadır. Fakat kul, imânı, itâati, takvası ve yalvarışı nisbetinde Allah'a yakınlaşır.

10 Mart

*Ey Rabbimiz,
üstümüze sabır yağdır
ve müslüman olarak canımızı al!*

Araf, 126

Can dudağı

Bir aşığa ölüm döşeğinde sorulur.
- Ölüm ânında iken nasıl gülebiliyorsun?
Aşık cevap verir:
- Uçuyorum. Şimdi bütün vücudum dudak olmuş gülümsüyor.
Şu an dudaklarım başka bir gülüşle gülüyor.
Hazret-i Mevlânâ buyurur:
"Ölürken gülmeyen kimseyi, 'mum'a benzetme!
Aşk yolunda ancak mum gibi eriyenler, amber gibi kokular neşrederler.

Osman Nuri Topbaş, Bir Testi Su

11 Mart

Ya Erhamerrahimîn,
rahmetin hürmetine bize ve
O'nun(asm) ümmetine rahmet eyle.

Risale-i Nur'dan

Muhammed Seyda için

Cennet toprağının tohumu

Resulullah(asm) buyurdular ki: Mi'rac sırasında İbrahim(as)'le karşılaştım. Bana: "Ey Muhammed(asm), ümmetine benden selam söyle. Ve haber ver ki, Cennetin toprağı temiz, suyu tatlıdır. Burası suyu tutacak şekilde düz ve boştur. Oraya atılacak tohum da 'sübhânallah velhamdülillah ve lâilâhe illallah vallahu ekber' cümlesidir."

Tirmizi Daavât 60, (3458)

12 Mart

Ey Rabbimiz Sana tevekkül ettik,
Sana içtenlikle yöneldik, dönüş Sanadır.

Mümtehine Suresi, 4

Bir ceninin hatıra defterinden

Varlığımdan haberim yoktu...
Bilinecek bir ismim, tanınacak bir yüzüm bile yoktu.
Sen varetmiştin beni; lâkin ben, kendi varlığımdan bile haberdar değildim.
Beni tanımıyordu annem babam bile.
Varlığımdan bile haberli değillerdi.
Ben de bilmiyorum var olduğumu.
Var olma arzumun bile farkında değilim.
İnsan olduğumu da bilemedim.
"Anılmaya değer bir şey" değilim.
Kimse saymıyor beni.
Adım yok, adam yerine koyulmuyorum.
Varlıktan yana Sen yönelttin beni.
Beni bir Sen bildin.

Senai Demirci

13 Mart

*Ey Rabbimiz
bize güç yetiremeyeceğimiz şeyi yükleme.*

Bakara Suresi, 286

Belâya uğrayanın duası

Hz. Ömer(ra) ve Hz. Ebu Hüreyre(ra) anlatıyorlar: 'Resulullah(asm) buyurdular ki: "Kim bir belâya uğrayanı görünce şu duayı okursa yaşadığı müddetçe, bu belâ ne olursa olsun, ona mâruz kalmaktan muaf kılınır.": 'Seni imtihan ettiği şeyde bana âfiyet veren ve birçok yarattığından beni üstün kılan Allah'a hamdolsun!',
Ebu Hüreyre'nin(ra) bir rivayetinde sadece: "..Bu belâ ona isabet etmez" denmiştir.

Tirmizi Daavât 38, (3427, 3428); İbnu Mâce, Dua 22, (3892).

14 Mart

Ey Rabbimiz, günahlarımızı affet, bizi bağışla, bize merhamet et.
Bizim dostumuz ve yardımcımız Sensin.
Kâfirler gürûhuna karşı, Sen bize yardım et.

Bakara Suresi, 286

Sermayesi erimekte olan insan

Cüneyd-i Bağdadî Hazretleri, buz satan bir satıcıya rastlar. Satıcı:
- Sermayesi erimekte olan insana yardım edin! diye nidâ eder.
Cüneyd Hazretleri bu sözü duyunca düşüp bayılır.
Dünya sermayesini ahiret sermayesine tebdil edemez isek, dünyadaki gayretler, şeytanların paylaşacakları nasipler olur. Netice hüsran ve acı bir aldanıştır. İsraf çılgınlığı ve merhamet yoksulluğu dünyada baş belâsı, ahirette azab sermayesidir. Geçmiş günlerimizin dosyaları kapanmıştır. Bunlarda değişiklik yapmak mümkün değildir. Gelecek günlerimizin varlığı ise şüphelidir. An bu andır. Bu anımızın gönül ve alın terlerini hayat tarlamıza tohumlar olarak ekersek, ahiretimizin sırça sarayları olur. Şeyh Sâdî'nin dediği gibi, "Arzın sathı, Rabbin umumî sofrasıdır."

Osman Nuri Topbaş, Bir Testi Su

15 Mart

*Ey Rabbimiz, bizi hidâyete erdirdikten sonra
kalplerimizi kaydırma, dalâlete meylettirme.
Bize katından bir rahmet ver.
Muhakkak Sen Herşeyi Veren Vehhabsın*

Al-i İmran, 8

Bir ceninin hatıra defterinden

Yüzüm yok. Çatık bir kaşım, gamzeli bakışlarım yok. Saçlarım, kirpiklerim yok. Kaşlarım kirli bile değil; yok. Yüzüme çamur bulaşmamış, çünkü yok. Şekilsiz, biçimsiz, kaba, belirsiz ve korkunç görünüyorum. Böyle görseydi beni annem, belki yüz vermezdi bana. Yüzüme bakamazdı.

Yüzüme bir Sen baktın. Bana Sen yüz verdin. Yokluğun kirli, çirkin maskesini yüzümden indirdin. Rahman suretini indirdin yüzüme. Annemin gözlerine değesi, "bebek yüzlü" tenler giydirdin ete kemiğe. Kirpiklerimin ucuna gamzeli bakışlar düşürdün. Ve yanaklarıma gülücükler saldın. Saçlarımı verdin, "zülf-ü yâr" olası çizgiler çizerek, kaşlarımı eğri kıldın yay gibi, bakışlarıma nur verdin ay gibi. Karşısına vurulası âşıklar koydun. Güneşi göz ucuma Sen getirdin. Bilmezdiler oysa varlığımı. Tanımazdılar beni. Sen yüz vermesen, yüzümü kalplerine âşina eylemesen, yüz süremezdim annemin yüzüne.

16 Mart

Bedenimdeki bu rahatsızlığı,
ruhumun hidâyetine vesile eyle Rabbim!

Blaise Pascal'dan Şifa Duası

"Kalp ne kadar bahtiyardır ki..."

Kalp ne kadar bahtiyardır ki, Senin gibi bir Sevgiliyi seviyor Allahım, o ancak böylesine Sonsuz Güzel Bir Sevgili ile tatmin olabilir zaten. Sen ki ebedîsin, Seni sevmenin mutluluğu ne kadar kalıcı ve güven vericidir... Ne hayat ne de ölüm Seni sevmenin mutluluğundan edebilir bizi. Bütün hatalarım için, her daim Senin aşkının haricinde mutluluklar aradığım için, kalbimi nedamet duyguları ile doldur Allahım! Bedenimdeki bu rahatsızlığı ruhumun hidâyetine vesile eyle Rabbim! Hazır maddî şeylerden tat alamıyorken, mutluluğu yalnız Seninle olmakta bileyim Rabbim!

Blaise Pascal

17 Mart

Rabbimiz bizden bunu kabul buyur.
Şüphesiz ki Sen herşeyi İşiten Sem'i ve herşeyi gören Basir'sin!

Bakara Suresi, 127

İmânı yeni baştan hatırlatan bir zikir

Hz. Ömer(ra) anlatıyor: Resulullah(asm) buyurdular ki: "Kim çarşıya girince Lâ ilâhe illallâhu vahdehu lâ şerike leh, lehü'l-mülkü ve lehü'l-hamdü yuhyi ve yumitü ve hüve hayyün lâ yemutu bi-yedihi'l-hayr ve hüve âlâ külli şey'in kadir. (Allah'tan başka ilâh yoktur, tektir, ortağı yoktur, mülk O'na aittir, ve hamd O'na aittir. Hayatı verir, ölümü de verir. Kendisi hayattârdır, ölümsüzdür. Hayırlar O'nun elindedir. O her şeye kâdirdir) duasını okursa Allah ona bir milyon sevab yazar, bir milyon da günah affeder ve mertebesini bir milyon derece yüceltir." Bir rivâyette, üçüncü mükâfata bedel, "Onun için cennette bir köşk yapar" denmiştir.'

Tirmizi, Daavât 36, (3424)

18 Mart

Allahım, biricik Habib'inin(asm) şefaatiyle bizi iyilerle birlikte cennete girdir.

Risale-i Nur'dan

Behiç Eren için

Dua ve romatizma

Özel bir romatoloji kliniğinde 40 kişiden oluşan (yaş ortalaması 62; %100'ü beyaz; % 82'si kadın) bir hasta grubu üzerinde prospektif (ileriye dönük) bir çalışma yapıldı. Hastaların tümünde II. veya III. derecede romatoid artrit vardı ve düzenli olarak antiromatik ilaç kullanmakta idiler. Tümüne 6 saatlik eğitim ve 6 saatlik direkt yüzyüze duadan oluşan 3 günlük bir müdahale uygulandı. Rastgele seçilen 19 hastaya 6 ay boyunca her gün başka yerlerde yaşayan kişilerce (ek olarak) dualar edildi.. Araştırma sonunda, direkt yüzyüze dua alan hastalarda 1 yıllık izlemde belirgin topyekün düzelme gözlendi.

Dr. Mustafa Taşdemir'in katkılarıyla
Southern Medical Journal, Dec 2000, Vol. 93 Issue 12, p1177, 10p.

19 Mart

Rabbim,
lûtfet ki, sağlık da, hastalık da, ölüm de,
hayat da benim için aynı güzellikte olsun.

Pascal'dan Şifa Duası

Hz. Davud'un(as) duası

Ebü'd-Derdâ(ra) anlatıyor: Resulullah(asm) buyurdular ki: "Hz. Dâvud'un(as) (aleyhisselâm) duaları arasında şu da vardır: "Allahım! Senden sevgini ve Seni sevenlerin sevgisini ve senin sevgine beni ulaştıracak ameli taleb ediyorum. Allahım! Senin sevgini nefsimden, ailemden, malımdan, soğuk sudan daha sevgili kıl." Ebü'd-Derdâ(ra) der ki: "Resulullah(asm) Hz. Dâvud'u(as) zikredince, onu "insanların en âbidi (yani çok ve en ihlâslı ibâdet yapanı)" olarak tavsif ederdi."

Tirmizi, Daavât 74, (3485).

Rabbim
beni zalimler topluluğundan kurtar.

Hz. Asiye'nin Duası, Tahrim Suresi 11

Hz. Asiye'nin duası

Asiye Firavun'un karısı olduğu halde Hz. Musa'ya[as] imân etmişti. Bu yüzden Firavun tarafından cezalandırıldı. Asiye'yi ellerinden ve ayaklarından dört kazığa bağlatıp, göğsüne büyük bir taş koyarak kızgın güneşte bıraktı. Asiye o çaresizlik içinde şöyle dua etti: "Rabbim, bana katından Cennette bir ev yap. Beni Firavun'dan ve onun yaptıklarından koru ve beni zalimler topluluğundan kurtar." (*Bkz*. Tahrim, 11) Bunun ardından ruhunu teslim eder, hiç şüphesiz duası kabul olur.

21 Mart

Rabbim,
lûtfet ki bu acılarım, Senin beni
hasta yatağımda ziyaret etmene vesile olsun.

Pascal

Sihirbazların duası

Firavun kavminin ileri gelenleri Hz. Musa'nın⁽ᵃˢ⁾ bir sihirbaz olduğunu ileri sürünce, Firavun Musa Aleyhisselam'ı sihirbazlarla mağlub etmek ister. Ancak Musâ asâsını atar ve âsâ yılana dönüşüp sihirbazların yapıp ettiği bütün sihirleri yutmaya başlar. Sihirbazlar bunun üzerine "Rabbülalemîn olan ve Musa ve Harun'un sahibi olan Allah'a inandık" dediler. Firavun hiddete gelip "Ellerinizi ve ayaklarınızı çapraz olarak keseceğim, sonra hepinizi asacağım" diye tehdit etti. Sihirbazlar ise "Biz Rabbimize dönüyoruz. Rabbimizin mucizeleri bize göründüğünde O'na inandık diye sen bizden intikam alıyorsun!" dediler. Ardından şu duayı yaptılar: "Rabbimiz Sen bize bol sabır yağdır ve bizim canımızı müslüman olarak al!"

22 Mart

*Allahım; ömrümün en hayırlı anını,
sonu, amelimin en hayırlısını son amelim ve
günlerimin en hayırlısını ise Sana kavuştuğum gün kıl...*

O'nun(asm) Dilinden

Seyyidülistiğfar duası

Ş eddad B. Evs'ın(ra) bildirdiğine göre Resulullah(asm) şöyle buyurmuştur: "Allah'tan mağfiret dileme dualarının en hayırlısı 'Seyyidülİstiğfar Duası'dır. Kim mânâsına inanarak ve kabul edileceğine kanaat getirerek gündüzleyin okur da akşama varmadan o gün ölürse o kişi cennetliktir. Kim de mânâsına inanarak ve kabul edileceğini ümit ederek geceleyin okur da aynı gece ölürse o kişi cennetliktir."

"Allahım Sen benim Rabbimsin. Senden başka ilâh yoktur. Beni Sen yarattın. Ben Senin kulunum. Ve gücümün yettiğince Sana verdiğim söz ve ahde bağlı kalmaya devam ediyorum. Yaptıklarımın şerrinden Sana sığınıyorum. Senin benim üzerimdeki nimetlerini ve buna karşılık benim işlediğim günahları itiraf edip mağfiret kapına dönüyorum; ne olur günahlarımı bağışla!.. Senden başka günahları bağışlayacak kimse yoktur."

23 Mart

*Allahım! Senin sevgini nefsimden, ailemden,
malımdan, soğuk sudan daha sevgili kıl.*

Hz. Davud'un (as) Duası

Lutfet ki, gittiğimiz her yere barış götürelim

Allahım lûtfet ki, gittiğimiz her yere barış götürebilelim. Bölücü değil, bağdaştırıcı, birleştirici olabilelim. Nefret olan yere sevgi, yaralanma olan yere affedicilik, kuşku olan yere imân, ümitsizlik olan yere ümit, karanlık olan yere aydınlık, üzüntü olan yere sevinç saçıcı olmayı bize lûtfet ya Rabbi... Kusurları gören değil, kusurları örtenlerden; teselli arayanlardan değil, teselli verenlerden; anlayış bekleyenlerden değil, anlayış gösterenlerden; yalnız sevilmeyi isteyenlerden değil, sevenlerden olmamıza yardım et. Yağmur gibi hiçbir şey ayırt etmeyip, aktığı her yere canlılık bahşedenlerden, güneş gibi hiçbir şey ayırt etmeyip, ışığıyla tüm varlıkları aydınlatanlardan; toprak gibi herşey üstüne bastığı halde, hiçbir şeyini esirgemeyip, nimetlerini herkese verenlerden olmayı bize lûtfet. Alan ellerin değil, veren ellerin; affedici olduğu için affedilenlerin; Hak ile doğan, Hak ile yaşayan, Hak ile ölenlerin ve sonsuz hayatta yeniden doğanların safına katılmayı bize nasib eyle...

Hacı Ahmed Kayhan

24 Mart

Rabbimiz, indirdiğine inandık ve Peygamberin ardınca gittik; şimdi bizi o şahitlerle birlikte yaz.

Al-i İmran Suresi, 53

Peygamberimizin⁽ᵃˢᵐ⁾ teheccüdde yaptığı duadan

Ey Allahım, ben Senin tarafından gelecek öyle bir rahmet isterim ki, onunla kalbime hidâyet edesin, dağınıklığımı toplayasın, karışık işlerimi düzeltesin, ülfetimi veresin, iç âlemimi düzeltesin, salih ameller nasib edesin, işlerimi gösterişten riyâdan koruyasın. O rahmetle yüzümü nurlandırasın, Seni razı edecek, Sana yaklaştıracak işlere kavuşturasın. Rahmetinle beni bütün kötülüklerden koruyasın.

Ey Allahım, bana doğru bir imân ve imândan sonra şirk olmayan yakîn ve dünya ahiret ikramına kendisiyle nail olacağım bir rahmet ver.

Ey Allahım ben Senden kaza anında kurtuluş, şehitlerin makamına ulaşmak, ahiret saadetine ulaşanların hayatı gibi yaşamak, düşmanlara karşı yardım ve peygamberlere komşuluk isterim.

25 Mart

Allahım sünnet-i seniyyeye uymayı bize nasib eyle.

Risale-i Nur'dan

Lâtiften af bekler kesâfet

Bende sıklet, Sende letafet
Allahım affet
Lâtiften af bekler kesâfet
Allahım affet
Etten ve kemikten kıyafet
Allahım affet
Şanındır fakire ziyafet
Allahım affet
Acize imdadın şerâfet
Allahım affet
Sen mutlaksın, bense izafet
Allahım affet
Ey kudret, ey rahmet, ey re'fet
Allahım affet

26 Mart

Ey Rabbimiz,
kendi katından bize bir rahmet ver,
bize doğru bir karar aldırarak durumumuzu ıslah et.

Ashab-ı Kehf'in Duası, Kehf Suresi 10

"O, kendisinden istemeyi emretmiştir."

Gavs-ı Geylanî Hazretleri, *Fütuh-ul Gayb*'da buyurur ki:
"Her nasıl ise maddî ve manevî rızıklar taksim edilmiştir, kaderler yazılmıştır. Binaenaleyh, aleyhimde olan, lehimde olan nasıl olsa gelip beni bulur. O'na yalvarıp istesem istemesem, Kendisinin taksiminden, nasib etmesinden başkasını bulamam. Binaenaleyh dileğimi bana vermez, o halde neden yalvarayım" deme. Bilâkis Aziz ve Celil olan Allah'tan herşeyini iste. İstediğin haram bir iş olmadığı müddetçe, dünya ve ahiretin en hayırlı nimetlerinden ve kendisine muhtaç olduğun herşeyi Allah Azze ve Celle'den iste, O, Kendisinden istemeyi emretmiştir, duaya teşvik etmiştir."

27 Mart

Allahım bizi meleklerin tebriklerine erenlerden eyle.

Gönenli Mehmed Efendi

Ali için

Ağaç gibi

Ağaç gibi..
mevsimlerin hepsine açık,
hüznü ve sevinci ağırlamaya hazır
kuş cıvıltılarını çoğaltmaya arzulu
gelip geçen herşeye dokunmaya hevesli
bir yağmur damlasını okşamaya
bir rüzgâr dokunuşunu şarkı yapmaya
hazır...
yaşarken
dal budak verip
semalara ağmayı,
hiçliğe varıp
toprağa sığmayı
ebedi rüzgarlarla salınmayı,
yaprak yaprak dirilip
çiçek çiçek tebessüm edip,
tohumlarca isteyip
sonsuza uzanmayı
yerden göğe ağan
bir dua olmayı
ummayalım mı?

Senai Demirci

28 Mart

Allahım hacıyı affet.
Hacının affını isteyen insanları da affet.

Peygamberimizin(asm) Dilinden

"Allah yüzünü hayra yöneltsin."

İbni Ömer'in rivayetine göre Resulullah'ın(asm) huzuruna bir genç geldi ve "Ben buradan hacca gitmek istiyorum" dedi.
Resulullah(asm) onunla biraz yürüdükten sonra başını kaldırdı ve şöyle dua etti:
"Ey genç, Allah seni takva azığı ile rızıklandırsın, yüzünü hayra yöneltsin, sıkıntılarını gidersin."
Genç hacdan dönünce geldi, Resulullah'a(asm) selam verdi, Resulullah(asm) başını kaldırıp şöyle buyurdu:
"Ey genç, Allah haccını kabul etsin, günahlarını affetsin, harcadıklarını yerine koysun."

Mecmü'z Zevâid, 3: 483, Hadis No. 5285

29 Mart

Allahım, beni şakilerden eyleme.
Bana şefkatli ve merhametli ol, ey dilekleri kabul edenlerin ve
ihsân edenlerin en hayırlısı olan Allahım.

Peygamberimizin (asm) Dilinden

Veda Haccı duası

İbni Abbas'ın rivayetine göre Resulullah (asm) Veda Haccında şöyle dua etti:
'Allahım, muhakkak ki Sen sözümü işitiyorsun, yerimi biliyorsun. Gizli ve açık her hâlim Sence malûmdur. Yaptığım hiçbir şey Senden gizli değildir.
"Ben fakir ve muhtacım. Yardımını dileyen, Senden korkan, şefkatini bekleyen, günahlarını ikrar ve itiraf eden bir kulunum. Boynu bükük, günahkâr kulunun yalvarışı ile yakarıyorum. Korkarak, ümit ve sabırla bekleyen, Sana boyun eğen, Senin için gözleri yaşla dolan, bedenini Senin yolunda vakfeden, azametine karşı yüzükoyun sürünen kimsenin edasıyla dua ediyorum. Allahım, beni şakilerden eyleme. Bana şefkatli ve merhametli ol, ey dilekleri kabul edenlerin ve ihsan edenlerin en hayırlısı olan Allahım."

30 Mart

Ey Rabbimiz, bizi ve bizden önce inanmış kardeşlerimizi bağışla.
Ey Rabbimiz inananlara karşı kalbimizde bir kin koyma.
Muhakkak Sen Rauf ve Rahimsin.

Haşir Suresi, 10

Duadan özge eylül mü kalır?

Duası olmayanın ola mı umudu; duaya durmayanın kala mı sûdu? Duadan ayrılsa kul mu kalır, insan mı kalır; duadan özge eylül mü kalır, nisan mı kalır?
Gelin dua edelim, Hakk'a gidelim. Mavi bir şeyler girsin hayallerimize, aklar ve yeşiller vursun hallerimize. Zaman ve mekanı bahşedelim süveydalarımıza, sevdalarımızı nakşedelim zamanlar ve mekanlarımıza.
Kabul olunmayacak duadan O'na sığınarak gelin dua edelim, düşelim yollarına görüşelim, varalım illerine yalvaralım.
O vermek istemeseydi istemeyi vermezdi bize; O sevmemizi istemeseydi sevmeyi istetmezdi bize.

İskender Pala

31 Mart

Rabbimiz,
eğer unutur veya hata edersek bizi hesaba çekme!

Bakara Suresi, 286

"Bana yeniden hayat verecek Sensin"

Hayatı yitirdiğimde de, bana yeniden hayat verecek Sensin. Bir gün toprağa yüz sürdüğümde de, tanımayacaklar yine. Yüzüme bakamayacaklar. Varlığımı belki hesaba katmayacaklar. Taşlara kazıyacaklar adımı en fazla, Unutmamak için. Ama beni hiç unutmayacaksın Sen. Beni bilecek, beni tanıyacak, benim hatırımı Sen soracaksın. Gözümü ve gördüklerimi gören, elimi ve elimdekileri tutan, dilimi ve dilimdekileri konuşturan, dudağıma tebessümden güller koyan, ayaklarımı yokluktan varlığa ulaştıran, var olmaya yüzüm yokken bana yüz veren Sen; çürümüş kemiklerimi, toprağa düşmüş ellerimi, karanlığa akmış gözlerimi, erimiş dudaklarımı, yokluğa kaymış ayaklarımı, işitmez olmuş kulaklarımı, yitik tebessümümü, unutulmuş yüzümü.

Verir de yine Sen verirsin elbet. Yine, yeni, yeniden diriltirsin beni. Ey Hayatı Veren ve Ey Hayatın Sahibi.

Senai Demirci

1 Nisan

Rabbimiz bizi inkâr edenler için bir imtihan vesilesi eyleme.
Bizi bağışla. Ey Rabbimiz Sen Aziz ve Hakîmsin.

Mümtehine Suresi, 5

Esmâ ve dua

Gecede zulümat nasıl nuru gösterir. Öyle de, insan, zaaf ve acziyle, fakr ve hâcâtıyla, naks ve kusuruyla bir Kadîr-i Zülcelâlin kudretini, kuvvetini, gınâsını, rahmetini bildiriyor, ve hâkezâ, pek çok evsâf-ı İlâhiyeye bu suretle aynadarlık ediyor. Hattâ hadsiz aczinde ve nihayetsiz zaafında, hadsiz a'dâsına karşı bir nokta-i istinad aramakla, vicdanı daima Vâcibü'l-Vücuda bakar. Hem nihayetsiz fakrında, nihayetsiz hâcâtı içinde, nihayetsiz maksatlara karşı bir nokta-i istimdad aramaya mecbur olduğundan, vicdan daima o noktadan bir Ganiyy-i Rahîmin dergâhına dayanır. Dua ile el açar. Demek her vicdanda şu nokta-i istinad ve nokta-i istimdad cihetinde iki küçük pencere, Kadîr-i Rahîmin bârgâh-ı rahmetine açılır, her vakit onunla bakabilir.

2 Nisan

Rabbim [annem babam]
beni çocukken nasıl terbiye ettilerse
Sen de onlara öylece merhamet et.

İsra, 24

Salim için

Dua ve rahmet

Âbid namazında der: "Eşhedü en lâ ilâhe illâllah." Yani, "Hâlık ve Rezzak Ondan başka yoktur. Zarar ve menfaat Onun elindedir. O hem Hakîmdir, abes iş yapmaz; hem Rahîmdir, ihsanı, merhameti çoktur" diye itikad ettiğinden, herşeyde bir hazine-i rahmet kapısını bulur, dua ile çalar. Hem herşeyi kendi Rabbisinin emrine musahhar görür. Rabbisine iltica eder, tevekkül ile istinad edip her musibete karşı tahassun eder. Îmânı ona bir emniyet-i tamme verir.

3 Nisan

Allahım,
varlığım avuçlarında sükunet bulana dek,
çalkalanıp duracaktır. Yardım et!

St. Agustinus

"Sübhanallah"

İbadetin mânâsı şudur ki: Dergâh-ı İlâhîde abd kendi kusurunu ve acz ve fakrını görüp kemâl-i Rububiyetin ve kudret-i Samedâniyenin ve rahmet-i İlâhiyenin önünde hayret ve muhabbetle secde etmektir. Yani, Rububiyetin saltanatı, nasıl ki ubudiyeti ve itaati ister. Rububiyetin kudsiyeti, paklığı dahi ister ki, abd, kendi kusurunu görüp, istiğfar ile ve Rabbini bütün nekaisten pak ve müberra ve ehl-i dalâletin efkâr-ı batılasından münezzeh ve muallâ ve kâinatın bütün kusurâtından mukaddes ve muarra olduğunu, tesbih ile "Sübhanallah" ile ilân etsin.

Risale-i Nur'dan

4 Nisan

Allahım lütfet ki,
gittiğimiz her yere barış götürebilelim;
bölücü değil, bağdaştırıcı,
birleştirici olabilelim.

"Elhamdülillah" ve "Allahuekber"

Rububiyetin kemâl-i kudreti dahi ister ki, abd, kendi zaafını ve mahlûkatın aczini görmekle, kudret-i Samedâniyenin azamet-i âsârına karşı istihsan ve hayret içinde "Allahuekber" deyip, huzû ile rükûa gidip, Ona iltica ve tevekkül etsin.

Hem Rububiyetin nihayetsiz hazine-i rahmeti de ister ki, abd, kendi ihtiyacını ve bütün mahlûkatın fakr ve ihtiyâcâtını sual ve dua lisanıyla izhar ve Rabbinin ihsan ve in'âmâtını şükür ve senâ ile ve "Elhamdülillâh" ile ilân etsin.

5 Nisan

Allahım lûtfet ki yağmur gibi hiçbir şey ayırt etmeyip,
aktığı her yeri ihya edenlerden olalım.

Mü'minin mü'mine en iyi duası nasıl olmalı?

Elcevap: Esbab-ı kabul dairesinde olmalı. Çünkü bazı şerâit dahilinde dua makbul olur. Şerâit-i kabulün içtimaı nisbetinde makbuliyeti ziyadeleşir.

Ezcümle, dua edileceği vakit, istiğfar ile mânevî temizlenmeli; sonra, makbul bir dua olan salâvat-ı şerifeyi şefaatçi gibi zikretmeli ve âhirde yine salâvat getirmeli. Çünkü, iki makbul duanın ortasında bir dua makbul olur.

Hem bizahri'l-gayb, yani gıyaben ona dua etmek, Hem hadiste ve Kur'ân'da gelen me'sur dualarla dua etmek; meselâ, (Allahım, Senden kendim ve onun için dünyada ve âhirette af ve âfiyet istiyorum. [en-Nevevî, el-Ezkâr, 74; el-Hâkim, el-Müstedrek, 1:517] (Ey Rabbimiz, bize dünyada da güzellik ver, âhirette de güzellik ver. Ve bizi Cehennem ateşinin azâbından koru. [Bakara Sûresi, 201]) gibi câmi dualarla dua etmek.

6 Nisan

*Allahım,
erken kalkan ümmetime bereket ihsan eyle!*

Peygamberimizin (asm) Dilinden

Mü'minin mü'mine en iyi duası nasıl olmalı?

Hulûs ve huşû ve huzur-u kalble dua etmeli,
Hem namazın sonunda, bilhassa sabah namazından sonra,
Hem mevâki-i mübarekede, hususan mescidlerde,
Hem Cumada, hususan saat-i icabede,
Hem şuhur-u selâsede, hususan leyâli-i meşhurede,
Hem Ramazan'da, hususan Leyle-i Kadirde dua etmeli.
O makbul duanın ya aynen dünyada eseri görünür; veyahut dua olunanın âhiretine ve hayat-ı ebediyesi cihetinde makbul olur. Demek, aynı maksat yerine gelmezse, dua kabul olmadı denilmez, belki daha iyi bir surette kabul edilmiş denilir.

7 Nisan

Nefret olan yere sevgi, yaralanma olan yere affedicilik, kuşku olan yere imân, ümitsizlik olan yere ümit, karanlık olan yere aydınlık, üzüntü olan yere sevinç götürmeyi bize lûtfet ya Rabbi!

Kuşları dinliyorum

Ya Rabbi!
Seher vaktinde kuşları dinliyorum, baharda çiçekleri, ağaçları seyrediyorum.
Her daim gökyüzüne, maviye bakıyorum, bulutlarla yükseliyorum.
Yağmurun şıpırtısını, derenin şırıltısını dinliyorum, kar tanesinin sessiz inişini seyrediyorum. Toprakta yalın ayak yürüyorum, karıncanın yürüyüşünü takip ediyorum, kelebeğin kanatlarını temaşa ediyorum, yazın sıcağını, kışın soğuğunu, baharın serinliğini yaşıyorum. Gecenin sessizliğinde ölümü ve ölenleri düşünüyorum. Dinleniyorum. Huzurla doluyorum.
Ya Rabbi; bize ebediyen dinlenmenin huzurunu nasip et. Bizi bu âlemde dinlendirdiğin gibi, Öteki Alemde de dinlendir.

8 Nisan

*Allahım lûtfet ki güneş gibi hiçbir şeyi ayırdetmeyip,
ışığıyla herşeyi ve
her yeri aydınlatanlardan olalım.*

Zikir, her an O'nunla olmaktır

İnsanoğlu hayatı boyunca ya haramlarla yüzyüzedir, veya Allah'ın emrettiği fazilet, ibadet ve taatlerle karşı karşıyadır. Hiç bir anımız yoktur ki, bu iki yoldan biri karşımızda bulunmasın. Başka bir ifadeyle her anımızda ya Allah'tan yanayız yahut nefs ve şeytandan yana. Bunun ortasında üçüncü bir durum yoktur.
Mesela iki kanatlı kuş gibi, insan sağ kanadıyla uçar ki, Kiramen Kâtibin meleklerinden biri bu omuzdadır. Faziletleri, sevapları, taat ve zikirleri kaydeder. Ya da sol kanatla yola çıkar ki, Kiramen Kâtibin'den diğeri de bu omuzdadır. Bu da haramları, isyanları, gafletle geçen anları kaydeder. Allahu Azimüşşan'ın kudretiyle zerre kadar hayrı bırakmayıp yazdığı gibi, zerre kadar şerri de bırakmayıp kaydeden meleklerin huzurundayız. Gerçek zikrin mânâsı, ortada bulunan insanoğlunun kalbinin arınarak, ilâhî bir idrake sahip olması, bu iki kanatla ahiret âlemine uçarken devamlı hayır üzerinde bulunmasıdır.

9 Nisan

Allahım zalimin hasretle ellerini ısıracağı ve
"Keşke ben Resulullah'a itaat yolunu tutsaydım"
diyeceği günde Senden aman diliyorum.

Hz. Ali(ra)

"Bir şey karışmadan..."

Cabir b. Abdullah(ra)'ın rivayet ettiği bir hadis-i şerifte, Fahr-i Kâinat Efendimiz(asm) buyurdu ki: "Her kim başka bir şey karıştırmadan 'lâ ilâhe illallah' ile gelirse, ona cennet vacip olur." Bunun üzerine Hz. Ali(ra) ayağa kalkıp, "Ya Resulallah. Bu 'bir şey karıştırmak'tan muradınız nedir?" diye sordu. Efendimiz(asm) şöyle buyurdu: "Dünyayı isteyerek ve ona tabi olarak muhabbet etmek, bir şey karıştırmaktır."

10 Nisan

*Allahım bize hakkı hak olarak göster ve
ona uymakla rızıklandır; batılı batıl olarak göster ve
ondan sakınmakla rızıklandır.*

Risale-i Nur'dan

Semânın kapıları

Dört yerde semanın kapıları açılır ve duaya icabet olunur

1- Allah yolunda saf bağlandığı zaman
2- Yağmur yağarken
3- Namaz kılınırken
4- Kâbe görüldüğü zaman

Hadis-i Şerif, Ebu Davud Daavât-1553

11 Nisan

Allahım lûtfet ki, toprak gibi
herşey üstüne bastığı halde,
hiçbir şeyini esirgemeyip,
kendine verileni başkasına verenlerden olalım!

Dört dua

Dört dua vardır ki reddolunmaz:

1- Dönünceye kadar hacının duası
2- Evine gelinceye kadar gazinin duası
3- İyileşinceye kadar hastanın duası
4- Mü'minin mü'mine gıyabında ettiği dua.

Hadis-i Şerif, Ebu Tirmizi-Daavât-129

12 Nisan

Allahım Senden ayrı yaşamaktan, bayağı arzulardan,
Senin celâlinin izzetine, izzetinin celâline,
saltanatının kudretine sığınıyorum.

Risale-i Nur'dan

Üç dua

Üç dua vardır ki kabul olunacağında hiç şüphe yoktur:

1- Babanın evladına duası
2- Misafirin duası
3- Mazlumun duası

Hadis-i Şerif, Müslim-Daavât

13 Nisan

*Alan ellerin değil,
veren ellerin; affedici olduğu için affedilenlerin safında
haşreyle bizi ya Rab!*

Üç kişi

Üç kişi vardır ki Allah onların dualarını reddetmez:

1- İftar edinceye kadar oruçlunun duası
2- Mazlumun duası
3- Adaletli devlet reisinin duası.

Hadis-i Şerif, Tirmizi-Daavât-48

14 Nisan

Ya Rabbi, Onun(asm) tesbihat sadalarını kıyamet ve mahşere kadar kâinatın sayfaları ve vakitlerin yaprakları üzerinde ebedileştir.

Risale-i Nur'dan

"Dua bilgiyle değil, halle olur"

Öyle dualar vardır ki içlerinde Allah'ı istemekten başka bir istek yoktur. Dua kulun Allah'a derdini bildirmesi değil, o derdin dermanının ancak Allah olduğunu bilmesi halidir. Bu yüzden diyebiliriz ki sevmeyen insan asla dua edemez.

Kul olmanın işareti, Yaradan'la konuşmaktır. İnsan Allah'la konuşabildiği ölçüde kuldur. Dua bilgiyle değil, halle olan bir şeydir. Duada dil, kalbin tercümanı olabilir. Kâinattaki düzen, şaşmayan gidişat, zamanın akışı birleşerek umumî bir dua olur.

Onunla ellerin açamadığı kapılar açılır, göklere yaklaşılır, İlahi rahmete muhatap olunur. Zira "Allah kabul etmeyeceği duayı ilham etmez."

İsmail Acarkan, *O'na Ruhumun Yaralı Olduğunu Söyleyin*

15 Nisan

*Ey Allahım,
her sabah, dünyayı aydınlattığın gibi
gönlümüzü de aşkınla aydınlat.*

Ferda Çifçi'den

"Dua, Allah'ın kalbe misafir olmasıdır"

"Halkın duası sözledir, zahidlerin fiilledir, ariflerin duası ise hal iledir. Dua sevgiliye sunulan iştiyak lisanıdır" denilmiştir. İnsanlara çokça dertlerini anlatan, halinden çokça şikayetçi olup bunu dile getirenler, duaları olmayan insanlardır. Zira duanın neticesi istenenlerin verilmesinden ziyade Allah'ın kalbe misafir olması, kalp ve ruhun Allah'ın yakınlığıyla hayat bulmasıdır.

İsmail Acarkan, O'na Ruhumun Yaralı Olduğunu Söyleyin

# 16 Nisan

Allahım,
bolluktan sonra kıtlığa düşmekten Sana sığınırım.

O'nun (asm) Dilinden

Dört şey

Cenab-ı Allah dört şeyi vermedikçe dört şeyi vermez:

1- Fazlasını hazırlamadıkça kula şükür nimetini,
2- Kabulunu hazırlamadıkça dua etme nimetini,
3- Mağfiretini hazırlamadıkça istiğfar nimetini,
4- Kabule hazırlamadıkça tövbe nimetini vermez.

Hadis-i Şerif

17 Nisan

Hak ile doğanların,
Hak ile yaşayanların,
Hak ile ölenlerin ve sonsuz hayatta
yeniden doğanların safına katılmayı bize nasib eyle ya Rab!

"Bunun duasını hemen kabul etme!"

Mü'min bir kul dua eder. Bu esnada Allah, Cebrail'e;
"Bunun duasını hemen kabul etme, çünkü sesini işitmek istiyorum." der.
Bir fasık ve gafil dua edince, Allah Cebrail'e emreder:
"Hemen ver şunun istediğini, sesini işitmek
istemiyorum."

Dua ve Zikirler, sf. 46

18 Nisan

*Allahım insanın kardeşinden,
annesinden, babasından, karısından
ve evlatlarından kaçacağı
ve herkesi meşgul edecek bir işle uğraşacağı günde
Senden aman diliyorum.*

Hz. Ali(ra)

"Korkaklıktan sana sığınırım."

Hz. Enes(ra) anlatıyor: Hz. Peygamber(asm) şöyle istiâze ederlerdi: "Allahım! Aczden, tembellikten, korkaklıktan, düşkünlük derecesine varan ihtiyarlıktan, cimrilikten sana sığınırım. Keza, kabir azabından sana sığınırım. Hayatın ve ölümün fitnesinden sana sığınırım."

Buhârî, Daavât 38, 40, 42, Cihâd 25; Müslim, Zikr 52, (2706); Tirmizi, Daavât 71, (3480, 3481); Ebu Dâvud, Salât 367, (1540,1541); Hurûf 1, (3972); Nesâi, İstiâze 6, (8,257,258).

19 Nisan

Gökleri ve yeri yaratan Rabbim, benim dünya ve ahirette dostum Sensin.
Beni müslüman olarak yanına al ve salihlerin arasına dahil eyle.

Yusuf'un (as) Duası, Yusuf 101

Bu kırılgan varlığımı
ebedî haşrinin baharına toprak eyle

Ebediyen bana 'Yakın' olduğun için, bana vahyettiğin tüm gerçekler için, hayat denen bu sonsuz lezzet pınarının başına beni oturttuğun için, bildiğin tüm ayıplarımı örttüğün için, gördüğün tüm kusurlarımı affettiğin için, gerçek eylediğin tüm rüyalarım için, umuduma katık olarak ilham ettiğin tüm hayaller için, en Sevgili'ni (asm) bana elçi gönderdiğin için, ey Sevgili, beni aşkına muhatap ettiğin için, tut ellerimden Sonsuz Kudret Eli'nle, beni hiçliğe düşmekten alıkoy, beni unutulmuşluktan uzak tut, beni Varlığına komşu eyle, ben acizim dayanağım Sensin, ben fakirim sığınağım Sensin, ben dilsizim sözüm Sensin, ben körüm Gören Sensin, ben sağırım İşiten Sensin. Bana aşktan kanatlar verdin, aşkın semâsına uçurdun. Elimi Sen dokudun, ele-avuca gelmez dokunuşlar bahşettin. Gözüme Kendi Nazarından ışıklar verdin, gözle görülür güzellikler sundun. Yüzüme Sen tebessümü giydirdin, tebessüme karşılık veren ruhlar verdin. Yoktum; varettin. Unutulmuştum, Sen sevdin. Bir Sen sevdiğin için varedildim. Öyleyse, Rabbim varlığımı aşkına armağan eyle! Yak beni aşkının ateşinde. Al beni bu rüyadan, bu dünyadan; bu kırılgan varlığımı ebedî haşrinin baharına toprak eyle.

20 Nisan

*Ey Rabbimiz üzerimize sabır yağdır ve
canımızı imân selâmetiyle al.*

A'raf Suresi, 126

Arz-ı hal

Rabbim! "Eğri cetvelden doğru çizgi çıkmaz", ama Sen dilersen çıkar. Ve Sen, o doğruyla içimizdeki nice eğriliği de düzeltirsin. Fert ve toplum olarak o kadar çok eksiğimiz ve hatamız var ki, ancak Senin Yardımınla giderilebilir, yalnız Senin Rahmetinle affedilebilir... "Bizi bize bırakma", ya Rabb! "Bizi Zat-ı Cemalinden gayrısına bırakma"...

Rabbim! "cüz'i iradmi Külli İradene", cüz'i kuvvetimi külli Kudretine, cüz'i ilmimi Külli İlmine ve cüz'i merhametimi herşeyi Kuşatan Rahmetine teslim ve havale ediyorum. Hayırlı olan benim eksiğimle beklediğim değil, Senin istediğin ve takdir ettiğindir, biliyorum. Hallerimi ıslah ve hep razı olduğuna tebdil buyur, niyaz ediyorum.

Rabbim! Hayatın muhtelif ağırlıkları altında, gafleten, Senin razı olmadığın şekilde kullarını incittiğimiz, kalplerini kırdığımız halleri Sen tamir eyle. Çekişmelerimizi hayra, nizalarımızı sulha ve kırgınlıklarımızı Senin için arınmış olan, helal sevgi ve dostluklara tebdil eyle. Bi Rahmetike, ya Erhamerrahimin! bi Keremike, ya Ekremelekremin!

21 Nisan

Ey Rabbimiz,
bizleri o zalimler gürûhu ile beraber eyleme!

A'raf ehlinin cehennem ehline bakıp ettikleri dua,
A'raf Suresi 47

"Sana duam ile asla mahrum olmadım"

Allahım! Günahların yükü altında ezilen varlığım ancak Rahmetinle necat buluyor; ellerim acz içinde, kalbim daralırken, yardımın imdad ediyor, hayat veriyor... Ve Seni övmek makamında ben dahi, çok kıymetli, muazzam bir kafileye en son yetişen bir yolcu gibi, "en makbul ve mahbub kulun" ve sevgili Resûlünün(asm) mübarek duasına iştirak ediyor ve "Ma arafnake bi hakki ma'rifetike ya Maruf!.. Ma şekernake bi hakki şükrike ya Meşkur!.. Ma zekernake bi hakki zikrike ya Mezkur!.." diyorum. Seni hakkıyla bilemedik ey Maruf; ancak Sen bizi kendine arif eylersin. Senin şükrünü hakkıyla eda edemedik ey Meşkur, ancak Sen bize şükrü hakkıyla öğretirsin. Seni hakettiğin gibi zikredemedik ey Mezkur; ancak Sen kendi zikrine bizi muvaffak eylersin. Ve "Sana duam ile asla mahrum olmadım" diye ikrar ediyor ve rahmetini Rahmetinle niyaz ediyorum.

22 Nisan

Ey Rabbim, burasını emniyetli bir belde kıl, ahalisinden Allah'a ve ahirete imân edenleri çeşit çeşit meyvelerle rızıklandır.

İbrahim'in (as) Kâbe'nin inşası sırasında yaptığı dua, Bakara Suresi 126

"Günahım çok, elim dar"

İlahî, Seyyidî, Settarü Mevla
Yüce dergahına geldim Hüdaya
Benim hacat ile gönlüm doludur
Veli nidem bu nefsim bed-huyludur
Günah yükünü arkama uruban
Acz toprağına yüzüm sürüben
Tevazu ile Sana götürdüm
Kapına yüz karasıyla getirdim
Bilirim Padişah-ı bi-Niyazsın
Sana yalvaranı mahrum komazsın
Verirsin kullarına istediğin
Bilirsin kulların her ne dediğin
Yer gök ehli hep Senden umarlar
Kamusu Hazretine yalvarırlar
Benim de günahım çok elim dar
Kapına geldim ya Settar, ya Gaffar...

Eşrefoğlu Rumi

23 Nisan

Allahım,
Senden ölüm anında rahatlık, hesap anında af diliyorum.

O'nun (asm) Dilinden

Bize Seni sevecek yürekler ver

Gözyaşlarımız, Bedir'de secdeye kapanıp Sana yakaran kulun ve Resûlün Muhammed'in gözyaşları kadar saf ve duru değil belki...
Onun dediği gibi "Eğer şu mü'minler helâk olursa, yeryüzünde Sana ibadet eden kalmaz" gibi naz makamında kapını çalma cesaretimiz yok muhakkak...
Ama "Duanız olmasa Rabbim sizi ne yapsın" diyen de Sensin Rabbim...
Bize duayı öğreten Sensin... Rahman ve Rahim sıfatlarını Sen yazdın kalblerimize... Umutları Sen yazdın. Ye'sten korunmayı Sen yazdın. "Dua edin, cevap vereyim" diyen Sensin... "Vadinde hulfetmeyen" Sensin... Hazineleri sonsuz olan sensin...
Duamız var ve Senin kapında bu dualı halimize güveniyorum Rabbim... Bize rahmetini yağdır, toprağımıza, insanımıza... Aç rahmet kapılarını Rabbim. Bize hastalıksız kalbler ver. Bize Seni sevecek yürekler ver... Bize Senin sevdiklerini sevecek yürekler ver... Bize kulun ve Resûlün Muhammed'in dualarında istediklerini ver... Ona Uhud'u sevdirdiğin gibi bize de sevdir dağı, taşı, kuşu, çiçeği... Çocuğu sevdir bize, kadını sevdir, mazlumu sevdir... Güzelliği sevdir bize... Güzelliği idrak etmeyi lütfet. Mü'minleri sevdir geçmiş ve gelecekteki... Mü'minlere karşı gönüllerimizde en küçük karışıklık, muğberiyet bırakma...

Ahmet Taşgetiren

24 Nisan

Al beni bu rüyadan, uyandır beni bu dünyadan
bu kırılgan varlığımı ebedî başrinin
baharına toprak eyle.

"Senin benden muradın herşeyde bana bilinmendir"

İlâhî, işte ben sana olan ihtiyaç ve fakrımla yine sana tevessül ediyorum. Sana vasıl olması mümkün olmayan bir hâl ile sana nasıl tevessül edebilirim? Yahut senden gizli olmayan hâlimi sana nasıl şikayette bulunayım? Senden olan ve sana raci olan sözlerimi sana nasıl nakledip tercüme edeyim? Emellerim nasıl ümitsizliğe düşebilir, nasıl kaybolabilirler ki, onlar hep sana müteveccihtirler, senin huzuruna varacaklardır. İlâhi, şu cehaletimin büyüklüğüne rağmen bana ne kadar lütufkârsın. Şu çirkin işlerime rağmen ne kadar merhametlisin. Hayret ki, hayret! İlâhi, tavırlarının tenakkûl ve değişikliğinden, eserlerin ihtilâf ve birbiri ardınca gelişinden şunu öğrendim ki, Senin benden muradın her şeyde bana bilinmendir, tâ ki, hiçbir şeyde seni bilmemiş olmayayım.

Hikem-i Atâiyye'den

25 Nisan

*Ey 'Kapıları Açan' Allahım, bize kapıların en hayırlısını aç.
Ey 'Halden Hale Çeviren' Allahım, halimizi en güzel hale çevir.
Ey 'Kalpleri Döndüren' Allahım, kalplerimizi dinin ve
taatin üzerinde sabit kıl*

O'nun (asm) Dilinden

İki haslet

Abdullah İbnu Amr İbni'l-Âs(ra) anlatıyor: Resulullah(asm) buyurdular ki: "İki haslet vardır ki onları Müslüman bir kimse (devam üzere) söyleyecek olursa mutlaka cennete girer. Bu iki şey kolaydır. Kim onlarla amel ederse, azdır da... Her namazdan sonra on kere tesbih (Sübhânallah), on kere tahmid (Elhamdülillah), on kere tekbir (Allahuekber) söylemekten ibarettir.' (Abdullah der ki:) "Ben Resulullah'ın(asm) bunları söylerken parmaklarıyla saydığını gördüm. Resulullah(asm) devamla buyurdular: "Bunlar beş vakit itibariyle toplam olarak dilde yüzellidir. Mizanda bin beş yüzdür. "İkinci haslet ise yatağa girince Allah'a yüz kere tesbih, tekbir ve tahmidde bulunmanızdır. Bu da lisanda yüzdür, mizanda bindir."

Tirmizi Daavât 25, (3407); Ebu Davud, Edeb 209, (5065); Nesâi, Sehv 90, (3,74)

26 Nisan

*Ey Rabbimiz üzerimize sabır yağdır,
ayaklarımıza sebat ver
ve kafirler topluluğuna karşı bizi muzaffer eyle.*

Talut'un askerlerinin Calut'un ordusuyla karşılaştıklarında ettikleri dua,
Bakara 250

Dille dua, gönülle rıza

İhtiyaç sahipleri dua ile sükûnete erer, dertliler o sâyede nefes alır, hastalar o sâyede şifâ bulur. Hakk Teâlâ: "Onlar ellerini kapalı tutuyorlar" (et-Tevbe, 9/67) âyetiyle ellerini dua için dergâh-ı ilâhîye açmayan münâfıkları kınamıştır. Ayrıca sıkıntıdayken yapılan dualara icâbetle sıkıntıları giderenin kendisi olduğunu (en-Neml, 27/62) belirterek kullarını duaya çağırmaktadır.

Sûfîler, duanın kâl ile değil, hâl lisânıyla ve gönülden olmasını kabule karîn görürler. "Dua mı, rızâ mı daha fâziletlidir?" tartışmasına taraf olan sufilerden duayı efdal görenler: "Dua bizatihî ibâdet olduğuna göre onu yapmak terketmekten elbette daha efdaldir." demişlerdir. Doğru olan, kulun diliyle dua sahibi, gönlüyle rızâ sahibi olmasıdır.

Prof. Hasan Kâmil Yılmaz

27 Nisan

İşittik ve itaat ettik ey Rabbimiz.
Gufranını dileriz, Sanadır dönüş.

Bakara Suresi, 285

Dua edenin 'Rabbim' demesi

Birisi her gece kalkıp Allah'ı anıyor, O'na dua ediyordu.. Şeytan ona dedi: "Ey Allah'ı çok anan kişi, bütün gece Allah deyip çağırmana karşılık seni buyur eden var mı? Sana bir tek cevap bile gelmiyor, daha ne zamana kadar dua edeceksin?"
Adamın gönlü kırıldı, başını yere koydu ve uyudu. Rüyasında ona şöyle dendi: "Kendine gel uyan! Niye duayı, zikri bıraktın? Neden usandın?" Adam: "Buyur diye bir cevap gelmiyor ki, kapıdan kovulmaktan korkuyorum." dedi. Bunun üzerine ona dendi ki: "Senin 'Allah' demen, O'nun 'Buyur' demesi sayesindedir. Senin yalvarışın, Allah'ın senin ruhuna haber uçurmasındandır.. Senin çabaların, çareler araman, Allah'ın seni kendine yaklaştırması, ayaklarındaki bağları çözmesindendir.. Senin korkun, sevgin, ümidin Allah'ın lütfunun kemendidir..."

Mesnevi'den

28 Nisan

Ey Allahım
bize ölümü ve ölüm ötesini mübarek eyle.

M. Zahid Kotku

Seda için

Dua oku

Savaşmaktan yıldığın nice zalimler vardır
kader öyle bir düşürür ki onları ağına
İslam denince ibadet
ve zırhlarla korunmak mümkün olmayan
dualar gelir aklıma.
Bil ki zalim kurtulsa da elinden
Dua oku vardır arkasında
Kas Şehri'nin oku gibi keskin
Peşinden gelen.
Ki o okun arkasındaki tüyler kirpikleridir
uykusuz gözlerin
Ve o kirpikler ki gözyaşlarını taşır.

İmam Şafi Divanı, ŞuleYayınları, Çev. A.Ali Ural

29 Nisan

*Ey mülkün Sahibi Allahım, dilediğine mülkü verirsin,
dilediğinden de çeker alırsın, dilediğini aziz edersin,
dilediğini zelil edersin. Hayır Senin elindedir.
Sen Herşeye Kadirsin.*

Al-i İmran, 26

Gel, gel de yollardaki topraklardan topla beni

Bak şu yanan sineme, dağlı kalbime, bitik bakışlarıma ve bak her harfi ağlayan şiirlerime, inleyen nesirlerime ve dua dua melâlime.
Bahtına düştüm, ey rahmeti engin, merhameti aşkın Sultan'ım! Aman çıkarma beni bahtından, kurutma dilimi. Yıkılmışlığıma ve istikameti yitirmişliğime ver şu meramımı aşan sözleri. Ben mücrime yakışanı dedim; Sense Sana yakışanı yaparsın her zaman. Yaratıcım! Sahibim! Canımın Rabbi! Ben ettim Sen etme. Ne olur, şu naçar kulunu çamurlara terketme. Senden Vedûdiyet mühürlü Mevlânâ'nın Senin dergâhında yaptığı dua ağzıyla meded diliyor ve "gel, gel de yollardaki topraklardan topla beni" diyerek sadece Seni dileniyorum, Allahım yalnızca Seni...

Musa Tuub, Bir Kalbin Alınyazısı

30 Nisan

Rabbim,
bana katından bir temiz zürriyet ihsan eyle.
Şüphesiz Sen duayı hakkıyla İşitensin!

Zekeriyya'nın(as) Duası, Al-i İmran 38

Dua sözden ötedir

Duada lafızlardan, sözlerin insicâm ve tantanasından çok, gönüldeki coşku ve teslîmiyet müessirdir. Dua eskilerin ifâdesiyle mürâsele, yenilerin diliyle Hakk ile iletişimdir. Bu yüzden Allah Teâlâ: "Bana dua edin, Ben de duanıza icâbet edeyim. Kibirleri sebebiyle Bana kulluk etmeye yanaşmayanlar, horlanarak cehenneme gireceklerdir." (Mü'min, 60) buyurarak kullarını kendisiyle iletişime ve ilişkiye çağırmaktadır. Ayrıca bu iletişimin içten ve derinden olmasını dileyerek: "Rabbınıza gönülden ve gizlice dua ediniz!" (el-A'râf, 55) buyurmaktadır.

1 Mayıs

Allahım İhlas Suresi'nin hakkı için bizi kendi iradesiyle ihlaslı olan ve Senin ihlaslı kıldığın kullarından eyle.

Risale-i Nur'dan

Kâinat bir mesciddir

Ben burada öğle namazını kılarken, başka yerdekiler ikindi namazını, bir diğer yerdekiler akşam namazını, başka yerdekiler yatsıyı, başka yerdekiler de sabah namazını kılıyorlar. Yani; bir anda yeryüzünde Allah için sabah, öğle, ikindi, akşam, yatsı ezanı okunuyor. Yani, her zaman ve zamanın her vaktinde, her yerde kesintisiz olarak yüce Allah anılmaktadır. Yani, sultanlık dileyen canlar, kulluktadır. Düşünebiliyor musun? Aynı anda beş vakit namaz birden kılınıyor. Düşünebiliyor musun? Başını secdeye koyduğun o an; dünyanın her yerinde başlar, değişik vakitlerin namazları olsa da secdededir. Ve işte anla ki; kâinat büyük bir mescittir. Düşün! Bu ne muhteşem bir duygudur. "Lebbeyk!" diyen gönülleri Bir anda secde-i Rahman'da birleştiren ne muhteşem bir birlikteliktir... Bu ne büyük bir buluşmadır... Ve düşün ki; Bu büyük randevuya gelmeyen veya geç gelen veya kaytaran nasıl bir hüsrandadır ve neleri kaybetmiştir.

"Fatıma" Nur, www. dualar. com

2 Mayıs

*Allahım gönlümde olanı hakkımda hayırlı eyle,
hakkımda hayırlı olana gönlümü razı eyle.*

Bir salavat örneği

Allahım, kulun, peygamberin, seçtiğin, dostun, mülkünün güzelliği, masnuâtının melîki ve sultanı, inâyetinin gözbebeği, hidâyetinin güneşi, hüccetinin lisânı, rahmetinin timsâli, mahlûkatının nuru, mevcudâtının şerefi, mahlûkatının çokluğu içinde birliğinin kandili, kâinat tılsımının keşşâfı, rubûbiyet saltanatının dellâlı, hoşnut olduğun şeylerin tebliğ edicisi, gizli isimlerinin tanıtıcısı, kullarının muallimi, âyetlerinin tercümânı, rubûbiyet güzelliğinin aynası, şuhud ve işhâdının medârı, âlemlere rahmet olarak gönderdiğin habîbin ve resûlün olan Efendimiz Muhammed'e, onun bütün âl ve ashâbına, kardeşleri olan diğer peygamber ve resûllere, melâike-i mukarrebîne ve sâlih kullarına salât ve selâm eyle.

Risale-i Nur'dan

3 Mayıs

Öğrendim ki yaşamak,
acının ölçüsünden geçerken,
rahmet yağmurlarında ıslanmaktı.
Allahım; imtihan yollarında yürürken
ruhunun üstünde şemsiyelerle gezinenlerden
ve rahmetinden ümit kesenlerden olmaktan Sana sığınırım...

Seyyah'dan

"Benim ümit kapım..."

Allahım! Sana Senin istediğin sonsuzlukta hamdü senalar olsun ki beni çamurlarda bırakmadın. Bırakmadın da bir insan yarattın. Şu toprak çocuğuna bir insan olarak ölmeyi de nasip et. Gecelerde çamurlanırsam gündüzlerde affet; gündüzlerde sürçersem akşamlarda şefkat et. İnsanım ben; düşerim kalkarım ama yalnız Sana kulluk yaparım. Çünkü insanı Sen "yalnızca kulluk için yarattım" buyuruyorsun. Hem en günahsız Kul'un(asm) da öyle buyuruyor: "Eğer siz hiç günah işlemeyecek olsaydınız; Allah öyle varlıklar yarattı ki onlar günaha girerler, sonra da tövbe ile Rabblerine yönelirlerdi de, Allah da onları affederdi." Bu benim ümit kapımdır.

4 Mayıs

Ey Rabbimiz,
peygamberlerin yoluyla bize vaadettiklerini ver,
kıyamet günü bizi rezil etme.
Şüphesiz, Sen sözünden dönmezsin.

Al-i İmran, 194

"Beni berraklığa kavuştur"

Allahım, eğer isyan ettim diye kovacaksan beni huzurundan, o Senin engin Rahmetin kimi kurtaracak? O sonsuz Rahmete en büyük bir günahkâr gerekmez mi? Cüretkarlığım, cehalet ve perişaniyetimin bir çığlığıdır. Allahım, edepsizleri de affeden Sensin. Benim de Rabbim oluşun aşkına, Kuddusiyetinle yeniden ilk saflığa, ilk berraklığa kavuştur şu çamuralûd mazlumu da...

Musa Hub, Bir Kalbin Alınyazısı

5 Mayıs

*Rabbimiz gece için Sana şükran sunarız
ve keyif veren sabah ışığı için;
Dinlenme ve yiyecek ve sevecen ilgin için.
Bütün bunlar günü çok hoş kılar.
Bütün yaptıklarımızda,
işte ya da oyunda her gün daha sevecen büyümek için
gereken işleri yapmamızda bize yardım et.*

Abbie C. Morrow, *Bir Çocuğun Sabah Duası*

Kelebek kanadı titrekliğinde, kuru yaprak teslimiyetinde

Duamızı bir kelebek kanadı misali ümit ve korku arasında incecikten titreyen bir kalb ile, bir yaprak misali hem bahara hem güze razı bir hal teslimiyetiyle yapmalıyız: "Onların yanları yataklarından uzaklaşır. Rablerine korku ve umutla dua ederler..." (Secde Suresi, 16)

6 Mayıs

Rabbim,
bu küçük bebeği aşkının sinesinde büyüt ve
inayetinin göğsünden ona süt ver.

Sen benim Rabbim Halıkım ve Mabudum olduktan sonra...

Allahım Sen benim Rabbim Halıkım ve Mabudum olduktan sonra, iki dünyanın hayatını da kaybetsem ve kâinat bütünüyle bana düşmanlık etse, ehemmiyet vermemeliyim. Çünkü ben Senin mahlukun ve masnuunum. Sonsuz günahkârlığım ve insana değer kazandıran sair güzel hasletlerden nihayetsiz uzaklığımla beraber, Senin ile bir alâka ve intisap cihetim var. İşte Senin böyle durumdaki bir mahlukunun lisanıyla niyaz ediyorum. Ey Halıkım, Ey Rabbim, Ey Razıkım, Ey Malikim, Ey Musavvirim, Ey Mabudum! Esma-i Hüsnan, İsm-i Azamın, Kur'an-ı Hakîminin, Habib-i Ekreminin, Kelam-ı Kadiminin, Arş-ı Azamın ve bir milyon ihlas sûresinin hürmetine bana merhamet et! Ya Allah Ya Rahman Ya Hannan Ya Mennan Ya Deyyan.

7 Mayıs

Ya Rabbenâ,
biz ancak Sana tevekkül kıldık ve
Sana gönül verdik ve dönüş Sanadır.
Ya Rabbenâ, bizleri o küfredenlerin fitnesi kılma ve
bizlere mağfiret buyur; Sen Aziz ve Hakîmsin.

İbrahim(as) ve Yanındakilerin Duası, Mümtehine 4-5

Çakıl taşları

Oğlu ile babası sahile indiler. Oğlu sordu babasına; - Babacığım şu yerdeki şeyler neyin nesi - Çakıl taşı evladım... Oğul kafasını sağa çevirdi. - Babacığım ya bunlar? - Onlar da çakıl taşı evladım. Sola çevirdi. - Ya bunlar babacığım? - Hepsi çakıl taşı evladım. - Babacığım ne kadar da çok var bunlardan. - Evet evladım. - Peki babacığım bunlardan daha çok bir şey var mı dünyada? - Var evladım. - Nedir babacığım? - Babanın günahları evladım - Babacığım ya senin günahlarından daha çok bir şey var mı? - Var evladım. - Nedir babacığım? - Allah'ın rahmeti evladım...

8 Mayıs

Bize Kur'ân'la tenezzül buyuran Allahım,
Bizi Kur'ân'ın zinetiyle zinetlendir.
Bizi Kur'ân'ın şefaatiyle cennete koy
Bizi Kur'ân'ın nimetleriyle nimetlendir.
Bize Kur'ân elbisesini giydir
Bizi Kur'ân ile şereflendir.

Affından ümit kesilmez

Ya İlâhel Âlemîn, Ya Erhamerrâhimin, Ya Hayyü Kayyum, Ya Rahman, Yâ Hakîm, Yâ Kerîm!.. Bütün âlemlerin, bütün mükevvenâtın Rabb'isin.

Çiçeklerin, balıkların, dağların, denizlerin, kuşların, yıldızların, semâların Rabb'isin. Mazlumların, çaresizlerin, gariplerin, kimsesizlerin, mahzunların Rabbisin. Azizül Hakîmsin, Kadir-i Mutlaksın...

Bizi affeyle... Habibin hürmetine; O'nun ashabında, ashâbına tabi olanlarda, onlara da tabi olanlarda, âlim ve velî kullarında tecelli eden nurlu güzellikler hürmetine affeyle bizi. Nedâmetin şuûruna, duânın hakikatine erdir; affına lâyık kıl. Bizi kendi halimize bırakırsan, duâmıza bile tevbe, tevbemize bile nedâmet lâzım. Bize "istikamet üzre" bulunabilme dengesinin ve tâkâtinin nimetini ihsan eyle. Bizi (asliyetiyle) duâ etmemiz gibi dua ettir, (hakikatiyle) tevbe etmemiz gibi tevbe ettir.

(..)

Affından ümit kesilmez, kendimizde ümit yok. Bütün acziyetimizle, acının değil hasretin gözyaşlarıyla sana yöneldik. Senden diliyoruz, senden bekliyoruz, affına sığınıyoruz.

9 Mayıs

Yüzüm yoktu. Yüze geldim.
Aşağılardan yüz çevirdim.
Teveccühümü Sana verdim. Sustum zira. Sözden fazladır yüz.
Öyleyse, yüz'lerce elhamdülillah.

Yüz'lerce Dua

"Burası ümitsizlik kapısı değil..."

Bir kandil, mumdan alıp da yandı mı, onu gören mumu görmüş olur. Bu parlaklık yüz kandile de nakledilse, sonuncusunun aydınlığını görmek, en evvelinin nurunu görmek gibidir. İstersen aradığın hidâyet nurunu sonuncu kandilden, dilersen bizzat can ışığından al; aralarında fark yoktur. İstersen o hidâyet nurunu sonraki kandillerde, yani hayatta olan mürşidlerde; istersen gelmiş-geçmiş velilerin ruhlarında gör. Bir nefes gelir, seni görür gider. Ve bu nefes her kimi dilerse ona da hayat verir.

Mesnevi'den

10 Mayıs

*Ey Rabbim,
beni, anababamı, evime mü'min olarak gireni ve
bütün mü'min erkek ve kadınları bağışla.
Ve zalimlere helaktan başka bir şey verme!*

Nuh'un(as) Duası, Nuh Suresi, 28

"Padişahlar da senin kapında devlet bulur"

Ey Rabbim! Senin mübarek ismini anarak ve rahmetinin gölgesine sığınarak ve Senden mağfiret dileyerek söze başlarım. Şüphesiz âlemlerin Sultanı Sen olduğun gibi, sözlerin Sultanı da elbet sensin! Sana hamd eder, her işimde Senden yardım dilerim. Sana hakkıyla hamd etmekten acizim. Senin nimetlerinin şükrünü insan nasıl ifa edebilir ki, bir nefes için iki şükür lazımdır. Vücudumdaki her kıl Senin eserin olunca, artık ben niceye çırpınayım ki, her kılın şükrüne muvaffak olayım... Ya Rabbi, Ya Rabbi! Sen herkesin "Ya Rabbi!" deyişlerini duyarsın. Sen her canlının rızkını verir, her düşküne acırsın. Padişahlar da senin kapında devlet bulur, köleler de.

11 Mayıs

Ey Kur'ân'ı indiren Rabbim, Kur'ân hürmetine,
ölüm benim dilimi susturduktan sonra dualarımı benim bedelime
tekrar etmesi için yazdığım duaları kalbime vekil,
dilime elçi eyle..

Yıldızlar tutar açılan elleri

Geceydi... Kurşun sesinde bir cenin duaya durmuştu...Gönülden ve gizlice... Sakınarak ve umarak... Israrla ve devamlı...Söz değil, bir hâl... Söze hükümran mecal... Kelebeklerin kanadı gibi titrek, seher bülbülünce zeyrek...Dünyanın eşiğinden öteye akıştı o dua; gaflet perdelerinden öteye bakıştı o dua. Denizleri dolaşan katreler gibi, tesbih tesbih dökülen taneler gibi.

Yıldızlar tutar açılan elleri, şafaklar öper deyen dilleri. Umutların ritmiyle atan nabızda gizliydi, gönüllerin teliyle çalan sazda gizliydi. Tevbeleri izleyen gözyaşıydı dua, her işte bir hayrın başıydı dua. İlahî yazıların gizemli şifresiydi; yoldaşın yoldaşa gülen çehresiydi. İçten içe bir niyazdı o, gelinlik giyside beyazdı o. Bağırlar yakan közler de, söylenmeyen sözler de...

Geceydi... Kurşun sesinde bir cenin duaya durmuştu ve çoğaltmıştı çığlıklarını...

İskender Pala

# 12 Mayıs

Ya Rabbi bizi rızanı kazanmaya,
Kitabınla amel etmeye ve
Peygamberinin(asm) sünnetine uymaya muvaffak eyle.

Ağlamak

Ağlamak... göz pınarlarının dolup dolup boşalması ve insanların duygularını ifade etme yeteneği...

Ağlamak... Bir nev'i özlem duymak geçmişe, güzelliğe ve de geçmişle hasret gidermek bir nev'i...

Ağlamak... İçe atılan bastırılmış duyguların, dışta inleyen sessiz çığlıkları...

Ağlamak... kalbleri temizleyen o ışıl ışıl ırmağın gözlerdeki yansıması...

Ağlamak... Duygularımızı ifade edemediğimizde, onları ifade etmenin en geçerli yöntemi belki de...

Ağlamak... Muhabbetlerin, özlemlerin, gerçeklerin ve güzelliklerin reçetesi...

Ağlamak... Gözlerin dolup dolup boşalması ve hiç kimsenin yaşamadığını hissettiğimiz anlar...

Ağlamak... O'na belki de en yakın olduğumuz anlardan biri...

Ağlamak... Hayatın en hakiki gerçeği
"Yaradan rahmetini kahrından üstün saydı
Ne olurdu halimiz, gözyaşı olmasaydı..."

Açılırken avuçların sessizliğe, ellerinin içindeyim

Ağlamak geliyorsa içinden, ağla; gözyaşının içindeyim...

13 Mayıs

Allahım!
Bugün kalbime,
Seni nerede ve nasıl bulacağımı öğret.

"Vermek istemeseydi, istemek vermezdi"

Bediüzzaman, duanın mü'min kardeşi için gıyaben yapılmasının, Kur'an ve hadislerdeki duaları etmenin, hulûs, huşû ve huzur-u kalble, namazlardan sonra, cuma ve icabet saatinde, üç aylar ve mübarek gecelerde yapılmasının kabule daha yakın olacağını belirtir, "Duam kabul edilmedi" demenin mahzuruna dikkat çeker ve "Daha duanın vakti bitmedi veya daha iyi bir surette kabul edilmiş" demenin uygun olduğunu bildirir. "Dua ya bizzat istenilen şeyle makbul olur, ya da daha evlâsı verilir. Dua ubudiyetin ruhudur. Dua külliyet kesbederek devam etse, netice vermesi gâliptir. Unutmayalım ki, Allah vermek istemeseydi, istemek vermezdi.

14 Mayıs

Ey bu yerlerin Hâkimi,
Senin bahtına düştüm, Sana dehalet ediyorum ve
Sana hizmetkârım ve Senin rızanı istiyorum ve Seni arıyorum.

Dua aşk gibi olmalı

Klişe dua makbul değil, kabuk ve ezber daima özün mahiyetinde tehlikeli. Bu yüzden dua hep aynı kalmamalı. Daima yeni olmalı, yeni idrakle yeni hisle yeni psikolojiyle yalvararak ve yüksek olmayan sesle ve her defasında yeniden hissederek ve kelam olmanın ötesinde hal üzere. kalbinin üzerinden geçiyorken herşey sen kalbinin altında kal ve hecele.

Çünkü dua ve aşk "bir daha" değildir. Hep yenidendir yani ilk kez gibi olmalı. İlk kez inanıyor ve ilk kez biliyormuş, yalvarıyormuş gibi.

15 Mayıs

Allahım!
Bana, Seni aramayı öğret. Sen bana öğretmezsen, Ben Seni arayamam.
Sen, bana Kendini göstermezsen, Ben Seni bulamam.

Efendim görün bana rüyada

Eğer ateş tam da kalbimin ortasına düştüyse ne yapayım
Yağmurun patlatması gibi tohumu, nehrin birden dönüp de
Geriye akması gibi, mahzun, dürüst ve kararlı, ne yapayım
Çocuğum sen bir ilâç ol babanın ıssızlık acısına, sen ol
Her sabah gülücüklerinle onar, küçük dokunmalarla
Kavisler çizen şu sarhoş ve berduş dünyayı.

Eğer kayıp gidiyorsam bir boşluktan aşağı, ne yapayım
Dilim kutlu sözlere dönmüyorsa, değilse kalbimin uşağı
Şöyle ağlayarak yalvaramıyorsam Mevlâ'ya
Harfler arasında yalpalayan o ömrü ne yapayım
Efendim görün bana bir rüyada, susadım su ver bana
Çöz dilimi, elimden tut, himmet et ey varlığın Sultan'ı
Beni hissedilmemiş kelimelerden kurtar
Şefaatinle yavaşlat dünyayı.

Efendim görün bana bir rüyada
Sızsın kalbime ay ışığı.

Kemal Sayar

16 Mayıs

*Rabbim,
bu taze çiçeği aşkının gülşeninde büyüt ve
cömertliğinin sağanağıyla sula.*

Dualarımız neden kabul olmuyor?

İbrahim b. Edhem, Basra çarşısında gezerken şöyle bir soruya muhatap olmuştur: "Ey Ebu İshak! Allah, Kur'an'da 'Bana dua edin, dualarınızı kabul edeyim' buyuruyor. Biz dua ediyoruz; ama Allah duamıza karşılık vermiyor." Bunun üzerine İbrahim b. Edhem şöyle buyurmuştur: "Çünkü sizin kalplerinizi on şey öldürmüş: Allah'ı biliyorsunuz; ama O'nun hakkını vermiyorsunuz, eda etmiyorsunuz... Kur'an'ı okuyorsunuz; ama onunla amel etmiyorsunuz... Allah Resûlünü sevdiğinizi iddia ediyorsunuz; ama O'nun sünnetini terk ediyorsunuz... Şeytanın, düşmanınız olduğunu iddia ediyorsunuz, sonra da ona uygun hareket ediyorsunuz... Cennete istekli olduğunuzu ifade ediyorsunuz, onun için çalışmıyorsunuz... Cehennemden korktuğunuzu söylüyorsunuz, ondan kaçmıyorsunuz... Ölümün hak olduğunu söylüyor; fakat onun için hazırlık yapmıyorsunuz... İnsanların ayıplarıyla uğraşıp kendi ayıplarınızı unutuyorsunuz... Allah'ın nimetlerini yiyor; fakat şükrünü eda etmiyorsunuz... Ölülerinizi defnediyorsunuz; fakat ibret almıyorsunuz... Dualarınız nasıl kabûl edilsin ki!"

17 Mayıs

Allahım,
isteğimle Kendini bana arat,
Arayışımla Kendini bana istet,
Sevgiyle Kendini buldur
Seni bulduğumda Kendini sevdir.

Dua baharımızdır

Soğuk bir kış günü…
Özlemişiz… Özlemişiz de, dudaklarımızdan sessiz, sözsüz bir dua yükselmiş. Dağlar, ovalar, her yan nakış nakış işlensin demişiz, işlenmiş. Derken meyveleri iyice pişirmiş yaz. (Yaz mı pişirmiş?) Dualarımız… Ocağın altına sürülen çalı çırpı gibi tutuşturmuş ocağı. Sonra sonbahar, sonra kış. Biz istedik bu mevsimleri. Onlar da çıkıp çıkıp geldi. Nereden geldi. Kim gönderdi? Dön, dualarına bak şimdi. Acizliğine, fakirliğine yani. Gak dersek su, guk dersek ekmek geliyor. Gak suyu, guk ekmeğe denk geliyor. "Acizim" diyelim, su; "fakirim" diyelim, ekmek gelsin. Desek de demesek de bizi görüyor gören ve gönderiyor zaten ne lazımsa bize. Bir işe yaramayan acizliği, fakirliği işe yarar hale getirmek insanların işi. Acizim diyorum mevsimler dönüyor, fakirim diyorum, renkli lezzetli sofralar kuruluyor önüme. Bütün dualarım kabul olmuş da haberim yok.

Ali Hakkoymaz

18 Mayıs

Ya Râb!
Bize Senin sevdiklerini sevdir.
Bizleri razı olduğun işlerle meşgul eyle.

Gönenli Mehmed Efendi

Dua tesirlidir

Alexis Carrel'e göre insanlık bugün duanın tesirinden habersiz yaşıyor. Oysa duanın psiko-fizyolojik pek çok tesir ve faydaları vardır.

Dua kalitesine ve ısrarla tekrarlanmasına göre ruh ve beden üzerinde etki yapar. Duanın ısrarla tekrarlanmasıyla şiddetini anlamak mümkün ise de, kalitesini anlamak mümkün değildir. Çünkü kalplerde olanı ölçmeye yarayacak bir âlet henüz yok. Ancak şurası bir gerçek ki fikrî ve zihnî gelişimi eşit olan insanlardan ara sıra dua edenler, hiç dua etmeyenlere göre karakter ve ahlâkî değer açısından daha yüksektir. Dua alışkanlık hâline gelince tesiri daha da artmaktadır. Böyleleri fakirliğe, hastalığa, kedere ve toplum hayatındaki sürprizlere karşı daha sabırlı, ölüm ve ıstırâba daha tahammüllüdür.

*İnancın ve sevdanın dağlara çekildiği,
yüreklerin çoraklaştığı bu iklimde,
Rabbim, hepimize sağlık, mutluluk ve
huzur nasib et.*

Gürcan, www.dualar.com

Dua ve determinizm

Dua nedir? Diz kırıp el açıp isteklerimizi sıraladığımız bu özel eylemimiz, aslında tüm bir hayat görüşümüzün kristalleştiği andır. Dua edip etmemek, duaya istekli olmak ya da olmamak, duadan ümitlenmek ya da ümitlenmemek gibi ayrıntılar, dua ekseninde bir dünya görüşünü ortaya koyar. Dua alışkanlığımız, kendi varlığımıza ve kâinatın varlığına nasıl baktığımızla yakından ilişkilidir. Sebeplerin sonuçlara yettiğini sanan bir determinist isek, dua bize fazla gelir, lüzumsuz durur, teknik bir kurnazlıkla isteklerimizi elde edeceğimizi düşünürüz. Determinizmi açıkça benimsemesek de, esbabperestlik gizli bir alışkanlığımız haline gelmişse dua vaktini ancak sebeplerin yetmediği özel durumlarla, çaresiz hissettiğimiz şartlarla sınırlı tutarız.

20 Mayıs

Ya Râb!
Bizleri ezdirme, üzdürme, imânsız gezdirme.

Gönenli Mehmed Efendi

Her teşebbüs bir duadır

Risale-i Nur'un bildiğimiz sözel duanın yanı sıra, bir sonucu elde etmeye yönelik her türlü fiilimizi de bir tür dua olarak tanımlaması, "part-time" bir duacı olmanın yetmediğini gösterir. İnsanî iktidarımızın ve irademizin sembolü olan ellerimizi açarak yaptığımız dua, yine ellerimizle yaptığımız her şeyi, elimizden gelen her işi de kapsıyor. Yani, ne yaparsak yapalım, dua ediyoruz. Bir şeyi istemeye yönelik her eylemimiz, ister dilimizle istemek, ister elimizle işlemek, dua sayılıyor.

21 Mayıs

Şimdi uyku için yatıyorum,
Sana dua ediyorum, Rabbim, bu küçük kulunu koru
Gece boyunca sevgin korusun beni ve sabah ışığında uyandırsın.

Bir çocuğun gece duası

Esbâbdan Esmâya

Kur'ân'da özellikle sebep-sonuç çizgisi hatırlatılarak anlatılan olayların konu edildiği ayetlerin sonu Esmâ-i Hüsna ile bağlanır. Söz gelimi, yağmurların gökten indirilmesi, bunun da ardından yerden bitkilerin bitirilmesi ve insan ve hayvanlara buradan rızık çıkarılması anlatılıyorsa, bu işleri yapanın Kadir ve Rahim olduğu da hatırlatılır. Yani, hiç elimizin yetişmediği yerlerden yağmurun bize rızık vesilesi olarak indirilmesi, nihâyetsiz kudret ve rahmet gerektirir ki, bu rızkı bizim elimize veren ancak Kadir ve Rahim ünvanları olan Biri olabilir. (hatta ne sadece Kadir olması, ne sadece Rahim olması yetmez, hem Kadir hem de Rahim olmalıdır.)

Senai Demirci

22 Mayıs

Ya Rab,
Sonsuz yaşayışımız olan
ahiretimizi ıslâh eyle.

Mezmurlar, 69, 1-3

Şerefli vakitler, şerefli haller

İmam-ı Gazzalî *İhya*'nın dua âdâbı bahsinde şu şartları sayar:

Şerefli vakitleri aramak: Dua için belli bir zaman olmamakla birlikte belli zamanlarda duaların kabûlüne dair nass vârid olmuştur. Arefe günleri, Ramazan ayı, cuma ve kandil geceleriyle seher vakitleri bu türdendir.

Şerefli hallerden yararlanmak: Oruç, cihad, yağmur yağması gibi içinde güzel hallerin bulunduğu demler dua için teşvik edilen zamanlardır.

23 Mayıs

Rabbim, beni gerçeğe eriştir.
Beni zulümden uzak tut. Korkuyu benden uzak tut.

Yusuf(as), esmâ ve dua

Kur'ân'da anlatılan her olayın ardında ilgili esmânın zikredilmesi, bize istediğimiz şeyle ilgili esmâya yapışarak dua etmemizi öğretir. Meselâ, Yusuf Suresi'nde, Yusuf'a(as) seçkin kılınacağı, rüya tabirinin öğretileceği, ataları İbrahim(as) ve İshak(as) üzerine olduğu gibi, kendisi ve Yâkupoğullarının üzerinde de peygamberlik nimetinin tamamlanacağı hatırlatıldıktan sonra, "Muhakkak ki Rabbin Alîm ve Hakîmdir" hükmü de hatırlatılır. Burada Yusuf Aleyhisselâm'a vaadedilen ve müjdelenen her şey, bu hükümde geçen üç esmânın tecelli alanı içindedir. Başına gelenlerle terbiye edilerek "seçkin kılınacak" olan Yusuf Aleyhisselam'a Alîm ve Hakîm olan Rabbi rüya tabirine kadar varan ilim ve hikmetler öğretecek, böylece üzerindeki peygamberlik nimeti tamamlanacaktır. Rabbi Alîm ve Hakîm olduğu için Yusuf Aleyhisselâmın başına gelen olumsuz şeylerin de abes, anlamsız, rastgele ve başıboş olmadığı gerçeği de bu hüküm içinde saklıdır.

Senai Demirci

24 Mayıs

Ey Allahım,
her sabah ufuktan güneşi yükselttiğin gibi
aşkını da kalbimizde yükselt.

Ferda Çiftçi

Güneş, esmâ ve dua

Yasin Suresi'nde, "Güneş de... kendisine tayin edilmiş bir yere doğru akıp gider. Bu Aziz ve Alîm'in takdiridir." diye hatırlanır. Güneş gibi azametli bir küreyi de ölçüleri ve hükmü altında tutan her kimse, mutlaka büyük bir izzet sahibi (Aziz) ve güneşi ve güneşe bağlı herşeyi nereye doğru götürdüğünü biliyor (Alîm) olmalıdır. Güneşin yörüngesindeki hareketleri, ancak Aziz ve Alîm olan Birinin takdiriyle olabilir (hatta, ne sadece Aziz olması, ne de sadece Alîm olması yetmez; hem Aziz hem Alîm olmalıdır.) Öyleyse Güneş ve güneşle gelen her türlü nimet için Aziz ve Alîm ismi ile dua etmek, Allah'a bu Esmâ ile de muhatap olmak yerinde olmalıdır.

25 Mayıs

*Rabbim,
aşkının sıcak ışığı çocuğumun üzerinde parlasın.
Bütün hastalıklardan ve zararlardan koru onu.*

Johann Starck

Güneşin doğuşu için dua eder miyiz?

Güneşin her sabah doğuşunu garanti bildiğimiz için, gece yarıları, Aziz ve Alîm olan Yaratıcı'ya, pratikte, bu konuda bir istekte bulunmuyoruz. Güneşin doğuşu için dua ediyor olsaydık, onu her sabah Aziz ve Alîm ünvanlarına hitap ederek isteyecektik. Şükür ki, güneşe olan ihtiyacımız o kadar açık ki, biz daha ağzımızı açmadan duamızı Rabbimiz sonsuz izzeti ve ilmiyle kabul ediveriyor. Peki ya, Yusuf Aleyhisselâm gibi, görünürde aleyhimize gelişen olaylar arasında, bir gün sonrasını bilemediğimiz zamanlar içinde yaşıyorken, Rabbimize hangi ünvanlarla muhatap oluyoruz? İsteğimize göre, duamızın yönüne göre muhatap olacağımız Esmâ'yı biliyor muyuz?

Senai Demirci

26 Mayıs

Açılan ellerimde, çırpınan yüreğim var.
Temkine gelmeyen, ten kafesinde çırpındıkça
kendini daha çok yaralayan deli yüreğim.
Bağışla onu.

Ahmet Selim

Kur'an ve stres

Amerika'da çalışan Müslüman bir bilim adamı "Kur'an ve Stres" konusunda bir araştırma yapmış ve bu konuda hazırladığı bir tebliği 1984'de İstanbul'da yapılan İslam Tıp Kongresine sunmuştu. Dr. Ahmet el-Kâdi, bu tebliğinde Kur'an'ın Arapça metnindeki kelimelerin ses özelliklerinin stresi azalttığını saptadıklarını anlattı.

Şöyle diyordu Dr. el- Kâdi: "Kur'an ile ilgili bu araştırmamızın neticeleri Kur'an'ın kesin bir stres azaltıcı etkiye sahip olduğunu göstermektedir. Bu etkiyi, kas elektrik potansiyeli, deri elektrik iletkenliği, kalp atım hızı, kan akım hızı ve deri sıcaklığını belirleyen sinirsel uyaranlar olarak kaydettik. Bütün bu değişiklikler aynı zamanda Kur'an dinlemenin, diğer bütün vücut organlarına ve fonksiyonları üzerinde etkili olan otonom sinir sistemini de yönlendirdiğini göstermektedir. Sonuç olarak, Kur'an'ın insan vücuduna olumlu fizyolojik etkileri sonsuzdur."

Kur'ân'ın bağışıklık sistemi üzerindeki bu etkisi, Kur'ân'ın insan bedeninin doğru işleyişi için bir "hüda" ve dolayısıyla "şifa" vesilesi olduğunu görme yolunda hayli yol almamız gerektiğini hatırlatıyor.

27 Mayıs

Uyandır bizi Rabbim,
Kendimizden memnun olup derinlemesine uykuya dalarsak...

Yağmur, esmâ ve dua

Kur'ân'ın anlatış tarzından, kâinatta lehimize gelişen her bir olayın, meselâ yağmurun, eşyanın özellikleri sayesinde değil de, Yaratıcının Kadir ve Rahîm gibi bizim ihtiyaçlarımıza doğru odaklanan ünvanları sayesinde gerçekleştiğini anlıyoruz. Buna göre, yağmur konusunda bir duada, bir istekte bulunacaksak, Yaratıcı'ya buradaki gibi Kadir ve Rahim ünvanlarıyla muhatap olmalıyız; meselâ, Gafur ya da Kahhar ünvanları buradaki isteğimize doğrudan ve hemen hitap etmeyebilir. Yağmuru, Kahhar ve Gafûr gibi sayısız isim ve ünvanları olan aynı Yaratıcı'dan ama bu defa O'na Kadir ve Rahim isimleriyle muhatap olarak isteyeceğiz.

Senai Demirci

28 Mayıs

Uyandır bizi Rabbim,
Sahip olduklarımızın bolluğuyla,
Sana muhtaçlığımızı unutursak...

"Atlarınızın boynu ile sizin aranızda"

Allah Resûlü(asm) "Rabbiniz; kulları ellerini kaldırıp kendisinden bir şey istedikleri zaman onları boş çevirmekten haya eder." buyurmuştur.
Allah Resûlü(asm) "Sizin dua ettiğiniz ne gâibdir ne de sağır. Sizin dua ettiğiniz atlarınızın boynu ile sizin aranızda, yani yanınızdadır." buyurur.

29 Mayıs

*Allah gecenizi manen gündüz gibi,
gündüzünüzü kalben gece gibi kılsın!*

Seyyah'dan

Sakınarak ve umarak

Duada yapmacık sözlerden kaçın: Dua eden kimse tekellüfsüz; tumturaklı ifadelerden çok, samimî ve ihlaslı sözlerle tevazu içinde Rabbine iltica ederse Allah bundan daha çok memnun olur.

Huşû ve huzû ile Allah'tan sakınarak ve kabûlünü umarak dua et: Nitekim Allah Teala: "Onlar iyi işlere koşarlar, sevab umarak ve cezadan korkarak Bize dua ederler" (el-Enbiya, 21/90) buyurmaktadır.

Duanın kabulü konusunda hüsn-ü zan sahibi ol: "Dua ettiğiniz zaman kabul olunacağına inanarak dua edin. Bilmiş olunuz ki, gafletle yapılan duaları Allah kabul etmez."

30 Mayıs

Ey Sevgili, Yâ Vedud;
arzumuzu dudağımıza değdirip söz eyledik,
sözümüzü Senin sevgine katıp dua eyledik,
duamızı Senin katına gönderiyoruz kabul eyle.

"Israrla ve devamla"

Duada ısrarlı ol, devam et: Efendimiz buyurur: " Dua ettim Allah kabul etmedi" diye acele etmedikçe Allah sizin duanızı kabul eder."
Duaya Allah'ın adını anarak başla
Duanın bâtınî şartlarına uy: Duanın bâtınî şartları tevbe, hak sahipleriyle helalleşme ve bütün himmetini Allah'a teksif etmektir.

31 Mayıs

Akşam vakti yaklaşırken ve gün uzaktayken bizimle kal Rabbim, bizimle kal ve diğer kulların ile kal. Günün akşamında bizimle kal, hayatın akşamında, dünyanın akşamında bizimle kal. Rabbim bize sonsuzca eşlik et, bizi sonsuzluğun ülkesinde Kendine komşu eyle.

Esmâ ile istemek

Gündelik hayatta, birinden istekte bulunurken, her defasında aynı kişi de olsa, ona isteğimize göre değişik ünvanlarla muhatap olduğumuzun farkında değil miyiz? Meselâ, borç para bulmamız gerekiyorsa, "zengin ve cömert" ünvanlı birini ararız sadece zengin olması ya da sadece cömert olması işimizi görmez; ille de "zengin ve cömert" olmalıdır.. Söz gelimi, aynı kişiye çetrefilli bir soruyu çözümlemesi için başvurduğumuzda ünvanı "ilim ve hikmet sahibi" olarak değişir. Aynı kişiden "ilim ve hikmet sahibi" olarak para istemez ve "zengin ve cömert" ünvanlarıyla da ince sırları sual etmeyiz. İsteğimize göre, muhatap olduğumuz ünvan değişir. Aynen öyle de, Rabbimize ettiğimiz duaya göre Esmâ değişiyor olmalıdır. Kusurlarımızı örtmesini ve bağışlamasını Settâr ve Gafûr isminden, rızkımıza bereket vermesini Rezzak, Kerîm, Muhsin isimlerinden istemeliyiz.

Senai Demirci

1 Haziran

Senden Vedûdiyet mühürlü Mevlânâ'nın
Senin dergâhında yaptığı dua ağzıyla meded diliyor ve
"Gel, gel de yollardaki topraklardan topla beni"
diyerek sadece Seni dileniyorum Allahım, yalnızca Seni...

Üç mesele

Bil ey nefsim, senin önünde çok korkunç büyük mes'eleler vardır ki, insanı ihtiyata, ihtimama mecbur eder.

Birisi: Ölümdür ki, insanı dünyadan ve bütün sevgililerinden ayıran bir ayrılmaktır.

İkincisi: Dehşetli korkulu ebed memleketine yolculuktur.

Üçüncüsü: Ömür az, sefer uzun, yol tedariki yok, kuvvet ve kudret yok; (...)

Öyle ise, bu gaflet ü nisyan nedir? Devekuşu gibi başını nisyan kumuna sokar, gözüne gaflet gözlüğünü takarsın ki Allah seni görmesin. Veya sen O'nu görmeyesin. Ne vakte kadar zailat-ı faniyeye (gelip geçici olana) ihtimam ve bakiyat-ı daimeden (baki olandan) tegafül (gafillik) edeceksin?

Risale-i Nur'dan

2 Haziran

Ya İlahi! hasenatım,
Senin atândandır, seyyiatim da Senin kazandandır.
Eğer atân olmasaydı, helak olurdum.

Eflâtunî aşka yakarış

Seni görmek mi daha acı?.. Senden uzak kalmak mı?.. Bu nasıl imtihan böyle... Bu nasıl sevmek?.. Her an senin yanında olmak. Her an paylaşmak bir şeyleri... Bir ömür konuşsan benimle. Hiç susmasan meselâ... Dinleyebilmek sabrı nereden... Uyanmak seninle her seherde. Beraber durmak kıbleye... Birlikte arzuhal etmek Arş-ı âlâya ve duanı almak fikri ne güzel... Günün bütün güzelliklerini ve sıkıntılarını ve yaşadıklarımın tüm ayrıntısını senin bilmeni istemek... Kendimi sana anlatmak yani... Belki seninle yaşamak o anları... Seni senden sormak ne güzel... Yaslanıp omuzuna, dalıp gitmek hülyalara... Gözlerinin derinliğinde kaybolmak isteği... Yapraklar düşerken peşi sıra... Oradan seyretmek sonbaharı güven içinde... Ellerinden içmek hayatı... Ve öylece tüketip bitirmek seninle fenayı... Ebedi âlemin ibtidasında buluşmak fikri ne güzel... Kalbinin tüm muhabbetini birine vermek bu dünyada... Ömrünü dilinden düşecek bir tek 'evet'e bağlamak. Sonra her anın seni ondan uzaklaştırdığını fark etmek... Saraylar kurmak hayallerden... Sırt vermek metin sütunlara... Ve kapısını bile çalamamak o sarayın... Bir nefes ötemde aşkımı söyleyememek... Bu nasıl imtihan!.. Bu nasıl imtihan Allah'ım!

Ercan Ermen

3 Haziran

> *Senin kulların şu dönemde töhmet altındalar,*
> *kanadı kırık bir şekilde uçmaya çalışıyorlar.*
> *Sen dinine yönelenleri koru. Onları Sensiz,*
> *dostsuz, yardımsız bırakma Allahım!*

Dua yakınlığı ve gül kokusu

Dua kâinâtın sahibi yüce kudret ile kalbî ve hissî bir bağ kurup kendinden geçmek; vecd ile mânevî bir hal yaşamaktır. Bu yüzden gören göz, hisseden gönül için Allah'ın varlığı güneşin harâreti, gülün kokusu gibi fıtrî bir olaydır. Gül ve bütün bitkiler nasıl güneşten aldıkları gıdâ ve enerji ile canlı ise; inanan insan da, dua sayesinde Hak'tan aldığı mânevî enerji ile canlı ve güçlüdür.

Dua, bir teksîf, cehd ve yönelme işidir. Ancak bu teksîf ve cehd, akıl ve fikir yoluyla değil, sevgi ve gönül yoluyla olur.

4 Haziran

*Sen beni Kendine dost seçinceye kadar yaşat ve
aşkınla yandığım bir anda canımı al ki ölüm
Sana olan aşkımın adı olsun.*

Sevde için

"...ki duruşum Sana doğru ola."

Toprak olmak istiyorum Allah'ım. İnsanlar beni gördükleri zaman topraktan gelip yine toprağa gideceklerini hatırlasınlar... Her gidişin Sana olduğunu bilsinler... Güller bitsin üzerimde ve yükselsinler göğe doğru... Bülbüller şükrederek şakısınlar seher vakitleri, güllerin koynundan güne merhaba derken... Sevgi için... Toprak olmak istiyorum Allah'ım. Bir ağaç kollarını Sana doğru açsın benden, dua eden kollarım olsun... Sonbaharda sarı yaprakları süzülerek düşsün üzerime, benimle toprak olmak için, "ben" olmak için...Toprak olmak istiyorum Allahım. Kışın kar örtsün üzerimi, yalnız kalayım kendimle... Sonra içime ilham ettiğin kardelenlerle Sana doğru yöneleyim ki duruşum da Sana doğru ola...

5 Haziran

Rabbim,
Senden başka hiçbir şeyi olmayacak kadar
zengin eyle beni.

Kadir gecesi

Gece
Ilık
İhtiyarlar fısıldaşıyor
Seccadelerinin üstünde
Ay kaşını kaldırmış
Şaşırmış gibi
Abdest alıyor kayalar
Gece gündüz
Coşkun sularında ırmağın
Dileklerini Allah'a iletiyor
İnsanlar
Dualarının karşılığını bekliyorlar
Kadir Gecesi'nde
Müslümanlar
Dua ediyorlar mutluluk için…
(..)
Beton seccadelerinden geçiyorum
sokakların
Seni anlatıyorum fısıltıyla.

Olcas Süleymanov

6 Haziran

*Ya Rab, bana,
bana layık olanı değil, Sana layık olanı ver.*

Kalbin devrimleri

"Vücutta bir et parçası vardır. O bozulursa bütün vücut bozulur. O, kalbdir." Buhari'nin naklettiği bu haberden de anlaşılacağı gibi yaratılış bakımından paktır kalb. Ancak vücut ülkesinin başkenti olduğundan imân, ruh gibi dostlar da, şeytan, nefis gibi düşmanlar da orada örgütlenmeye çalışır. Devrimler, ihtilaller orada olur. Bu uçsuz bucaksız ülkenin en çarpıcı özelliği adında gizlidir: Kalb; yani değişken olan; halden hale giren; özetle, "dönek"... Bir kararda durmaması, gördüğüne akması, bir su gibi içine girdiği şeyin şeklini, bukalemun gibi içine girdiği ortamın rengini yansıtması ona bu ismin verilmesine neden olmuştur. Devrim, eskimez tanımıyla 'inkılab' da 'kalb'le aynı kökten gelmiyor mu zaten? Kalbin yeri neresi mi? Ne önemi var bunun? İçimizdeki sonsuzluğu katletmişsek, yerini bilip bilmemek neyi değiştirir? Yok eğer yaşıyorsa, o sizi kendisinden haberdar edecektir.

7 Haziran

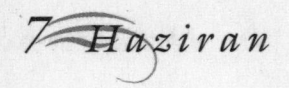

Allahım,
bizi Sana muhtaç olma şuuruyla zenginleştir.
Sana ihtiyaç duymama yoksulluğuna düşürme.

İslam, dua ve barış

İslam nedir? Bu soruya tek bir kelimeyle cevap verilebilir: Dua. Yalnız bu kelimeyi, insanın ibadet ederken yaptığı hareketlerin ötesinde, kişinin bütün varlığıyla Allah'ına yönelişi olarak anlamamız gerekir. İşte İslâm teriminin gerçek anlamı da budur zaten. Çünkü İslâm kelimesi "esleme" (kendini Allah'a teslim etmek, kendini Allah'a bırakmak) fiilinden gelir.

Bu kelime kökeni itibarıyla barış (selâm) anlamını da içerir. Nitekim Müslümanlar kendi aralarında "Selâmün Aleyküm/Barış ve Esenlikte Ol!" ifadesini kullanarak birbirlerine yaklaşır, birbirleriyle selâmlaşırlar. Karşınızdakine güven veren bu söz, bu selâmlaşma, Barış'tan yola çıkar, Barış'a götürür.

Eva de Vitray-Meyerovitch, Duanın Ruhu

8 Haziran

Dostlar halimizi bilmez oldular. Bizi bizim yaralarımızla yalnız bıraktılar. Bir Sen Dost kaldın yanımızda. Kalbimizden vahyinin sesini eksiltme Allahım.

Öyle bir istemek ki...

Çaresiz kalmıştı Leyla'da..
Kavuşmak imkânsızdı..

İhtiyar, tatlı-sert yol gösterdi;
"Gir şu odaya; çağır Leyla'yı.."
Aklı almadı önce..
Pek de inanmamıştı..
Ama yapacak da başka bir şey yoktu..
Çaresiz adam, çaresiz girdi odaya..
Sayıkladı günler boyu, geceler boyu..
Çıkmadan o odadan, çağırdı Leyla'yı..
Kırk asırdır yandığı aşkı,
Daha kırk vakit dolmadan...
İşte geliyordu..
İşte görüyordu;
Leyla, kendisini çağıranı ararcasına geliyordu..

Korktu genç adam..
Anladı genç adam..
Unuttu genç adam..

Gidip sarıldı ihtiyarın eline..
"İstersem olduğuna göre..
Çağırırsam geldiğine göre..
Bana aşkı öğret!.."

Dedi ki ihtiyar:
"Bu kâinat...
Aşkına yaratıldı Sevgili'nin...
Sen aşkı ne sandın?"

Aşk...
Öyle bir istemek ki...
Kavuşmak mecbur kalsın...

Murat Başaran

9 Haziran

*Umulmadık yerlerdeki iyi şeyleri ve
umulmadık insanlardaki güzellikleri görme yeteneği ver bana Rabbim.
Ve Rabbim bunları anlatabilme zerafeti lûtfet bana.*

7 dilek ve 7 cevap

Efendimiz(asm)'in huzurunda iki büklüm bekleyen sahabi, bir dizi sual sormayı istemektedir. Merhamet ve şefkat menbaı ise, ona cesaret veriyor, neyi istersen sor, buyuruyor. O da günlerdir zihninde beklettiği suallerini sırayla sormaya başlıyor.
Yâ Resulullah, ben insanların en âlimi olmak istiyorum.
Allah'tan en çok korkan, insanların en âlimi olur.
İnsanların en zengini olmak istiyorum.
Kanaatkâr olursan, insanların en zengini olursun.
İnsanların en hayırlısı olmak istiyorum.
İnsanların en hayırlısı, insanlara menfaatli olandır.
İnsanların en adaletlisi olmak istiyorum.
Öyle ise kendin için istediğini başkası için de iste.
Allah'a en yakın kul olmak istiyorum.
Allah'ı çok zikret!
İyi hal ve ikram sahibi insan olmak istiyorum.
Öyle ise Allah'a ibâdet ederken O'nu görür gibi ibâdet et.
İmânımın mükemmel olmasını istiyorum.
Ahlâkını güzelleştir ki imânın kemâle ersin.

10 Haziran

Allahım, hastalığı artan, şifası güçleşen, çaresiz kalan, musibeti fazlalaşan ve Senden başka sığınak ve ümidi olmayan kullarına merhamet et.

8 dilek ve 8 cevap

Allah'ın itaatli bir kulu olmayı istiyorum.
O halde farzları ihmal etme.
Rabbimin huzuruna günah kirlerinden temizlenmiş olarak çıkmak istiyorum.
Cünüplük kirinden guslederken, günah kirinden de gusletmeyi ihmal etme.
Mahşere giderken yolumun aydınlık olmasını istiyorum.
O halde hiç kimseye zulmetme, kalbini kırma.
Rabbimin bana merhametini arzuluyorum.
Rabbinin yarattığı insana ve bütün canlılara merhamet eyle.
Günahlarımın azalmasını istiyorum.
Öyle ise tevbe ve istiğfarını çoğalt. Bir daha yapmama konusunda azimli ol.
Rabbimin rızkımı bol vermesini istiyorum.
O halde abdestli çalışmaya devam et.
Ayıplarımın yüzüme vurulmamasını istiyorum.
Sen burada kimsenin ayıbını yüzüne vurmazsan,
orada da senin ayıbını kimse yüzüne vurmaz.
Günah kirlerinden ruhumu temizlemek istiyorum.
Gözyaşını rahmet gibi yağdır, ruhunu temizlemiş olursun.

14 Haziran

Allahım, kulun, habibin, nurlarının deryası, sırlarının naşiri, saltanat-ı rububiyetinin dellalı olan Muhammed'e salat ve selam eyle.

Günahsızlık mı, istiğfar mı?

Rabbimizin bizden beklediği günahsızlık ve hatasızlık değildir. Rabbimizin iradesi, günah edebilirliğimizi ve hata edebilirliğimizi kabul etmemiz, bunu her günah ve her hata vesilesiyle itiraf etmemiz yönündedir. En başta Rahman, Rahim, Gafur, Settarüluyub [Ayıpları Örten] isimleriyle bize hitap eden Rabbimiz, bizi tevbe ve istiğfara sevkeder, teşvik eder. Oysa bu, az özür dileyen, hatasını nadiren itiraf ve kabul eden ve mükemmellik tuzağına düşmüş insana ters düşer. İnsan, hatasız olmak peşindedir. Çünkü hata yaptığını kabul ettiğinde, küçük düşeceğinden korkar.

Kur'ân'da bizlere böyle bir mü'min modeli gösterilmez. Yeryüzündeki her insanın Allah'a karşı hata ve günah işleyebileceği haber verilir: "Eğer Allah, kazandıkları dolayısıyla insanları (azab ile) yakalayıverecek olsaydı, (yerin) sırtı üzerinde hiçbir canlıyı bırakmazdı, ancak onları, adı konulmuş bir süreye kadar ertelemektedir. Sonunda ecelleri geldiği zaman, artık şüphesiz Allah kendi kullarını Görendir." (Fatır Suresi, 45)

Mü'minden beklenen hatasızlık ve günahsızlık iddiası değil, tevbe ve istiğfar ısrarı, bağışlanma duasıdır.

12 Haziran

Rabbim, bana hikmet ver ve beni iyiler arasına kat.

İbrahim'in (as) Duası, Şuara Suresi'nden

Kahrın da hoş lütfun da

Cana cefa kıl ya vefa
Kahrın da hoş lütfun da hoş
Ya derd gönder ya deva
Kahrın da hoş lütfun da hoş

Hoştur bana Sen'den gelen
Ya hil'at ü yahut kefen
Ya taze gül yahut diken
Kahrın da hoş lütfun da hoş

Gelse celalünden cefa
Yahut cemalünden vefa
İkisi de cana sefa
Kahrın da hoş lütfun da hoş

Ger bağ u ger bostan ola
Ger bend ü ger zindan ola
Ger vasl ü ger hicran ola
Kahrın da hoş lütfun da hoş

Ey Padişah-ı Lemyezel
Zat-ı Ebed Hayy-ı Ezel
Ey lütfu bol kahrı güzel
Kahrın da hoş lütfun da hoş

Ağlatursun zari zari
Virürsen cennet ü huri
Layık görür isen Nar'ı
Kahrın da hoş lütfun da hoş

Gerek ağlat gerek güldür
Gerek dirgür gerek öldür
Bu Aşık hem Sana kuldur
Kahrın da hoş lütfun da hoş

İbrahim Tennuri

13 Haziran

Toprak olmak istiyorum Allahım.
İnsanlar beni gördükleri zaman
topraktan gelip yine toprağa gideceklerini hatırlasınlar...
Her gidişin Sana olduğunu bilsinler...

Erol için

Nûr, bize Allahım, nûr!

Sen 'ol' dersin ve olur!

Pırıltı dolu billur,
Çığlık içinde fağfur
Bir renk bize öteden
Ve bir ses, o besteden;
Nur bize, Allahım, nur!

Büyük divan ve huzur...
Bekliyor mezarı Sur.
Sonsuzluk, ölümsüzlük,
Bitmez, tükenmez düzlük;
Nur bize, Allahım, nur!

Güneşi tuttu çamur;
Elmas mahçup, zift mağrur.
Yakın kandili, yakın;
Ne donanma, ne yangın;
Nur bize, Allahım, nur!

Sen 'ol' dersin ve olur!

14 Haziran

Akdenizin adaları, Mevlâm savsın hataları,
aksakallı dedeleri, ninni gonca gülüm ninni

Eskişehir yöresinden dua ninnisi

Harun için

Bağışlanma dilemek: Fıtrî ve daimî bir mü'min vasfı

Kur'ân'a baktığımızda Allah'tan bağışlanma dilemenin fıtrî ve daimî bir mü'min vasfı olduğunu görürüz. Bu durum bizlere mü'minlerin hiçbir zaman kendilerini günahtan müstağni görmediklerini, aksine kusur ve eksikleri için sürekli Allah'ın rahmetine sığındıklarını göstermektedir. Bir ayette, tevbe etmek, mü'minin en önde gelen vasıflarından biri olarak sayılmaktadır: "Tevbe edenler, ibâdet edenler, hamd edenler, (İslâm uğrunda) seyahat edenler, rükû edenler, secde edenler, iyiliği emredenler, kötülükten sakındıranlar ve Allah'ın sınırlarını koruyanlar; sen (bütün) mü'minleri müjdele." (Tevbe Suresi, 112)

Kur'an'ın bize haber verdiği, Allah'tan bağışlanma dilemenin, bir mü'minin sürekli yaptığı bir ibadet oluşudur. İnsan, bilerek ya da bilmeyerek yaptığı tüm günahlar için Allah'tan sabah akşam bağışlanma dileyebilir. Dahası, kendi adına bağışlanma isteyebileceği gibi diğer mü'minler adına da bağışlanma isteyebilir.

15 Haziran

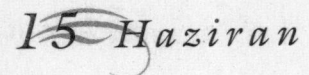

Sonsuz Kudret Sahibi Allahım,
Kendisine tevekkül edenleri koruyan Allahım, Peygamberlerinin hatırına,
gemilerini denizlerin altına indiren bu kullarının duasını duy.
Bizi derinlerin gizli tehlikelerinden uzak tut. Bizi selametle yüzeye çıkar

Denizaltıcıların duasından

Dua: kulluğun en saf, en temiz, en samimî ifadesi

Dua etmekle, önce kendimize telkinde bulunuruz. "Ben aciz ve zayıfım.. Kendi ihtiyaçlarımı ve arzularımı karşılayacak sığınaktan, kendi çaresizliğime ve acizme çare olacak dayanaktan mahrumum. Benim aczime ve fakrıma karşı Bir tek Kadir-i Rahim olan Allah sığınak ve dayanak olabilir." Duamızın fısıltıları arasında kendi nefsimize telkin ettiğimiz mesaj budur. İşte bu yüzden, dua, Allah'a kul olmanın en saf, en temiz, en samimî ifadesidir. Kur'ân'da mü'minlerin temel vasıflarından birinin "sabah akşam sabrederek Allah'a dua etmek" olduğu haber verilir:

"Sen de sabah akşam O'nun rızasını isteyerek Rablerine dua edenlerle birlikte sabret. Dünya hayatının (aldatıcı) süsünü isteyerek gözlerini onlardan kaydırma. Kalbini bizi zikretmekten gaflete düşürdüğümüz, kendi hevasına uyan ve işinde aşırılığa gidene itaat etme." (Kehf Suresi, 28)

16 Haziran

Yollar önünde açılıp uzanıversin
Rüzgâr hep arkandan essin
Güneş hep yüzüne gülümsesin
Yağmur nazikçe toprağına insin
Rabbim seni hep Kudret Elinde tutsun.

Gizlice ve umut ederek

Kur'an'da Hz. Zekeriyya'nın⁽ᵃˢ⁾ duası anlatılırken, mü'minâne bir dua tavrının ipuçları verilir. Buna göre, Zekeriyya⁽ᵃˢ⁾ *gizlice ve ümid ederek* dua eder:
(Bu) Rabbinin, kulu Zekeriyya'ya rahmetinin zikridir. Hani O, Rabbine gizlice seslendiği zaman, demişti ki: "Rabbim, şüphesiz benim kemiklerim gevşedi ve baş yaşlılık aleviyle tutuştu; ben Sana dua etmekle mutsuz olmadım. Doğrusu ben, arkamdan gelecek yakınlarım adına korkuya kapıldım, benim karım da kısırdır. Artık bana kendi katından bir yardımcı armağan et." (Meryem Suresi, 2-5)

17 Haziran

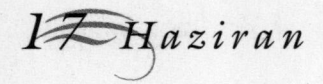

Rabbim,
kudretinin dokunuşuyla göğsümde saf bir kalp halkeyle
Rahmetinin kokusuyla içimdeki derin huşûyu tazele.

Umutla ve itiraf ederek

Yakınlaşma Umuduyla Dua Et: Duayı Allah'a yakınlaşma vesilemiz bilerek ve O'nun bize her daim cevap verecek yakınlıkta olduğuna imân ederek yapmalıyız:

"Kullarım Beni sana soracak olursa, muhakkak ki Ben (onlara) pek yakınım. Bana dua ettiği zaman dua edenin duasına cevap veririm. Öyleyse, onlar da Benim çağrıma cevap versinler ve bana imân etsinler. Umulur ki irşad (doğru yolu bulmuş) olurlar." (Bakara Suresi, 186)

Kul Olduğunu İtiraf Ederek Dua Et: Duayı kul olduğumuzun itirafı, Rabbimizin azamet sahibi olduğunun ikrarı ile yapmalıyız:

"Bana dua edin, size icabet edeyim. Doğrusu Bana ibadet etmekten büyüklenen (müstekbir)ler; cehenneme boyun bükmüş kimseler olarak gireceklerdir." (Mü'min Suresi, 60)

18 Haziran

Ey Sevgili, varlığını hissettir bana
Lütfunun ışığıyla hoşnutluğunun yolunu göster bana.
Hitabının nefhasıyla yüce katına uçur beni.

Veysel Karani duası

"Yâ İlâhenâ! Rabbimiz sensin! Çünki biz abdiz. Nefsimizin terbiyesinden âciziz. Demek bizi terbiye eden sensin!.. Hem sensin Hâlık! Çünki biz mahlûkuz, yapılıyoruz. Hem Rezzak sensin! Çünki biz rızka muhtacız, elimiz yetişmiyor. Demek bizi yapan ve rızkımızı veren sensin. Hem sensin Mâlik! Çünki biz memlûküz. Bizden başkası bizde tasarruf ediyor. Demek mâlikimiz sensin. Hem sen Aziz'sin, izzet ve azamet sahibisin! Biz zilletimize bakıyoruz, üstümüzde bir izzet cilveleri var. Demek senin izzetinin âyinesiyiz. Hem sensin Ganiyy-i Mutlak! Çünki biz fakiriz. Fakrımızın eline yetişmediği bir gına veriliyor. Demek gani sensin, veren sensin. Hem sen Hayy-ı Bâki'sin! Çünki biz ölüyoruz. Ölmemizde ve dirilmemizde, bir daimî hayat verici cilvesini görüyoruz. Hem sen Bâki'sin! Çünki biz, fena ve zevalimizde senin devam ve bekanı görüyoruz. Hem cevab veren, atiyye veren sensin! Çünki biz umum mevcudat, kalî ve hâlî dillerimizle daimî bağırıp istiyoruz, niyaz edip yalvarıyoruz. Arzularımız yerlerine geliyor, maksudlarımız veriliyor. Demek bize cevab veren sensin. Ve hâkeza..." Bütün mevcudatın, küllî ve cüz'î herbirisi birer Veysel Karânî gibi, bir münacat-ı maneviye suretinde bir âyinedarlıkları var. Acz ve fakr ve kusurlarıyla, kudret ve kemâl-i İlâhîyi ilân ediyorlar.

Risâle-i Nur'dan

19 Haziran

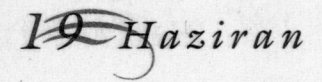

Ey Sevgili,
Sayısız isminin ahengiyle cennetine kat beni
ihsanının cazibesiyle Senden başka herşeyden uzak tut beni

"Aşk oduna yak"

Hak Çalabım, Hak Çalabım
Sencileyin yok Çalabım
Günahlarımızı Yarlığa
Ey Rahmeti Çok Çalabım.

Ben eydürem, kim ey Gani
Nedir bu derdin dermanı
Zinhar esirgeme beni
Aşk oduna yak, Çalabım.

Kullar Senin, Sen kulların
Günahları çok bunların
Uçmağa koy Sen bunları
Binsinler burak, Çalabım.

Ne Sultanu baylardasın
Ne köşkü saraylardasın
Girdin miskinler gönlüne
Edindin durak, Çalabım.

Ne ilmim var, ne taatım
Ne gücüm var, ne takatim
Meğer Senin İnayetin
Kıla yüzüm ak, Çalabım.

Yarlığagıl Sen Yunus'u,
Günahlı kulların ile
Eğer yarlığamaz isen,
Key katı fırak, Çalabım.

Yunus Emre

20 Haziran

Allahım, nefsimize celâlinle, kalbimize cemalinle, hayatımıza hikmetinle, hatalarımıza rahmetinle muamele eyle.

Tattır bize ünsiyet şarabından

Yüce izzetinden uzak
Zillet makamındayım.
Kuşatamam ilmimle
Gizlenen sırları
Başım önüme eğik
Ellerimi uzatıp
İstiyorum
Cömertlik ve rahmet yağmurunu.

Güzel isimlerinle yakarıyorum.
O isimlerin vasıfları
Öyle bir şerefe eriştirir ki
Eritir içinde tüm nesirleri ve nazımları

"Elestu Birabbikum" kadim ahdiyle
Ey meçhulken, bilinen isimleriyle
Tattır bize ünsiyet şarabından
Ey su verdiği zaman sevdiklerine
Kahredip susatmayan...

İmam Şafi Divanı, Şule Yayınları, Çev. A. Ali Ural

21 Haziran

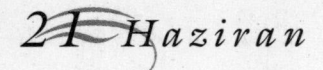

Ey tohum tanesine harman gizleyen kudretin sahibi,
Sana çaresizlikle, pişmanlıkla el açmayı başardığımız
nadir anlarımıza nihayetsiz duaların kabulünü ihsan eyle.

Hızır ile Musa

Derken, kullarımızdan bir kul buldular ki, ona katımızdan bir rahmet (vahiy ve peygamberlik) vermiş, yine ona tarafımızdan bir ilim öğretmiştik.
Mûsa ona, "Sana öğretilenden, bana, doğruyu bulmama yardım edecek bir bilgi öğretmen için sana tâbi olayım mı?" dedi. O, dedi ki, "Doğrusu sen benimle beraberliğe sabredemezsin. (İç yüzünü) kavrayamadığın bir bilgiye nasıl sabredersin?" Mûsa, "İnşaallah," dedi, "sen beni sabreder bulacaksın. Senin emrine de karşı gelmem." (O kul:) "Eğer bana tâbi olursan, sana o konuda bilgi verinceye kadar hiçbir şey hakkında bana soru sorma!" dedi.
Bunun üzerine yürüdüler. Nihayet gemiye bindikleri zaman o (Hızır) gemiyi deldi.
Mûsa, "Halkını boğmak için mi onu deldin? Gerçekten sen (ziyanı) büyük bir iş yaptın!" dedi. (Hızır) Ben sana, benimle beraberliğe sabredemezsin, demedim mi?" dedi.
Mûsa, "Unuttuğum şeyden dolayı beni hesaba çekme; işimde bana güçlük çıkarma." dedi.
Yine yürüdüler. Nihayet bir erkek çocuğa rastladıklarında (Hızır) hemen onu öldürdü.
Mûsa, "Tertemiz bir canı, bir can karşılığı olmaksızın (kimseyi öldürmediği halde) katlettin ha!" dedi. "Gerçekten sen fena bir şey yaptın!" (Hızır) "Ben sana, benimle beraber (olacaklara) sabredemezsin, demedim mi?" dedi. Mûsa, "Eğer," dedi, "bundan sonra

22 Haziran

Allahım, kendisine, hakla batılı ayırdeden Kur'ân-ı Hakîm inen Zâta, onun bütün Âl ve Ashabına salât ve selam eyle.

Hızır ile Musa

sana bir şey sorarsam artık bana arkadaşlık etme. Hakikaten benim tarafımdan (ileri sürebilecek) mazeretin sonuna ulaştın."
Yine yürüdüler. Nihayet bir köy halkına varıp onlardan yiyecek istediler. Ancak köy halkı onları misafir etmekten kaçındılar. Derken orada yıkılmak üzere bulunan bir duvarla karşılaştılar. (Hızır) hemen onu doğrulttu. Mûsa, "Dileseydin, elbet buna karşı bir ücret alırdın." dedi.
(Hızır) şöyle dedi: "İşte bu, benimle senin aramızın ayrılmasıdır. Şimdi sana, sabredemediğin şeylerin içyüzünü haber vereceğim."
"Gemi var ya, o, denizde çalışan yoksul kimselerindi. Onu kusurlu kılmak istedim. (Çünkü) onların arkasında, her (sağlam) gemiyi gasbetmekte olan bir kral vardı.
"Erkek çocuğa gelince, onun ana-babası, mümin kimselerdi. Bunun için (çocuğun) onları azgınlık ve nankörlüğe boğmasından korktuk. Böylece istedik ki, Rableri onun yerine kendilerine, ondan daha temiz ve daha merhametlisini versin.
"Duvara gelince, şehirde iki yetim çocuğun idi; altında da onlara ait bir hazine vardı; babaları ise iyi bir kimse idi. Rabbin istedi ki, o iki çocuk güçlü çağlarına erişsinler ve Rabbinden bir rahmet olarak hazinelerini çıkarsınlar. Ben bunu da kendiliğimden yapmadım. İşte, hakkında sabredemediğin şeylerin iç yüzü budur."

23 Haziran

Arkalığın karadan,
kara bargım yaradan, bala laylay, bala laylay!
Seni Allah saklasın, yeri göğü Yaradan, bala laylay, laylay!

Kars yöresinden dualı ninni

Peltek Uyarıcı ile Yeşil Adam

Peltek uyarıcıya uymak zorundasın. Yeşil adama değil. Yolu sormalısın. Hikmetten sual etmelisin ki, edersin. Sen yolun çamuruna aşinasın, tozuna toprağına bulalı. Eteklerin bataklığın necasetinden vareste değil. Sen sebepler âleminin mahkumusun. Kayıtlısın maddî bağlarla, dolayısıyla hükmetmek ve eylemek durumundasın yolun şartlarıyla. Ama kalbinin kulağını da bir yandan ayarlamalısın yeşil adamın fısıltılarına. Daim temiz tutmalısın tahtını padişahın, belki bir zaman gelir de oturur diye. Ama bilmek gerek tahtı temizlemek bir 'gerek şart'tır, 'yeter şart' değil.

Yusuf Özkan Özburun, Aforizmalar

24 Haziran

*Allahım,
ömür günleri tükendiği halde nefsi gaflet, günah ve
faydasız amel sahalarında başıboş yaşamaya devam eden
kullarına merhamet eyle.*

Teşebbüs ve tevekkül dengesi

Arzu edilen şeyi elde etmek için teşebbüs gerekli olmakla birlikte tek başına yeterli değildir. Bir de işin tevekkül boyutu vardır. Teşebbüsün son sınırına gelince tevekkül alanına girilir. Dua, bu iki esası kendine toplayan bir ibadettir. O, maddî hayat için gerekli olan teşebbüsle mânevî hayat için gerekli olan imân ve tevekkülü dengeli biçimde yürütme işlemidir.

Batı âlemi teşebbüse ağırlık verdiği için maddî alanda büyük bir ilerleme sağladı ve tekniğin zirvesine çıktı. Ancak tevekkül yönünü ihmal ettiğinden bu üstünlük insanlığa gerçek bir mutluluk getiremedi. Doğu âlemi de tevekkülü yanlış yorumlayarak teşebbüsü ve gayreti gevşetti.

Fahrettin Yılmaz, Altınoluk

25 Haziran

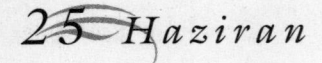

Rabbim, kardeşlerimize yardım edecek gayret ver bize,
Yeryüzünde yoksulluktan ve açlıktan ölen bütün kardeşlerimize
bizim ellerimizle ekmek ulaştır, sevgiyi, barışı
ve neşeyi yeryüzüne yaymak nasib eyle.

Rahibe Teressa

Dua: kulluk makamlarının en önemlisi

Dua, insanın Allah'tan bir şey istemesi, O'nu anması ve yardıma çağırmasıdır. O hamd, şükür, zikir, tesbih, istiane ve istiaze gibi eylemleri kapsayan dinî duygu ve yönelişin ifadesi, kulluk makamlarının da en önemlisidir. Bu yüzden Kur'ân'da insanın, ancak Allah'a olan yönelişi ile değer kazanacağı belirtilmiş, "duanız olmasa Rabbiniz size ne diye değer versin"[Furkan 25/77] denilmiştir. Öyleyse insan, Allah'a yönelmeli, daima O'nun ilgi ve rahmetini çekecek bir başvuru içinde olmalıdır. Dua kadar onun makbul olması da önemlidir. Bunun için Hz. Peygamber(asm): "Allahım, ürpermeyen kalpten, doymayan nefisten, fayda vermeyen ilimden ve kabul olmayacak duadan sana sığınırım."[Tirmizi, Da'avât, 69] diyerek Rabbine yalvarmıştır.

26 Haziran

Bahçelerde olur bakla,
güvercinler atar takla, Mevlam yavrumu bağışla.
Ninni yavrum ninni!

Bandırma yöresi ninnisi

Denizin duası

Denizin duasını işittim bugün... Kalbinde sakladığı derinliği ve sükûneti, köpüklü dalgaların diliyle, tuzlu damlacıklarının sözüyle seslendiriyordu. Göğsünde sakladığı hayatı ve hayat sahiplerini yüzündeki mavi tebessümle anlatıyordu. Güneşi ve aydınlığı kocaman kucağına alıp, her damlada ayrı ve küçük bir güneş timsali, sevimli ve renkli bir aydınlık kristali sunuyordu. İçine dolan kirleri her defasında sahile atıp istiğfar ediyordu. "Buradayım" diyordu. "Görmediğiniz kadar derin, görebildiğiniz kadar engin, güneşi göğsünde soğutup her damlasında renklere ayıracak kadar müşfik, kiri, pası ve karanlık bakışı kabul etmeyecek denli vakur". Denize koşan pek çoktu, ama denizle konuşan pek yoktu. Denizi dileyen pek çoktu, denizi dinleyen hiç yoktu. Ama o hep konuştu, hep konuştu...

Senai Demirci

27 Haziran

*"Beni göklere taşı, varlığımı hayata ulaştır,
anlamımı ötelere kavuştur ey Rabbim!*

Toprağın ağacın diliyle "okuduğu" dua

Ağaç ve dua

Ağaç toprağın duasıdır; "Beni göklere taşı, varlığımı hayata ulaştır, anlamımı ötelere kavuştur ey Rabbim!"
Dal ağacın duasıdır; "Beni yeni dünyalara taşı, varlığımı genişlet Allahım!"
Yaprak dalın duasıdır; "Beni hayatla tanıştır, güneşi bana yakın et ey Yaratıcım!"
Çiçek yaprağın duasıdır; "Beni tebessüme getir, börtü böcekle, rüzgârla, insanla, suyla, havayla dost eyle ey Sevgili!"
Meyve çiçeğin duasıdır; "Benim varlığımı sevimli kıl, beni yaratıklarına sevgili eyle, beni biricik eyle ey Rahman!"
Çekirdek meyvenin duasıdır; "Beni yeniden dirilt, ağaç eyle, rüzgâra, insana, kelebeğe, güneşe yakın eyle, varlığımı ve anlamımı ebedî kıl ey Hayat Sahibi ve Hayatı Veren!

Senai Demirci

28 Haziran

Allahım, yardım et bana,
Sana daha güzel dua edeyim diye,
Gereksiz konuşmayayım diye,
Sözlerimi kalbimden çıkarayım diye,
gerektiğinde konuşayım diye,
gerektiğinde susayım diye

Conrad Levasseur

Kapı ne zaman kapandı ki?

Sâlih Mürrî: "Bir kimse kapıyı ısrarla çalarsa bu kapının açılıvermesi umulur."
Râbiatü'l-Adeviyye: "Bu kapı ne zaman kapandı ki açılması söz konusu olsun?"

29 Haziran

Bana, sonra gelecekler içinde, iyilikle anılmak nasip eyle.

İbrahim'in (as) Duası, Şuara Suresi'nden

"Yüzde okunan"

İnsan, bebek yüzlerini okudukça, dar zihinlerimizin aynı anlama geldiğini zannettiği 'ülfet' ile 'ünsiyet' arasındaki aşılmaz sıradağları farkeder. Bebek bir 'ünsiyet' dünyasında yaşar; annesinden başlamak üzere, herşey yakın, herşey dost ve sevimli gelir ona. Ama, hiçbir şeyi 'ülfet' denilen alışkanlık perdesiyle sıradanlığa atmaz. Herşey yeni, herşey olağanüstüdür.

Ama, Rabbinin sanatını hakkıyla tanıyacak kıvamda yaratılmış bu sevimli emanet, bizim hoyrat ellerimizde, bize benzetilir. Kâinata açılan o meraklı yüz, kâinattan kaçılan televizyon adlı saçmalığa teslim edilir sözgelimi.

Herşeyi anlama çabasıyla gelen "Bu ne? Aaa, bu ne?" misali sorular, sanata ve Sanatkârı hiç mi hiç atıfta bulunmayan kuru ve mekanik cevaplarla susturulur. Zaman içinde tebessümün yerini endişe, masumiyetin yerini şüphe, merakın yerini boş bakışlar alacak şekilde bir 'eğitim'e tâbi tutarız bebekleri böylece, onlar da 'bebek' olmaktan çıkar, bize benzerler.

30 Haziran

*Allahım,
Senin aşkına, senin nuruna,
senin hikmetine saf bir ayna eyle beni,*

Steven Sadleir

Sesi kısarak sözü yükseltmektir dua

Dua, adını andırmak için O'nun, soluk ve cılız bir umudu büyüttükçe büyüten... Bir fısıldayış, yalvar yakar oluş, pişmanlık, düşkünlük, çaresizlik içinde. Bir tazarrudur kelimelerin bal şerbetiyle aktığı, bir münacattır divanların bâb-ı sâlisinde yoğrulmuş. Bir haşmetli nazlanıştır kimilerin yaptığı gibi. Bir hikmettir Pîr-i Türkistan iklîminde, bir âyin Celâleddin yurdunda, Hacı Bektaş ocağında bir nefes; Gülşenî şiirinde tapug. Karanlık bahçelerin düşünen heykellere dönüştürülmüş bedenleri, onunla kavuşur ruha ve dirilir yeniden.
Ya Rab hemîşe lutfunu et rehnümâ bana
Gösterme ol tarîkı ki gitmez Sana, bana
Sesi kısarak sözü yükseltmektir dua. Kelâmdır, kelîmedir; duyuş hissediştir. Kuvvet ve kudret karşısında aczin ve zavallılığın sınanmasıdır kimi zaman. Arzular, istekler ve dilekler... Ardı gelmeyen hevesler, hevâlar. Korkarak ümid etmenin bir çeşidi. Yaradan ile teke tek konuşma, ses ile; kâh fısıldayarak, kâh fısıltıları duyarak... Şükür ve sevgiyi gösterme evvel, sonra isteme isteyebildiğince. Verildikçe verilenden derildikçe derilme; dirildikçe dirilme. Kulluk bilincinin güçlenmesidir dua ve sığınağıdır çaresizlerin.
Kimsesiz bir kimse yok her kimsenin var kimsesi
Kimsesiz kaldım meded ey kimsesizler kimsesi

İskender Pala, *Âyine*

31 Haziran

İlahî, kıyamete kadar bütün esmâ-i hüsnan ile dua eden ebedî bir dilimin olmasını istiyorum.

Her dua kabul olur mu?

Kur'ân'da Rabbimiz açıkça her duamıza icabet edeceğini bildirir.
"Rabbiniz dedi ki: "Bana dua edin, size icabet edeyim. Doğrusu Bana ibadet etmekten büyüklenenler; cehenneme boyun bükmüş kimseler olarak gireceklerdir. (Mü'min Suresi, 60)
Hz. Salih'in "... şüphesiz benim Rabbim yakın olandır; (duaları) kabul edendir." (Hud Suresi, 61) sözüyle ifade ettiği gibi, mü'min Allah'a karşı tam itimad içinde dua etmelidir. Ancak buradaki "icabet" kelimesi üzerinde düşünmek gerekir. İcabet etmek, kabul etmek demek değildir. İcabet, bir bakıma, duanın Allah tarafından ciddiyetle işitildiğini, deyim yerindeyse "dilekçenin işleme konulduğunu" ifade eder. Ancak, dilekçede belirtilen dilek aynen kabul edilmeyebilir. Çünkü bazen insan gerçekte kendisi için zararlı olan bir şeyi de talep ediyor olabilir. Bu durumda Allah onun bu isteğine icabet eder, ancak bu isteğini daha hayırlı ve güzel bir sonuçla kabul eder.

1 Temmuz

Ey herşeyi bilen,
herşeyi kuşatan,
herşeyi gören, herşeye şahid olan,
herşeyi gözeten, herşeye lûtfeden,
herşeyden haberdar olan Rabbim,
bizi ateşten koru.

Cimrilik, cömertlik

Hz. Ebû Hüreyre(ra) anlatıyor: "Resulullah(asm) buyurdular ki: "Sehâvet sahibi Allah'a yakındır, insanlara yakındır, cennete yakındır, cehennemden uzaktır. Cimri ise Allah'tan uzaktır, insanlardan uzaktır, cennetten uzaktır, cehenneme yakındır. Allah, cahil sehâvet sahibini cimri ibadet düşkününden daha çok sever."

2 Temmuz

Ya Rab,
Kafirin, müşrikin, münafıkın ve zalimlerin kurdukları tuzakları
başlarına geçir, heveslerini kursaklarında bırak.

Su ve dua

Japon araştırmacı Dr. Masaru Emoto'nun 10 yılı aşkın bir süredir gördükleri, suyun duaya duyarlı, sözden anlayan bir şey olduğunu düşündürüyor. Su sesi dinliyor, söze kulak veriyor, çevredeki duygu atmosferini yüzüne yansıtıyor, üzülüyor, ağlıyor, küsüyor, seviniyor, gülüyor, neşeleniyor, barışıyor.

Dr. Emoto her bir maddenin kendine özgü bir manyetik alanı olduğu gerçeğinden yola çıkmış. İlk olarak suyun manyetik alanını incelemeye başlamış. Su moleküllerinin de manyetik alanı elektronların atom çekirdeği etrafındaki dönüşlerinden kaynaklanır. Elektronların dönüşü ve dolayısıyla da suyun manyetik alanı, çevredeki ses dalgalarından etkilenebilir miydi? Konuşulan sözlerin içeriğinin olumlu ya da olumsuz olması suyun manyetik alanını ve dolayısıyla moleküler ve atomik yapısını etkileyebilir miydi?

Emoto ve ekibi ilk olarak suya müzik dinletmiş. Bir miktar arıtılmış suyu birkaç saat farklı müzikler yayınlayan iki hoparlörün yanında bekletmişler, suyu dondurarak su kristallerinin fotoğrafını çekmişler. Heavy-metal müziği dinleyen su kristalleri dağınık ve düzensiz görünürken, doğal ve ahenkli müzik dinleyen su kristalleri çiçek gibi düzgün görünmüş. Emoto'nun ekibi su moleküllerinin insan sözünün içeriğinden nasıl etkilendiğini görmek için Fujiwara Barajı'ndan topladıkları suya dua okumuşlar. Su kristalinin duadan önceki biçimi ile duadan sonraki biçimi arasında belirgin bir farklılık gözlemlemişler. Suyun tüm bir hayatı yakından ve derinden etkilediğine dikkat çeken Dr. Emoto, negatif duygularla içilmiş suyun ya da negatif duygular yüklenmiş suyun canlı bedeni içindekilere adı konmamış zararlar verebileceğini belirtiyor. Canlı bedenleri büyük oranda su içerdiğine göre negatif duyguların, sözlerin ve müziklerin kanser oluşumuna zemin hazırlayacak derin moleküler değişikliklere de yol açabileceğine kaydediyor.

Siz siz olun sevdiklerinizin "huyuna suyuna gidin." Tek bir sözünüzün ve hatta bakışınızın bile vücut kimyasını etkileyebileceğini aklınızdan çıkarmayın.

3 Temmuz

Yarattın bizi ahsen-i takvîm
elhamdüllillâhî rabbi'lalemîn
olmamak için esfel-i safilîn
iyyâken'abudu ve iyyake n'estâîn

M. Engin Noyan

Resûlullah'ın(asm) duasının çoğu

Hz. Enes(ra) anlatıyor: Resulullah'ın(asm) duasının çoğu, "Allahümme âtina fi'd-dünya haseneten ve fi'l âhireti haseneten ve kınâ azâbe'n-nâr" (Allah'ım bize dünyada da hayır, ahirette de hayır ver, bizi cehennem azâbından koru) idi.

4 Temmuz

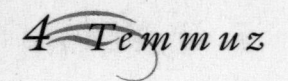

Ah Tanrım,
geciktirme beni doğa yasalarıyla

Olcas Süleymanov, "Fizikçi'nin Duası"

Ya Rab Seni bulur muyum?

Durmadan huzurunda Allah desem,
Ağlayarak zikredip Rabbim desem,
Kulum olup kulluğuna boyun sunsam,
Bu iş ile Ya Rab, Seni bulur muyum?

Zekeriyya gibi başıma bıçkı koysam,
Eyyub gibi hem tenime kurtlar salsam
Musa gibi Tur dağında taat kılsam,
Bu iş ile ya Rab, Seni bulur muyum?

Yunus gibi deniz içinde balık olsam
Yusuf gibi kuyu içinde vatan kılsam
Yakub gibi Yusuf için çok ağlasam
Bu iş ile ya Rab, Seni bulur muyum?

Şıblî gibi aşık olup semaa kılsam
Bayezid gibi gece gündüz Kâbe'ye varsam
Kâbe içine yüz sürüp ağlayıp dursam
Bu iş ile ya Rab, Seni bulur muyum?

Maruf gibi iş bu yola adım atsam,
Mansur gibi candan geçip dara konsam,
Dar üstünde şevklenerek Hakk'ı desem,
Bu iş ile ya Rab, Seni bulur muyum?

Kul Hace Ahmed, kulluk içre sabit olsam,
Zakir olup, Hakkı anıp Rabbim desem,
Zikrinde şevklenip kavrulup yansam,
Bu iş ile ya Rab, Seni bulur muyum?

Ahmed Yesevî, Divan-ı Hikmet, Türkçesi: Abdurrahman Güzel

5 Temmuz

Geç kaldık, Ya Rab, geç kaldık
Şu hayat işte, gök, dallar, gün
Bizi sardı ya Rab geç kaldık
Bırakıp fazlasını ömrün,
koşup sükûnuna ermeye
Koşup Sana hesap vermeye
Geç kaldık, Ya Rab, geç kaldık

Ziya Osman Saba

"Hayat akıp gidiyor..."

Gün gelip beli bükük, bir ayağı çukurda ihtiyarlar olacağımızı hesap etmeyiz, bilmeyiz, düşünmeyiz. Hep böyle dinç, hep böyle genç kalacak gibiyizdir. Acıları da sevinçleri de öylesine abartılı yaşarız ki... Kederde de, sevinçte de dünyamız baştan sona değişir; ya var, ya yok olur. Gök bir güneşlidir, bir pusludur. Hayat akıp gider, ardına bile bakmadan. Hâlâ merdivendeyiz; farkında mıyız? Bilmiyoruz. Bazı tökezlemelerde hissediyoruz belki... Ayağımız takılmasa, dizlerimiz acımasa hiç hissedecek değiliz. Sarhoşuz, gençlik sarhoşu... Peki ya sonrası... Olgunluk çağı mı? Yoksa büyük aldanmaların yaşandığı basamaklar mı? Bilmiyorum. Deli akan kan durulmuştur artık. Bir baltaya sap olmuşuzdur belki ya da olmak için çalışıyoruzdur. Hayat gerçekleri acıdır demeye başlamışızdır. Çünkü, artık bakmamız gereken bir ailemiz, sorumluluğunu üstlendiğimiz çocuklarımız vardır. Hayat bir koşuşturmadır; evden işe, işten eve. Problemler, çözümler arasında dokunan mekikler. Peki ya biz neredeyiz? Biz kendimiz için ne yapıyoruz?

Semine Demirci

6 Temmuz

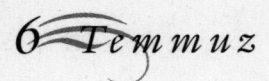

Rahmet vadilerinden boşanır ab-ı hayat
En müstesna doğuşa hamiledir kâinat
Yıllardır boz bulanık suları yudumladım
Bir pelikan hüznüyle yürüdüm kumsalları
Yağmur, seni bekleyen bir taş da ben olsaydım

Nurullah Genç, Yağmur
Yıldız için

Kalbimi ihya et

İlahi! Kusursuz olan Allah, Ehad, Bedi' ve Kadir isimlerini şefaatçi kılıp niyazla Senden istiyorum! Kadri muazzam olan ismin hürmetine Senden niyaz ediyorum ya İlahi, işlerimi kolaylaştır. Ya Hayy, ya Kayyum, Allah, Ehad, Bedi' ve Basıt isimlerini şefaatçi kılarak ve ümitle yalvarıyorum. Ey yaratma mertebelerinin en yükseğinde bulunan Allahım, Sabit ve Cebbar isimlerinin hakkı, uyumaz sıfatın ve ateşleri söndüren Halim isminin hürmeti için! Ey çabuk imdada koşan Rabbim, Allah, Ehad isimlerin ve dualara suratle cevap veren Mucib ismin hürmetine Sana yalvarıyorum. Kayyum ismin hürmetine, kalbimi kirlerden temizleyerek ihya et; ona Senin sırrın yerleşip ışık saçsın. O sırrın nurunun parıltılarından üzerimde bir aydınlık bulunsun. Böylece yüzümde bir ışıltı zuhur edip parıldasın. Kalbime rahmet sağanakları dökülsün de, kalbim Kerim isminin hikmet incileriyle dile gelsin!

Celcelûtiye'den

7 Temmuz

Allahım,
Kur'ân'ı bizim için dünyada yoldaş, kabirde candaş, kıyamette şefaatçi,
Sırat köprüsünde nur, Cehennem ateşine karşı örtü ve engel,
Cennette arkadaş ve bütün hayırlı işlerde rehber eyle.

Risale-i Nur'dan

Sınırsızlık aynasında dua

İman, Yaratıcı'nın sınırsızlığına ayna olmak için insanın başvurabileceği tek kaynaktır. İnsan alan; Yaratıcı verendir. İnsan sınırlı, Yaratıcı sınırsızdır. Yaratıcı sınırsız bir eminlik düzeyindedir. Bu yüzden, "bir şeyi dilediği zaman, onun buyruğu sadece o şeye 'ol!' demektir ve hemen olur." [Kur'ân, 36:82] Bize nasıl davranacağını "Ben kulumun bana zannı üzereyim; zannı iyi ise iyi muamele ederim, kötü ise kötü muamele ederim" [Cami'u's-Sagir 2: 312] kudsi sözüyle açıklamıştır. Yani, yaratıcının zekanızı daraltacağını sanıyorsanız, zekanız daraltılıyor. Kendi hakkınızda yaptığınız değerlendirme, hakkınızda bir duaya dönüşüyor. "Ben üzüntülüyüm" demekten, "üzüntülü olmak istiyorum" duası çıkıyor. Yapabileceğinizden ne kadar emin olursanız, Yaratıcı'nın gücü o kadar desteğinizde olacaktır. Yaratıcı'nın "eminlik" sıfatını içinizde ne kadar keskinleştirirseniz, o sıfat, üzerinizde ve geleceğinizde o kadar etkili olur. Dolayısıyla "yapabilirim" derken, bizim gücümüze değil, bizimle olan güce dayanacağız. İslam Peygamberi(asm) bizi emin olmaya davet eder: "Allah'a, kabul edileceğine kesin şekilde inanmış olarak dua edin. Şunu da bilin ki, Allah kendisinden gafil ve başka işlerle meşgul bir kalbin duasını kabul etmez." [Tirmizi, Daavat: 65, Müsned, 2:77]

Muhammed Bozdağ, *Ruhsal Zeka*

8 Temmuz

Ey Allahım, beni Senden ayırma
Beni Senin didârından ayırma

Eşrefoğlu Rumî

Ayet mânâlarıyla dua

"Rabbimiz Allah'tır" deyip kulluğuna talip olduk. Senden başka ilah ve ma'bûd tanımadık. Din olarak sadece İslâm'ı tercih ettik. Resûlüne inandık; Kur'an'ın hükümlerine tâbi olduk. Ahiret gününe iman ettik; cennetini umduk, cehennem azabından sakındık. O büyük günün (11/3), o kuşatıcı günün (11/84); O kötü, en kötü günün (13/21), o çok acıklı günün (11/26); O çağrışıp-bağrışma gününün (4/32), o şerri salgın günün (76/7); O yüreklerin ve gözlerin ters döneceği günün (24/37) korkunç azabından (17/57) acı azabından (51/37) daimî azabından (25/65) korktuk. Bizi ateşten/azabdan/cehennemden koru Allahım!.. Ey Allahım! İnanmayanların gönüllerine de bu korkuları sal! "Ey Rabbimiz! Doğrusu sen, kimi cehenneme koyarsan, artık onu rüsvâ etmişsindir. Zalimlerin hiç yardımcıları yoktur." (3/192)

9 Temmuz

*Kıyamet günü
bizi perişan etme Allahım!..*

Dualaşma sırrı

Müminlerin ibadetlerinde, dualarında birbirine dayanarak, cemaatle kıldıkları namaz ve sair ibadetlerinde büyük bir sır vardır. Ki herbir fert kendi ibadetinden kazandığı miktardan pek fazla bir sevap cemaatten kazanıyor, her bir fert ötekilere duacı olur, şefaatçi olur, tezkiyeci olur. Ve keza, her bir fert arkadaşlarının saadetinden zevk alır ve Hallak-ı Kâinata ubudiyet etmeye ve saadet-i ebediyeye namzet olur. İşte insan, mü'minler arasında cemaatler sayesinde husule gelen şu ulvi, manevi teavün ve birbirine yardımlaşmak ile hilafete haml, emanete mazhar olmakla beraber mahlûkat içersinde "mükerrem" ünvanını almıştır.

Mesnevi-i Nûriye

10 Temmuz

Kimsesiz bir kimse yok her kimsenin var kimsesi
Kimsesiz kaldım meded ey kimsesizler kimsesi

Dua ve tefekkür

Risale-i Nur'da yer alan aşağıdaki dua mealindeki tefekkür zinciri hassasiyetle takip edilirse, dua ile birlikte bir tefekkürün ve kulluk teyidinin gerçekleştiği görülür.
Ya İlahenâ! Rabbimiz Sensin, çünki biz abdiz. Nefsimizin terbiyesinden aciziz. Demek bizi terbiye eden Sensin. Hem Sensin Halık, çünki biz mahlukuz, yapılıyoruz. Hem Rezzak Sensin, çünki biz rızka muhtacız, elimiz yetişmiyor. Demek bizi yapan ve rızkımızı veren Sensin. Biz memlukuz bizden başkası bizde tasarruf ediyor. Demek Malikimiz Sensin. Hem Sen Azizsin, İzzet ve Azamet sahibisin. biz zilletimize bakıyoruz; üstümüzde bir izzet cilveleri var. Demek Senin izzetinin ayinesiyiz. Hem Sensin Ganiy-i Mutlak, çünki biz fakiriz; fakrımızın eline yetişemediği bir gına veriliyor. Demek Gani Sensin, Veren Sensin. Hem Sen Hayy-ı Bakisin, çünki biz ölüyoruz. Ölmemizde ve dirilmemizde bir daimî hayat verici cilvesini görüyoruz.

11 Temmuz

Ya Rabbî, O'nun(asm) tesbihat sadalarını kıyamet ve mahşere kadar kâinatın sayfaları ve vakitlerin yaprakları üzerinde ebedileştir.

Risale-i Nur'dan

"Bana Allahım gerek"

Neyleyeyim dünyayı,
Bana Allahım gerek,
Gerekmez masivayı,
Bana Allahım gerek,

Ehli dünya dünyada,
Ehl-i ukba ukbada,
Her biri bir sevdada,
Bana Allahım gerek.

Dertli dermanın ister,
Kullar, sultanın ister,
Aşık cananın ister,
Bana Allahım gerek.

Bülbül güle karşı zar,
Pervaneyi yakmış nar,
Her kulun bir derdi var,
Bana Allahım gerek.

Beyhude hevayı ko,
Hakkı bulagör yahu
Hüdai'nin sözü bu,
Bana Allahım gerek...

Hüdai

12 Temmuz

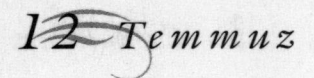

Allahım,
günahlarımın tümünü, küçüğünü,
büyüğünü, ilkini, sonunu, gizlisini, açığını bağışla!

O'nun (asm) Dilinden

Dua ekseni

Dua aynı zamanda bir tefekkürdür. Dua ederken Rabbimiz karşısında "isteyen" sıfatıyla kendi konumumuzu da pekiştiririz. Dua ile acz ve fakrımızı ilan ederken, abd-Rab, merzuk-Rezzak, memluk-Malik gibi yaratılan-Yaratıcı eksenine düşen ifadelerle kulluğumuzu da teyid ederiz. Bu aynı zamanda bir tefekkür süreci sunar bize. Yaratıcımızın Rab olduğunu kavramamız bizim O Rab karşısında 'abd' olduğunu kavramamızdan geçer, aynı şekilde Yaratıcımızın Rezzak (rızık verici) olduğunu anlamamız, bizim her şart altında 'merzuk' (rızık verilen) olduğumuzu görmemizle mümkündür.

13 Temmuz

Ya Rab, Seni çağırmakta hüccetim hâcetimdir.
Sana yaptığım dualarda iddetim fakatımdır, vesilem fıkdan-ı hile ve
fakrımdır, hazinem aczimdir. Re'sül malım emellerimdir,
şefiim Habibin Aleyhisselatüvesselam ve rahmetindir.
Affeyle, mağfiret eyle ve merhamet eyle
Ya Allah, Ya Rahman ve Ya Rahim.

Dua yükseliştir

Dua, ruhtan bir filizin yeşermesi, boy sürmesidir. Dal budak salmak için rahmetlere avuç açar gibi, yaprak yaprak açmasıdır. Her yaprak yakarış, her çiçek açışı bir duadır. İnsanın duası, ruhtaki korkunç şiddette bir buluşma özlemidir, Ebedi ve Ezelî Sevgiliye... Dua, bize bahşedilmiş bir mirac olayıdır. Rabbin huzuruna çırılçıplak, saf bir ruhla çıkmaktır. Merasimsiz, teklifsiz bir ziyaret gibi çıkıştır. Vasıtasız, teşrifatçısız, en ulu hükümdarın katına yükseliştir, divanına yüz sürüştür, eşiğinde erircesine diz çöküş, boyun büküştür. Her şeyi bizden daha iyi gören, bilen, bize bizden daha yakın olanın divanında aydınlık bir hesaplaşma ve yakarıştır. Sonra da bir kurtuluştur. En iyi bilenin huzurunda hiçbir şeyi gizlemeye ve inkara cesaret edemeden açık bir muhasebedir.

İlyas Kaplan, Dua Risalesi

14 Temmuz

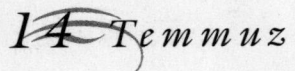

Ey Rabbimiz, bizi zalimlerle birlikte kılma.

Araf Suresi, 47

Taksinin lastikleri

İran-Irak savaşında kaybettiği kocasının biriktirmiş olduğu imkanları da çoktan tüketmiş, bir gün aç, bir gün tok yaşar hale gelmişlerdi. Kendi neyse de üç tane yavru yokluk bilmiyor, acıkınca feryadı basıyorlardı. Kerkük'ün sokaklarında ise sefalet kol geziyordu. Kim kime yardım edecek, destek olacaktı? İşsizlik yaygındı. Bir yanı yıkılmaya yüz tutmuş evceğizinin camından yola doğru ümitsizce bakarken bir taksinin durduğunu, içinden bir yolcunun da indiğini görmüştü. Demek ki taksi şoförünüde az çok para olacaktı. Çünkü müşteri indirmişti. Bütün cesaretini ve ümidini toplayarak evden çıkıp yola koştu. Yaklaşıp direksiyon başında arabasını hareket ettirmek üzere olan şoföre seslendi: "Sakın beni dilenci falan zannetmeyin. Üç çocuğumla üç gündür aç beklemekteyim. Bu gidişle namusumun lekelenmesinden korkmaya başladım. Allah rızası için yardımda bulunun. Ben açlıktan ölmeye razıyım. Fakat çocuklarımın çığlıklarına tahammül edemiyorum!.." Beklenmedik bir anda gelen bu Allah rızası için yardım talebi zaten kıt kanaat geçinen şoförü şaşırtmıştı. Düşünmeye başladı. Cebinde bir miktar parası vardı var olmasına. Ancak bu parayı aylardır biriktiriyordu. Çünkü taksinin dört lastiği de kabaklaşmıştı. Onları değiştirmek için çırpınıyordu.

→

15 Temmuz

Hamdedin Allah'a
Adı yüce olana hamdedin
Hamdedin, evet, Allah'a hamdedin Adı yüce olana
Bugün de, sonsuzluğa kadar da.

Taksinin lastikleri

O an için nefsi ve şeytanı birlik olup vesvese vermeye başladılar: "Sen zaten zor geçinen kimsesin. Yardım edecek durumda değilsin. Bas gaza, git yoluna!"
Fakat imanı ve vicdanı da sesleniyorlardı: "Para dediğin şey böyle gün için lazım olur. Belli olmaz Allah'ın rızasının nerede olduğu. Biriktirdiğin parayı bu muhtaç hanıma vermelisin. Tam yeridir. Çocukları var! Namusu var!"
Nihayet nefsini ve şeytanını yenmiş, cebindeki lastik parasını tümüyle uzatarak:
"Al bacım, sen namusunla yaşa. Bu para bir müddet idare eder. Sonrasına da Allah başka sebepler halk eder!" deyip, minnet etmemek için de hemen gaza basıp oradan uzaklaşırken kadının, "Sen benim ihtiyacımı karşıladın, Allah da senin ihtiyacını karşılasın!" duasını duymuş, gün boyunca kulaklarında çınlayan bu duaya hep "âmin" deyip durmuştu.

16 Temmuz

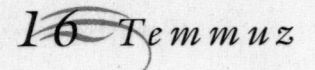

Allahım! Şeytanın tezyininden;
kötüyü güzel göstermesinden Sana sığınırım.

Bir Musevî İlahisinden

Feridun için

Taksinin lastikleri

Akşam eve gelince beklediği soruya yine muhatap oldu. "Hâlâ değiştirmemişsin lastiklerini..." "Bir lastikçiyle anlaştım. Yeni lastikler gelince hemen değiştirecek..." diyerek geçiştirdi. Bu geçiştirme işi birkaç gün devam etti. Bir akşam yine eve gelirken iyice sıkılmış, 'Bu defa ne diyeceğim?' diye düşünürken beklenmedik bir durumla karşılaştı. Hanımı kendisine adres yazılı bir kâğıt uzatıp: "Bugün lastikçi geldi, şu adresi verdi. 'Yarın bana gelsin lastiklerini değiştireceğim' deyip gitti. Al bu adresi" dedi. Belli etmemişse de bunun izahını yapamadı. Böyle bir lastikçi ile konuşmamıştı. Ertesi sabah ilk işi kâğıttaki adrese gitmek oldu. Garipliğe bakın ki tamirciyi hiç görmemiş, buraya hiç gelmemişti. Elindeki kâğıdı uzatınca iki tarafta da bir şaşkınlık yaşandı. Adam: "Sen o musun?" deyip boynuna sarıldı, hıçkıra hıçkıra ağlamaya başladı. Sonra da şöyle devam etti: "Tam üç gündür Resulullah(asm) rüyama giriyor ve bana, 'Şu adresteki şoförün lastiklerini değiştir, ücret olarak da benim şefaatime nail ol' buyuruyor. Allah için söyle. Sen ne türlü bir iyilik ettin, nasıl bir hayır dua aldın ki Resûlullah(asm) üç gündür beni ikaz ediyor, senin lastiğini değiştirmem için beni vazifelendiriyor?"

son

17 Temmuz

*Allahım,
Senden hidayet, takva, afiyet
ve gına isterim.*

O'nun (asm) Dilinden

"Ayakkabınızın kopan kayışını bile..."

"Biriniz Rabbinden bütün ihtiyaçlarını istesin, hatta ayakkabısının kopan kayışını bile istesin."

"Kime dua kapısı açılırsa, ona rahmet kapıları açılır. Allahın en çok sevdiği şey, kendisinden afiyet istenilmesidir. Dua, başa gelen için de gelmeyen için de faydalı olur. Kazayı ancak dua önler. Onun için duaya sarılmalısınız."

"Biriniz dua ettiği zaman, 'Allahım, dilersen beni bağışla!' demesin, istemesinde samimî ve azimli olsun! Çünki hiç kimse Allah'ı zorlayamaz."

"Dua gök ile yer arasında durur. Benim üzerime sâlât ve selam edilmedikçe yükselmez."

Hadis-i Şerifler

18 Temmuz

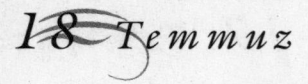

Allahım, nefsimin yanlış işlerinden;
haksız kesblerinden Sana sığınırım.

"Biz Allah içiniz..."

Ölen yavrusunun ızdırabını bir türlü dindiremeyen ana, mezarın başına oturmuş, feryadüfigan edip duruyordu. Oradan geçmekte olan Resul-ü Ekrem(asm) kadını teselli etmek istedi; herşeyin Allah'tan geldiğini, sabretmenin icabettiğini, bu kadar feryadüfiganının fazla olduğunu ifade buyurdu. Başını dahi kaldırmayan kadın çıkıştı: "Sana ne benim hâlimden? Bırak beni kendi hâlime?" Şefkat ve merhamet madeni Resul-ü Ekrem kadıncağıza bir şey söylemeden ayrılıp gitti. Sonradan teessür içinde gelen kadın, "Ya Resulallah, zâtınızı tanıyamadım, beni affedin. Yavrumuzun üzüntüsü benim sabrımı yok etti." dedi. Bunun üzerine Resul-ü Ekrem(asm) buyurdu: "Sabır, musibetlerin ilk çarptığı anda lazımdır. O anda gösterilmeyen sabrın sonra gösterilmesi istenen sabırdan değildir." Resul-ü Ekrem(asm) musibetin ilk isabet ettiği anda yapılması gerekenin, meali verilen, şu ayeti okumak olduğunu belirtmiştir: "Sabredenlere müjdele. Onlar ki, üzerlerine bir musibet isabet ettiğinde, muhakkak ki, biz Allah içiniz, Allah'a teslim olmuşuz ve yine O'na döneceğiz." Bu ayetle, yeryüzündeki varlığımızın Allah'ın tecellileri adına değişip dönüşebileceğini, aslında her halimizin sayısız esmânın tecellisine mazhar ayineler olduğumuzu hatırlıyor, kalbimize bir teselli, nefsimize bir nasihat devşiriyoruz. "Ben ben için değil, 'Allah için' varedilmişim, öyleyse her hal O'ndandır, her halükârda O'na döneceğim."

19 Temmuz

Tut ellerimden Sonsuz Kudret Eli'nle,
Beni hiçliğe düşmekten alıkoy,
Beni unutulmuşluktan uzak tut,
Beni Esmâ-i Hüsnanın tecellilerine komşu eyle

Bir şarkı sözünden uyarlanarak

Ayet mânâlarıyla dua

Ey Hayr'ün-Nasirîn, Yardım Edenlerin En Hayırlısı Ey Müste'ân, Tek ve Son Sığınılıcak Olan, ey Hâfız! Ey Kâdir, ey Muktedir, ey Kavî! Zalimler gürûhuna karşı bize yardım et! Bozguncular gürûhuna karşı bize yardım et! (29/30) Kâfirler gürûhuna karşı bize yardım et! (2/286) Bizi yalnız bırakma! (21/89) Bize koruyucu ve yardımcılar gönder! (4/75) Bizi zâlimlerin elinde rezil ve rüsvâ eyleme! (10/85) Bizi inkârcıların elinde oyuncak eyleme! (60/5) Bizim üzerimizden inkârcıların baskısını kaldır! (4/84) Ey Hayr'ül-Mâkirîn, Tuzak Kur'anların En Hayırlısı! Onların insanlar ve inananlar için hazırladıkları tuzakları boşa çıkar! (14/46) Onların tuzaklarını kendi başlarına geçir! (3/54, 8/30)

20 Temmuz

Kimsenin önünde eğilmez başımız Senden başka
Yar olmaz kimse bize Senden başka
Ey dünün ve bu vaktin Sahibi
Ey Sahibi hesap gününün
bir tek Sana eğilir secde ederiz;
kulluklar bilmeyiz başkaca
Batın Allah, Zahir Allah, Bismillah

Atilla Maraş, Yakarış

Yassıada'ya dualı mektup

"Adnancığım, her gün sabah ilk işim sana yazmak. Çoğu uykusuz geçen gecelerin şafağında kalkar, sana, sıhhat selametine dua eder ve mektup yazarım. Ekseriya da öğleden sonra ikinciyi yazarım. Beni habersiz bırakmamak için her gün yazışın beni minnettar ediyor. Zaten her an nemli gözlerimden yaşlar akarken, sıhhatine selametine bütün varlığımla Cenab-ı Hakka dualar ediyor, seni bize kavuşturmasını niyaz ediyorum. Elbette hakikatler anlaşılacak, selametle çıkacaksın. (...) Allah artık çilemizi kâfi görecek, seni bize selametle kavuşturacak."

Berin Menderes'den Aydın Menderes'e Mektup, Nuriye Akman, Elli Kelime

21 Temmuz

Hû, hû, hû Allah,
Sen uykular ver Allah,
Oğlum büyüsün inşallah,
Herkes desin maşallah, e, e!

Tekirdağ yöresinden bir dualı ninni

Canların vuslatı Hafız'den

Ele avuca gelmiyor can. Dokununca dökülüyor gibi parmak uçlarından. Oysa, elimize avucumuza varlıktan yana ne düşmüşse, parmak uçlarımıza yakınlıktan yana ne dökülmüşse, hepsi can dokunuşundan, hepsi can dokusundan. Bir kardelen edasıyla çiçekleniyor bahar. Ölü ağaçlardan, kemikleşmiş tohumlardan çiçek çiçek can, yaprak yaprak heyecan uzanıyor parmak uçlarımıza. Kara soğuk topraktan, sarı mahzun güz zamanlardan renkahenk hayat dökülüyor avuçlarımıza. Toprak altında unutulmamış, kuru ölgün kemiklerde mahfuz, unutulmuş zamanlarda hatırlanmış ne varsa, hepsi hiç unutmayan, canı yokluğunda bilen, ölüyü yeniden dirilmek üzere hıfzeden Hafız'den. Ayrılık kokan güzlerde gizli bahar hazırlığı ve unutulmuş mezarların karanlığına sızan haşir sabahı O'ndan. Canların vuslatı Hafız'den.

Senai Demirci

22 Temmuz

*"Rabbim,
beni yalnız başıma bırakma,
sen mirasçıların en hayırlısısın."*

Hz. Zekeriya'nın (as) Duası, Enbiya Suresi 89

Sessiz inilti, gürültüsüz feryat

Dua, ruhun nur denizlerinde yıkanması, temizlenmesi, güçlenmesidir. İnsanın, ebedî hayat planına techiz ve takviye edilmiş olarak tekrar tekrar dönme çalışmasıdır. O halde dua bir yeniden doğuştur. Dua, kalpte cereyan eden bir doğum olayıdır. İnancın, aşkın, ızdırabın yüreğe ektiği tohumun çatlayışıdır. Dua, sessiz inilti, gürültüsüz feryattır. Dua, insanı Allah'a kulluğa, teslimiyete, alçak gönüllü ve kendini Allah'a karşı zelil görmeye çağırır. Bu çağrı aynı zamanda dua edene Ondan başka hiç bir gücün, hiçbir hüküm sahibinin, yöneticinin dayanılacak ve ümit beslenecek hiçbir yerin bulunmadığı sonuç ve gerçeğini de telkin eder. Bir başka deyimle, bu Allah'a teslimiyet tavrı, diğer bütün güçlere karşı duyulan korku ve ürpermeyi akıldan uzak tutmayı da kendisiyle birlikte doğurur. Yani Allah'a tam teslimiyet, O'ndan başka, güç ve hüküm sahibi olma sınavında bulunan bütün güçlere bir başkaldırıdır.

İlyas Kaplan, Dua Risalesi

23 Temmuz

Ala keçi gelmiş oğlum ne ister?
N'olur Kadir Mevlâm bir devlet göster
N'olur Kadir Mevlâm bir bebek göster,
Bebesiz gelini kınamayın dostlar!

Çocuk Sahibi Olma Arzusunu Dile Getiren bir Mani

"Günahsız diller"

Resulullah(asm) bir gün ashabına şöyle buyurdu: "Allah'a günahsız bir dille dua edin." Ashab dedi ki, "Ya Resulullah, günahsız bir dili nerden bulalım? Dilimizden mutlaka günah çıkmıştır." Resulullah(asm) izah ettiler: "Sizin diliniz kendiniz hakkında günahlıdır, ama din kardeşiniz hakkında günahlı değildir. Binaenaleyh siz kardeşlerinize dua edin, onlar da size dua etsinler. Böylece günahsız dille dua etmiş olur, makbul duaya kavuşursunuz."

24 Temmuz

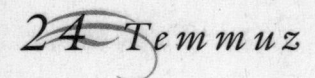

Güzelliğiyle yaratıldığımız ve
merhameti asla tükenmeyen herşeye Kadir Allahım,
yüreklerimizde ve duygularımızda yeri olan Sana itaat ederiz;
kutsal akrabalık, dostluk ve sevgi bağlarıyla bize bağlanan kimselerin hem
dıştan vücutlarını hem de içten ruhlarını koru.

John Hunter

Abdullah Said için

Kalıbıyla dua etmek, kalbiyle koyun kırpmak

Adamın biri diliyle uzun uzun dua ediyor, Allah'tan bir şeyler istiyormuş. Bunu gören Hz. Musa[as] ona acımış, "Bu adamın isteğini vermek benim elimde olsa, mutlaka verirdim" diye içinde geçirmiş. O anda Rabbimizden vahiy gelmiş: "Ya Musa, ben kullarıma senden çok acırım. Ancak bu kulum kalıbıyla dua ediyor, kalbiyle ise koyunlarının yanında bulunuyor. Yine koyunlarını kırpmayı, yünlerini satmayı düşünüyor. Böyle dille bana dua eden ama kalbi koyunlarının yanında kalan kimsenin duasını kabul etmem. Bana hem dili hem de kalbiyle dua etmelidir."

25 Temmuz

Bunu bize musahhar eden Allah'ı tesbih ederiz.
O'nu bütün noksan sıfatlardan tenzih ederiz.
Eğer bunu bize musahhar etmeseydi,
buna yakın olamazdık.
Muhakkak dönüşümüz Rabbimizedir.

"Vasıta Duası" Zuhruf Suresi, 13.-14. ayetler

"Duamın kabulünü istiyorum"

Bir gün Resul-ü Ekrem(asm) Efendimiz, "Ya Resulallah, duamın kabulünü istiyorum, bunun yolunu bana gösterir misin?" diye soran Enes'i(ra) şöyle cevaplar: "Ya Enes, helalinden kazan, helalinden giyin ve helalinden ye! Zira üzerinde haram elbise dolaştıran, midesinde haram lokma bulunduran kimsenin ibadeti kırk gün kabul olmaz. Bir başka rivayete göre, Resul-ü Ekrem(asm) Efendimiz Enes'in(ra) bu sorusuna karşılık şöyle der: "Ey Enes, yiyeceğini helalden topla, şayet helalinden yemekle yetinirsen duan kabul olur."

26 Temmuz

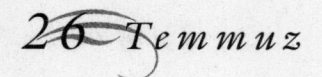

Sığınırım tan vaktinin Rabbine
Yarattıklarının şerrinden..."

Felak Suresi'nden

Zehra için

Yolculuk duası

Abdullah bin Ömer'in(ra) rivayetine göre Resul-ü Ekrem(asm) yolculuğa çıkarken devesine biner, üç defa tekbir getirdikten sonra şu duayı okurdu:
"Bu vasıtayı bizim emrimize veren Allah'ı tenzih ederim, yoksa bu vasıtaya yakın olmaya bizim gücümüz yetmezdi. Hiç şüphesiz, hepimiz Rabbimize dönücüleriz. Allah'ım, Senden bu yolculuğumuzda hayır ve takva, amellerden de Senin razı olacaklarını dileriz. Yâ Rabbi, bu yolculuğumuzu bize kolaylaştır, uzakları Sen yakınlaştır. Sonra da bizi taatinden ayırma. Allahım, seferde Sahibimiz Sen, geride bıraktığımız ailemizin Vekili de Sensin. Allahım, yolculuğun sıkıntılarından, manzaranın kötüye değişmesinden, mal ve aile hususunda kötü dönüşten Sana sığınırım."

27 Temmuz

Unutulmuştum, beni Sen sevdin.
Bir Sen sevdiğin için varedildim.
Rabbim, varlığımı aşkına kurban eyle!

Babam vuruluyor

Bir sabah
Camide toplanıp gittiler
Dualarımızla

Akşama
Vurulmuş getirdiler babamı
Bir kilime sarmışlar
Güller içinde

O gece içti
Ölüm şerbetini
Göğsünün içinde
Rus mermileriyle
Koyduk mezara

Seni bir daha
Göremeyeceğim babacığım
Yüzümü öpmeyecek
Saçımı okşamayacaksın

Dedi ki anam
Büyü oğlum
Tez büyü
Bu acı
Senden daha büyük
Olmadan

Haksızlığı ve zulmü kendi varlıklarına dayanak eyleyenlere insaf duasıyla merhum Cahit Zarifoğlu'ndan Afganistan şiiri

28 Temmuz

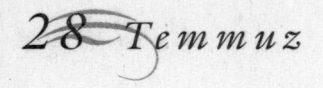

"Allahım,
Beni, hatalarımdan, beyaz elbiseyi kirden temizlediğin gibi temizle!"

O'nun (asm) Dilinden

Elif Eda için

"Ağır ağır çıkacaksın bu merdivenlerden..."

Merdivenler... Hiç düşündünüz mü, hayatınızda ne kadar vazgeçilmezdir merdivenler. Evinizin, apartmanızın olmazsa olmaz parçası. Bizi aşağıya taşıyan, yukarı çıkaran, ulaşamadıklarımıza ulaşmamız için bize basamak olan merdivenler.. Gün olur, kızıl bir alevle yanan bir evden ağlaşan çocukları indirmek için şefkatle uzatılan itfaiye merdiveni olur. Gün olur, ağaçtaki meyveye uzanmak için uzanır merdiven. Ve daha ne çok kullandığımız yer vardır merdiveni...

Merdiven, hayatı anlatmak için kullanılır bir bakarsınız şiirlerde. "Ağır ağır çıkacaksın bu merdivenden" diye başlar Ahmed Haşim ve hayatı merdivenleştirir. Ardımız sıra bıraktığımız günlere ağıtlar yakar.

Nasıl anlatılır hayat merdivenle? İlk basamak neresidir, hangi hal son basamak? Biz aslında, yokluktan varlığa dayanmış bir merdivende, hayat merdiveninde ilerliyoruz, adım adım, basamak basamak. Hayat adını verdiğimiz merdivende, her basamakta çok şeyler yaşayarak, kâh gülerek, kâh ağlayarak, ama hiç durmadan, bir geri basamağa inmeden ilerliyoruz.

Semine Demirci

29 Temmuz

Allahım,
Senden ayrı yaşamaktan, bayağı arzulardan,
Senin Celâlinin İzzetine, İzzetinin Celâline, Saltanatının Kudretine ve
Kudretinin Saltanatına sığınıyorum.

Risale-i Nur'dan

"Hâlâ merdivendeyiz.."

İlk basamaklarda çocukluğumuz bekler bizi. O sıralar merdivenin farkında bile değilizdir. Her yer yakın ve her şey bizimdir. Bulutların üzerinde dünyayı seyrederiz gülerek. Kâh ana kucağının sıcaklığında dindiririz acımızı, kâh pembe hülyalara salarız kalbimizi. Gidenlerin, elimizden çıkanların farkında değiliz. Çünkü her an, her şey bizim için yeni. Ne zaman kaybolur çocukluğun büyülü dünyası? Ne zaman bulutlardan inilir, ayaklar ne zaman yere basar? Hayat sancısı hangi basamakta hissettirir kendini? Ne zaman kaybetmeye başlarız sevdiklerimizi ya da kendimizi? Çocukluk basamakları ansızın bitiverir. Kendimizi sancılı bir delikanlılık/genç kızlık devresinde buluveririz. Kanımız çağlayarak akarken, bizi kimse tutamaz. Her şeyi biz biliriz ve kimse de bizi anlamıyordur. Her yerde olmak isteriz, her şey olmak isteriz ama mutlaka herkesten farklı kalmak, her yerden yüksekte durmak isteriz. Bize önerilenlere illâ ki karşı çıkarız. Hiç bitmeyecekmiş gibi gelir hayat ve gençlik. Öyle ki nice olmaz şeyi gözümüzü kırpmadan göze alır, yüreğimiz burkulmadan harcarız zamanı.

Semine Demirci

30 Temmuz

Rabbimiz,
işittik ve itaat ettik. Gufranını dileriz. Dönüş Sanadır.

Bakara Suresi, 285

Dikkat! Merdivendeyiz! Düşebiliriz!

Şimdi şakaklarımıza karlar yağdı, yürümemiz yavaşladı. İhtiyar olduk. Hiçbirşey eskisi gibi değil... Uğruna yaşadığımız herşey bizden yavaş yavaş uzaklaşıyor. Çocuklarımız şimdi kendi yollarını adımlıyor, kendi merdivenlerinin basamaklarında oyalanıyorlar. Bir zamanlar bizim yaptığımızı yapıyorlar. Hayallerine merdiven kuruyorlar, sevdalarının zirvesine tırmanıyorlar. Ve sevdiklerimiz, basamakları birlikte adımladığımız akranlarımız, akrabalarımız, dostlarımız bir bir göçüyorlar buradan. Daha bir yalnızız şimdi. Kendimizle başbaşayız. Ölümle yüzyüzeyiz şimdi; hani şu uzaktaki ölümle, gençlikte bir türlü kendimize yakıştıramadığımız mezara dönük yüzümüz.

Şair Paul Verlaine'in sorusunu ilk basamakta sormalı değil miydik?

"İşte hayat!/Aç gözünü gör;/Bak ne kadar sade/Her günkü sade gürültüdür/Şehirden gelmekte/Ey sen ki durmadan ağlarsın/Döversin dizini/Gel söyle bakalım ne yaptın/Nettin gençliğini?

Dikkat! Merdivendeyiz! Düşebiliriz!"

Semine Demirci

31 Temmuz

Sükûtu yâr, sevinci dualar kadar derin
Çaresiz bir takvimden yalnızlığa gün saydım.
Bir cezir yaşadım ki yaşanmamış mazide.
Dokunduğun küçük bir nakış da ben olsaydım.

Nurullah Genç, *Yağmur*

Dua yakınlaştırır

Duacı, samimî bir insandır. Allah'a aşıkça tapan, O'nunla söyleşmekten, Onunla bulunmaktan, O'nun huzurunda durmaktan zevk duyan bir kişidir. Dua; alçakgönüllülüğün doruğundaki bir ruhun dışa vuran görüntüsüdür. Dua eden çehrelerde önceleri var olan vurdumduymazlık, eksiklik, kıskançlık ve kötülük duyguları, yerlerini, iyiliğe, başkalarına iyilik yapmaya ve başkalarının hayırlarını istemeye terkeder. Dua ortamında insan, kendini olduğu gibi görür, kendine gelir; hırsını, hatalarını, eğri düşüncelerini kibir ve gururunu belirleyerek ahlakî görevlerini yerine getirmeye hazır bir duruma ulaşır. Düşünsel ve zihinsel alçakgönüllülüğü kazanmaya başlarken, önünde O Celâl Sahibi Sultana giden yollar açılır. İnsan, dua ile Allah'a yaklaşır; Allah da insanın kalbine...

İlyas Kaplan, Dua Risalesi

1 Ağustos

Seni takdis ediyorum Rabbim,
yolladığın kederler için, iktidar düşümü kırsın diye.
Şu an için soluğumun sarnıçları tükendi,
Senin çeşmelerini buldum ve artık hiç susamıyorum.

Samuel Johnson

Her dua bir güvercindir...

Nemrud, dağlar gibi ateşi yakmış ve Hazreti İbrahim'i[as] içine atmış. Uzaktan bir güvercin gagasında bir damla su ile görünüyor. İbrahim[as] için yakılan ateşin üzerine dökecek. "Ne işe yarar dağ gibi ateş karşısında bir damlacık su?" diye soruyorlar. "Olsun" diyor güvercin, "dostluğumuz belli olsun!"

Duamızı küçümsemeyelim, dudağımızdan içtenlikle dökülen cümleleri, kalbimizden yanarak çıkan yakarışları az görmeyelim. Bütün mü'minlere sarıp sarmalayan zulüm ateşine karşı, hepimizi tehdit eden cehennem ateşine karşı, dilimizde billur saflığında bir damlacık dua olsun. Dualarımızı kardeşlerimize yollayalım, kardeşliğimizi gösterelim, belki birimizin duası, belki hepimizin duası bizi bu cehennem ateşinden uzak eder, zulüm yangınını söndürür.

2 Ağustos

Bütün sırların hazinesi "Bismillah" ile başlarım.
Bismillah ile o hazineyi keşfederim.

Celcelutiye'nin ilk cümlesi

Dua ne kadar "çeker"?

Fakir giyimli bir kadın manava girer. Kocasının çok hasta olduğunu, çalışamaz duruma düştüğünü, yedi çocuğu ile birlikte aç kaldıklarını ve yiyeceğe ihtiyaçları olduğunu söyler. Manav kadına veresiye veremeyeceğini, kendisini hiç tanımadığını söyler. O sırada dükkanın dışında bekleyen bir müşteri içeri girerek manava yaklaşır: "Ben bu kadına kefilim, ihtiyacı olan şeyleri ver." Bunun üzerine manav isteksiz de olsa kadına döner ve "Bir alışveriş listen var mıydı?" diye sorar. Kadın, "Evet." der. "Tamam," der manav, "şimdi onu terazinin şu kefesine koy, onun ağırlığınca diğer kefeye istediklerinden koyacağım." Kadın bir an duraksar, sonra başını önüne eğer ve çantasını açarak üzerine bir şeyler karalanmış bir kâğıt parçasını çıkartır ve manavın kendisine gösterdiği kefeye bırakır. Başı hâlâ öne eğiktir. Manavın ve diğer müşterinin gözleri terazinin kefesine dikilirken hayretle birbirlerine bakarlar. Manav müşteriye dönerek, kısık bir sesle, "İnanamıyorum!" der. İnanılacak gibi değildir gerçekten. Manav kefeye eline geçeni doldurduğu halde, diğer kefeyi yerinden bile kıpırdatamamıştır. Terazinin kefesi artık üzerindekileri almayacak kadar dolduğunda, çaresiz, hepsini bir torbaya doldurarak kadına verir. Şaşkınlıkla üzerinde bir şeyler çiziktirilmiş kağıdı eline alır ve okur. Bir alışveriş listesi yoktur kağıtta, sadece bir dua yazılıdır: "Rabbim neye ihtiyacım olduğunu Sen bilirsin, kendimi Senin ellerine teslim ediyorum."

3 Ağustos

Ya Rabbi...
Güzeller Güzeli, Şefkat ve Rahmetin sahibi,
Korunağımız, Sığınağımız, Rabbimiz...
Bize şu acziyetimize, yalancı hallerimize, ikiyüzlülüğümüze rağmen;
yine de sadece Sen yardım eder ve bizi Sen paklarsın.
Bizi temizle, kalbimizi Dininin yönüne döndür, Allahım!..

Dua eden adam semavîleşir

Dua; bir çağrı, bir yakarış ve küçükten büyüğe, aşağıdan yukarıya, arzdan, arzlılardan semâlar ötesine bir yöneliş, bir talep, bir niyaz ve bir iç dökmedir. Dua eden, kendi küçüklüğünün ve yöneldiği kapının büyüklüğünün şuurunda olarak, fevkalâde bir tevazu içinde ve istediklerine cevap verileceği inancıyla el açıp yakarışa geçince, bütün çevresiyle beraber semâvîleşir ve kendini rûhânîlerin "hayhuy"u içinde bulur. Böyle bir yönelişle mü'min, ümit ve arzu ettiği şeyleri elde etme yoluna girdiği gibi, korkup endişe duyduğu şeylere karşı da en sağlam bir kapıya dayanmış ve en metin bir kaleye sığınmış bulunur...

4 Ağustos

Laylay dedim yatıncak,
Gözlerim ay batıncak,
Hüdam seni saklasın
Sen ersiye çatıncak

Kars yöresinden dualı ninni

Muhammed için

"Ne hâlimiz varsa hepsi de Sana âyân"

Dualarımızla biz, beşerî isteklerimizin gerçekleştirilmesinden daha çok, Rabbimiz'e saygımızı, güvenimizi ve O'nun gücünün her şeye yettiğini itiraf eder; son noktayı bazen bir sükûtla, bazen de -esbâba tevessül mülâhazası mahfuz- her şeyi O'ndan bekleme durumunda bulunduğumuzu vurgulama adına: "Ne hâlimiz varsa hepsi de Sana ayân/Dua, kapı kullarından miskince bir beyan.." mânâsına hâl-i pür-melâlimizi dile getiririz. Evet, bazen Kur'ân-ı Kerim, bazen de sözleri lâl ü güher Söz Sultanı'ndan alıntılarla istediklerimizi Hakk'ın dergâhına sunar ve ebedî mihrabımız olan O'nun kapısına yönelerek, ruh dünyamızı şerh eder, içimizi O'na döker ve "huzurun edebi" diyerek ağzımızı sımsıkı kapatarak sükût murakabesine geçeriz ki, bazılarınca böyle bir hâl -ihlâs ve samimiyetin derecesi ölçüsünde- en belâgatlı sözlerden daha beliğ ve en yüksek ifadeleri aşkın bir beyan ve bir arzıhâl sayılır.

Fethullah Gülen

5 Ağustos

*Allahım,
göz açıp yumuncaya kadar bile beni nefsimin eline bırakma.*

O'nun (asm) Dilinden

Duacı bakan

Bir bakanın, her sabah bakanlıkta çalışanları ofisine toplayıp beraber dua etmesi, doğru mu, yanlış mı?.. Böyle bir olay, ülkenin laikliğine gölge düşürür mü?.. İşte Amerikan yargı sistemi ve halkı bu sorulara cevap arıyor. Tartışmaya neden olan kişi, Adalet Bakanı John Ashcroft... Her sabah saat 08.00'de bakanlık çalışanlarını ofisine çağıran Ashcroft, güne toplu dua ile başlıyor. Ashcroft, çalışanlarına bu dua toplantılarına katılmaları için baskı yapmıyor. Gelmek istemeyeni zorlamıyor. Ashcroft, 08.00'de başlayan dua törenleri öncesi gelen herkesi kapıda karşılıyor.

Gelenlere içlerinde İncil'den bölümlerin yazıldığı ufak dini kitapçıklar veren Bakan, herkes geldikten sonra töreni başlatıyor. Törenin ilk dakikalarında grup, kitapçıklardaki bölümlerin içeriğini tartışıyor. Törenin sonunda bir kişi, grup adına dua ediyor. Bu kişi bazen Bakan'ın kendisi oluyor. Genelde hasta veya sakat bir kişinin sağlığına kavuşması ya da ülke refahı için yapılan bu duanın ardından bakanlık çalışanları görev yerlerine geri dönüyor. Hıristiyan çalışanların yanısıra bir Yahudi de bu toplantılara katılıyor.

Gazete Haberleri, 2001

6 Ağustos

Ey Allah!
Ey eşi olmayan pâk Dost!
Sen bize yardımcı ol.
Sen bizim suçumuzu affet.
Ey güzîde Yâr!

Atilla Maraş, Yakarış

"Dua Senden, kabûl ve icâbet yine Senden..."

İlahî, bize senin aşk u rahmetini terennüm edecek o ince, o nezîh sevimli sözleri hatırlat ve öğret ki biz, huzûr-u kerîminde o sözlerimizle Senin merhametini kazanalım, Seni kendimize acındıralım.
İlâhî!
Bu dua Senden, kabûl ve icâbet yine Senden...
Bu mehâbet Senden, lutf-i bî-pâyânına emn ü itimâd, yine Senden...
Biz, huzûr-u azametinde eğer yanlış ve hatâkâr bir söz söyledikse,
Sen onu düzelt de arş-ı iclâline öyle yükselt, öyle dinle, Sen Muslihsin; Sen Müşfiksin.
Ey söz kâinatının Sultânı!
Ey ezel ebed Hükümrânı!
Ey Allah!..

Mevlânâ

7 Ağustos

Rabbim, Afrika'yı kutsa, Afrika'nın çocuklarını koru,
Afrika'nın liderlerlerine doğru yolu göster,
Afrika'ya huzur ver,
Peygamberin İsa aşkına

Güney Afrika'dan bir dua

"Kalplerimizi aç..."

Yaratıcımız, kalplerimizi
tüm insanlar arasında huzur ve güvene aç.
Yaratıcımız, kalplerimizi
dünyanın bütün çocuklarını şefkate ve korumaya aç.
Yaratıcımız, kalplerimizi
varedilene saygı duymaya, verdiğin nimetleri bilmeye aç.
Yaratıcımız, kalplerimizi
aramızda ayrımcılığı, dehşeti ve korkuyu yok etmeye aç.

Kızılderili Duası

8 Ağustos

*Allahım,
bize rahmet kapılarını aç.*

"Senin de çizilecek bir gün sevgilim yüzünün mermeri"

Nedendir insanoğlunun şu "zalım felek"ten bitip tükenmez şikayeti? Değil mi ki türkü "Kahpe felek sana n'ettim n'eyledim" diye başlıyor, işte tam da burada zavallı beni-adem'in ezelî feryadı başlıyor bencileyin. "Kahpe felek" deyişini "ah be felek" yollu tatlı ve nazlı bir sitem olarak anlamlandıramaz mıyız? Yüzü her daim eflak'e nazır insan Kant'ın ünlü, "Üstümdeki yıldızlı sema, içimdeki evrensel ahlak yasası" sözünü kendine tekrar edip durmuyor mu? Tüm yüceliğiyle zerreden küreye her şeyde deveran eden Zaman hükmünü Varlık'ın kuytularında icra ederken Zaman'ın işçiliğini, çekiç darbelerini her an ense kökünde hisseden ademoğlu ve havvakızlarından başka kim "ah be felek" diye efgan edecektir? Uçsuz bucaksız sonsuzluğu içinde yıldızları ve ötesini hayretle seyreden bir göz için fiziğin metafiziğe açılan penceresi olan gökyüzü hayretin şahikası değil midir? Zaman daima galiptir üzerimizde ve biz bu ezinci ruhumuzun ta diplerinde hissetmekteyiz. Tüm davranışlarımıza; emellerimize, arzularımıza, hırçınlıklarımıza, toprağa bunca tutunma çabalarımıza yansıyan bir his. "Geçicilik duygusu", "Benden geriye ne kalacak?" sorusu; gençliğin, güzelliğin, sağlığın elden avuçtan bir daha dönmemesiye uçtuğu kaygusu. Şaire dedirten türden.

Yusuf Özkan Özburun

9 Ağustos

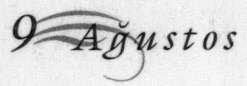

*Bedenimizi bilen ve
topraktan olduğumuzu hatırlatan Rab,
matem tutanlara merhametle bak.
Varlığının sevgisini o kadar yakından hissettir ki,
onlar da kendilerini saran ve
güçlü kılan Kudret Elinin kendilerini
sarmaş dolaş sardığını hissetsin.*

Leslie D. Weatherhead

Dilde hafif, mizanda ağır iki kelime

Resulullah(asm) şöyle buyurur: İki kelime vardır ki, dilde hafif, mizanda ağırdır: "Sübhanallahi ve bihamdihi" ve "sübhanallahi'l-azim."

Buhari, Daavat: 11/175

12 Ağustos

Allahım, Senin aşkına, senin nuruna,
senin hikmetine saf bir ayna eyle beni.

Steven Sadleir

"Dua şifadır"

Bir kaç yıl önce, Roy L. üçüncü kalp ameliyatı için hazırlanıyordu. Riskleri büyüktü: "Ölüm, inme, kalp krizi!" Ancak, doktoru, Roy'un tıbbî olmayan önemli bir yardım aldığını sonradan öğrenecekti. Roy'un operasyonu öncesinde, sırasında ve sonrasında çok sayıda din adamı özel olarak Roy için dua etmişti. "Pek dindar biri sayılmam, ancak Allah'a inanıyorum" diyen Roy, "benim için biri dua ettiğinde bunu önemserim ve duanın benim adıma bir şeyleri değiştireceğini düşünürüm" diye ekliyor. Roy, Duke Üniversitesi'nde Dr. Kruchoff ve arkadaşları tarafından yürütülen "duanın yüksek riskli hastalar üzerindeki etkisi"nin araştırıldığı bir pilot çalışmanın deneğiydi.

Dr. Krucoff ve arkadaşları "dua ve maneviyat"ın hastalar üzerindeki sonuçlarını 1996 yılından bu yana çalışıyor. İlk çalışmalarında, kanser ve kalp hastalarında "mucizevî sonuçlar" kaydeden Krucoff, dua ile "bir şeylerin değiştiğini" gözlemlediğini belirtiyor. Sistemli çalışmalarından ısrarlı olarak olumlu sonuçlar alan Krucoff, Amerikan Ulusal Sağlık Enstitüsü'nü (NIH) sonunda ikna ederek, "duaların ve diğer manevî desteklerin hasta sağlığını olumlu yönde etkileyen sonuçlarını" bilim dünyasına göstermeye adamış. En azından kalp hastası Roy'un şu andaki sağlığı ve mutluluğu Krucoff ve arkadaşlarının duanın eşsiz bir ilaç olduğunu "canlı biçimde" anlatıyor.

www.webmd.com

13 Ağustos

Ey güzîde Yâr!
Bize Senin aşk u rahmetini terennüm edecek o ince,
o nezîh sevimli sözleri hatırlat ve öğret ki biz,
huzûr-u kerîminde o sözlerimizle Senin merhametini kazanalım,
Seni kendimize acındıralım.

Mevlânâ Celâleddin Rûmî

"Ey her ağyarı yâr eden"

Ey Allahım, Senin vuslatını umarak ölmek hoştur.
Fakat ayrılığının acısı ateşin üstündedir.
Kâfir bile cehennemde "Bana bir baksaydın, cehennemde olduğuma gam mı çekerdim." deyip durur. Çünkü o bakış, bütün eziyetleri tatlılaştırır, büyücülerin el ve ayaklarının kan diyetidir o bakış.
Ey her ağyarı yâr eden, ey dikene gül libası ihsan eyleyen!
Toprağımızı ikinci defa olarak yine süz de 'hiçbir şey' olmayanı yine 'bir şey' haline getir!
Bu duayı da önce Sen emrettin, yoksa bir toprak parçasında Sana dua etmeye kudret mi olurdu?
Ey hikmetine hayran olduğumun Rabbi, madem ki dua etmemizi emrettin, bu emrettiğin duayı Sen kabul et.

*Mesnevi-i Şerif'*den

14 Ağustos

Allahım, küfür ve dâlâlet dışında, her hâl için sana hamdederim.
Ateş ehlinin hâllerinden sana sığınırım.

O'nun(asm) Dilinden

"Attın gurbet ele pârelerimi..."

Anılmaya değmezken anılır oldum, yokluğun derelerinden varlığa kondum, varlığımdan haberdar oldum, içimde çatallanan duygu ve coşkularla bikarar oldum; koşuldum ama tutuldum, tutuldum ama koşuldum. Kavil başka hal başka, neyleyeyim. Neyleyeyim elim kısa fikrim uzun, durmaz yapraklarım dalda sermayem hüzün, geçip gider üstümden bulutlar oysa ben müştakıyam sonsuzun. Kamışlıktan koparılmış ney gibi ayrı düşmek anavatanından, bu ayrılığın yüreği daima acıların konakladığı bir kervansaray kılan burukluğu, kalbinin sılasından aklının gurbetine, ruhunun şehrinden teninin taşrasına düşmek yine feleğin manevi şahsiyetine "attın gurbet ele parelerimi" dedirtmektedir insana gurbet, daima gurbet. Dikenli çalıların hançereden geçerken her yanı şerha şerha parçalayışı. Gurbete düşene garip diyoruz. İnsanın payına düşen cüzî iradenin askıya alınması. Mutlak iradeyi "gurbete pare pare atılmışlığın" süreğenliği içinde iliklerine kadar farkedip naz ile niyaz arasında haykırmak: attın gurbet ele parelerimi: "varlığım anda çağıra, bana seni gerek seni." Geçen her an ruhumun sılasından, oluşun meydanına bir parçam atılıyor. Görünen o; parçam parlıyor ve sönüyor hemen. Güneşin yansıdığı ırmakta her bir damlada ışığın parlayıp sönmesi gibi.

Yusuf Özkan Özburun

15 Ağustos

*Allahım, hak olarak indirdiğin ve
hak olarak inen Kur'ân-ı Kerîm'e olan okuma isteğimi artır.
O'nun tilavetini gözlerime nur, içime şifâ kıl.
Allahım, Kur'ân-ı Kerîm'le dilime tatlılık, yüzüme güzellik,
vücuduma kuvvet ver. O'nu gece ve gündüz okumam için bana güç ve
imkân bağışla. Beni Peygamber Efendimiz sallâllahû aleyhi ve
sellem ve O'nun hayırlı, seçkin âli ile
birlikte Mahşer'de bulundur.*

Kur'ân okuma duası

"Devamı olmayan şeyde lezzet yoktur."

Allah'a abd olana herşey musahhardır;
olmayana herşey düşmandır.
Herşey kader ile takdir edilmiştir;
kısmetine razı ol ki, rahat edesin.
Mülk Allah'ındır; sende emanet duruyor.
Devamı olmayan bir şeyde lezzet yoktur.
Ahirette seni kurtaracak bir eserin olmadığı takdirde
fani dünyadaki eserlere de kıymet verme.

Risale-i Nur'dan

16 Ağustos

Ey her ağyarı yar eden, ey dikene gül libası ihsan eyleyen!
Toprağımızı ikinci defa olarak yine süz de 'hiçbirşey' olmayanı yine
'bir şey' haline getir!

Mevlânâ Celâleddin Rûmî

"Dertsiz dua soğuktur"

Nice dualar vardır ki, ziyanın, helâk olmanın ta kendisidir.
Hâk Allah, onları kereminden kabul etmez.
Dert, Allah'ı gizlice çağırmana sebep olduğundan bütün dünya malından yeğdir.
Dertsiz dua soğuktur, bir şeye yaramaz. Dertli dua ve niyaz, gönülden aşktan gelir.
Gafil olma, ara... Ara ki devlet, aramaktadır. Gönüle gelen her ferah, bir sıkıntıya bağlıdır.
Alemin bütün işlerini bırak da canla başla 'üveyk kuşu' gibi "Kü, kü - nerede, nerede" de!
Ey perde altında kalan, iyi dikkat et, Allah "Dua edin, beni çağırın, icabet edeyim" dedi. İcabetin şartı bile duadır.
Kimin gönlü illetlerden arınmışsa onun duası, yücelik maliki Allah'a kadar varır, makbul olur.
Bir şeye muhtaç olmalı, o ihtiyacı elde etmeli ki Allah ihsan etsin. "Allah bunalan kişinin dua ve niyazını kabul eder." Bunalma, bir şeye hak kazanmış olmaya şahittir.

Mesnevi-i Şerif'den

17 Ağustos

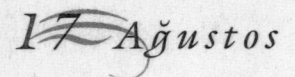

Ey Rabbim iyi ki kalbimizden geçenleri biliyorsun.
Ve iyi ki biz kalbimizden geçenleri bildiğini biliyoruz.
Biz, bizi bildiğini bildiğimiz için her günahın yakıcılığından sonra
kendimizi masum bulabiliyoruz.

Fatma K. Barbarosoğlu

Bir babanın deprem acısı ve ahiret tesellisi

"Ben Düzce'li bir babayım. 17 Ağustos depreminde oğlum Mehmet Fatih'i ahirete yolcu ettik. Deprem bir musibet olduğu ve tesadüfen gelemeyeceği için ben oğlum gibi bütün vefat edenleri, "zilzal şehid"i olarak görüyorum. Evlat acısının ne olduğunu çekmeyen bilemez, bütün kalbimle kimsenin böyle bir imtihanla imtihan edilmemesi için dua ediyorum... Bilemezsiniz çok zor... Ancak, Allah'a inanmak, ahireti bilmek öylesine hoş bir teselli ki... Zaman zaman ayrılık acısı gelip vursa da onun ahirette bütün dünya yüklerinden kurtulmuş ve acıları unutmuş halde gezdiğine inanmamız ve sonunda onunla ebediyen birlikte olacağımızdan emin olmamız beni, annesini ve kardeşini teselli edebiliyor. Buradan anladığımız o ki, Allah'a ve Ahirete İman herkese lazım... İman etmeyen ve ahireti unutanlara acımak ve onların hidayeti için dua etmek lazım... İyi ki ahiret var..."

Bektaş Azizoğlu, www.dualar.com, dua halkalarından

18 Ağustos

Allahım!
Arz-ı hâlimdir; Ben kulun, nice azim hata,
nice su-i haller görmüş bir çağın insanıyım. Lûtfet,
liyakatsiz gözlerime "hakkı hak, batılı batıl göster."
Bana dahi "simsiyah bir gecede,
siyah taş üstündeki siyah karıncayı farkedecek"
bir feraset ver. Beni koru, muhafaza buyur.
Ki liyakatsize ihsan da Senin şanındandır.

"Elini duadan ayırma...."

Kardeş, elini duadan ayırma. Kabul edilmiş, edilmemiş, bununla ne işin var senin? Ekmek bile gözyaşına mani olursa elini ekmekten yumak gerek.
Kendine çeki-düzen ver, çevikleş, yan yakıl da ekmeğini göz yaşlarınla pişir!

Mesnevi-î Şerif'den

19 Ağustos

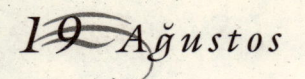

Kara kaşlı, zeytin gözlü,
Beyaz yüzlü, doğru sözlü,
İpek saçlı, tunç bilekli,
Temiz yürekli olası kuzum ninni!

Bozkır'dan dualı ninni

Dua, beyni ve bedeni nasıl etkiliyor?

Harvard'lı bilim adamı Dr. Herbert Benson son 30 yılını duanın insan fizyolojisi üzerindeki etkilerine adamış. Özellikle meditasyon ve dua halinin, zihni nasıl etkilediğine odaklanan Dr. Benson, tüm duaların ve dua hallerinin, stresi gideren, bedeni sakinleştiren, iyileştirmeyi hızlandıran bir etkisi olduğuna dikkat çekiyor.

İnsanların dua halindeyken yaşadıkları değişiklikleri beyin MR çekimleriyle izleyen Benson, dua esnasında beyinde kompleks bir aktivitenin gerçekleştiğini haber veriyor. Kişi duada derinleştikçe, Yaratıcısıyla olan bu özel an'a odaklandıkça, beynin pariyetal lobundaki sinir devrelerinde yoğun bir aktivite başlıyor. Beynin bu bölgesinin kişinin mekandaki oryantasyonunu kontrol ettiğine ve kendisi ile dünya arasındaki ayırımı keskinleştirdiğine dikkat çeken Benson, dua halinin fizyolojik etkisini, tüm beyni saran bir tür izolasyon ya da kişinin kendi içine "zarflanması" olarak tanımlıyor. Aynı sırada, beynin zamandaki oryantasyonunu kontrol eden ve kendi farkındalığımızı keskinleştiren frontal ve temporal loblardaki devrelerin boşta kaldığını da gözlemleyen Benson, bu durumu da, beden-zihin ayırımının silinmesi olarak tasvir ediyor.

20 Ağustos

Senin
Ellerinden
Meleklerin
İnci dokunuşunu
Nasip
Eylesin Rabbim!

"Dilini kalbine koy"

Dostum elini kalbine koy! Kalbini drahşan bir ırmağın kıyısına... Karanlık zamanlarda hiçliğe bulaşmış adımlarını, derin kavrayışlardan uzak, savruk dokunmalarını, şimdi diriltmeye hünerli bir akışın arındırmasına uğrat. Dostum dilini kalbine koy! Kalbini suskunluğun kutsalında biriken bir duanın koynuna koy. Ve şimdi boşluklara tapınan sözlerini, anlamları kirletilmiş kelimelerini, dost yüzü bulamamış iniltilerini, göklerde ağırlanmaya çağıran bir davetin müjdesine ulaştır. Uzat avuçlarını! Ağlayan yakarışların dumanlı gözlerine berraklık, takatsiz bakmalarına fer niyetine, göğü yıldız tohumlarıyla donatan gecenin Sahibine uzat! Kâbuslarla hırpalanan uyanmalara ferahlık niyetine, güneşin binbir ümitle övdüğü sabahın Rabbine uzat.! Gür bir şimşek gibi bazen. Bazen ansızın beliren bir yağmur bulutu gibi. Sözler uzat dostum, kıblesi göklere; secdesi Rahman'a ilişkin sözler. Alnı teslimiyetle yıkanmış pâk sözlerin olsun. Vakitsiz bunamış ağızlardan olma sen! İğreti duruşlarını devir. İffetsiz sokakların salgın ve sahtekâr heveslerinden çevir başını çevir. Masumluğunu inciten üvey bakışlardan çevir başını. Yaradan Rabbin adına çevir.

Nisanur Doğan, www.dualar.com

21 Ağustos

*Allahım,
her şeyin Sende başladığı ve
her şeyin Sende bittiği gerçeğinin bir hülasası hükmündeki,
kâinatın tek mutlak hakikati olan 'Lâ İlâhe İllallah'
kelime-i tayyibesini bütün hücrelerimizde en hayattar şekliyle
hissedebilmeyi nasib et!..*

Dua gemisi

Bir dostum vardı
dua isimli bir gemiye binip,
sonsuzluk denizine açıldı
birgün posta kutumda yeşil zarfta
bir mektubu gelmişti
mektubunda iyi olduğunu, ebedi
mutluluğu bulduğunu
bütün acılarından kurtulduğunu
yazıyordu.
onun adına sevindim
kendi halime acıdım
o arada nedense zarfın üstüne
bakma ihtiyacı duydum;
adres yerinde; ahiret limanı, cennet
bahçesi yazıyordu.
bir dostum vardı
dua isimli gemilerle sefer ederdi...

22 Ağustos

Rabbim,
inancım zayıf; güçlendir beni. Sevgim soğuk;
ısıt beni ve sevgimin sevdiğime ulaşabilmesi için ateşli kıl beni.

Öz, sözden önce ve önemli

Allah, gizli-açık her hâlimizi bildiğine göre, duada sözden daha ziyade öz önemli olsa gerek... Zaten Cenâb-ı Hak da, "Kullarım beni Sen'den sorarlarsa; bilmeliler ki, Ben onlara çok yakınım; Bana dua edenin duasına icabet ederim" mazmununca O, arzu ve isteklerimizi bilmede, bize bizden daha yakındır. Bu itibarla da, istek ve dileklerimizi huzur mülâhazasına bağlayarak, sessizlikle seslendirmek, hususiyle de o seviyenin insanları için ayn-ı edebdir. İster gayb telâkkisi, ister huzur mülâhazası, bize bizden daha yakın olan Rabbimiz: "Siz bana dua edin ki, Ben de icabet edip karşılık vereyim" buyurarak, bizi duaya teşvik etmekte ve dua etmemeyi anlamsız bir istiğna ve bir kopukluk saymaktadır.

Fethulllah Gülen

23 Ağustos

Rabbim şimdi Sana yönelen kalbimizi,
şeytanın ayartkan adımlarına ezdirme.
Rabbim mazlum bedenlerden akan kanları,
kutsal bir dirilişin damarlarına boşalt.
Rabbim yönelişlerimizi Sana çevir.

Nisanur Doğan'dan

Dua Mevlâ ile olmaktır

Mevlânâ ne güzel söyler: "Dua Mevlâ ile olmaktır. Mevlâ ile olan kimse için ölüm de ömür de hoştur." Dua inanan insanla Yaratıcısı arasında en güçlü bağdır. Bir maneviyat büyüğümüz: "Dua, ubudiyyetin ruhudur. Dua sahibi, yalnız olmadığının ve Sonsuz Kerem Sahibinin himayesinde bulunduğunun şuurundadır" diyor.

İnsan ve başarılarının en büyük kaynağı hiç şüphe yoktur ki iradedir. İrade ise telkin gücü ve hüneri demektir. İradeyi ise ancak manevî ve köklü inançlar besler ve idare eder. Dua ise en büyük telkin yolu ve vasıtasıdır. İnanan insan, dua ile küçücük iradesini, "küllî irade" dediğimiz Allah'ın sonsuz kudret denizine bağlamış olur. Şartlarına uyularak yapılan iyi bir duanın nasıl harikalar meydana getirdiği ve nasıl mucizevî şifaları, yüce dilekleri gerçekleştirdiği, insanlık tarihi boyunca sürekli görülegelmiş bir vakıalar zinciridir.

24 Ağustos

*Dönenleriz, tövbe edicileriz, ibadet edenleriz
ve ancak Rabbimize hamd edenleriz.*

O'nun (asm) Dilinden, yolculuk dönüşünde

Senin için bir dua denemesi

Güneş bulutları aralasın, sarışın başını uzatsın
Ve senin için dua etsin, isterdim
Yaprak düşerken korkmasın senin için dua etsin isterdim
Kuş yavrusuna uslu durmasını söylerken
Bir yandan da senin için dua etsin, isterdim
Sokak lambaları yanmadan önce
Senin için bir dakika dua etsinler, isterdim
Otobüs şoförü direksiyona geçmeden
Bildiği duaları bir kez de senin için okusun, isterdim
Çocuklar oyuncaklarını toplarken, yatmadan önce
Utangaç sesleriyle senin için dua etsinler, isterdim
İş görüşmesine giden gençler (kız ya da erkek) kendilerinden
Önce seni düşünerek dua etsinler, isterdim.
Balıkçılar denize ağ atarlarken seni de dualarına ortak etsinler, isterdim
Yüreğindeki çığlığın hiç eksilmemesini, isterdim
Senin için yazılan şiirleri günün birinde göresin, isterdim.

Gültekin Emre

25 Ağustos

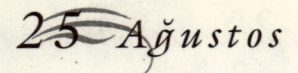

Rabbim, sorumluluklarımıza bilinç ver. Seslerimizi birleştir.
Kapılarda hayasızca dağlanan yüreklere sabır yağdır.
Kuraklığımızı rahmetinle, yetimliğimizi şefkatinle yoğur.
Bizi affet. Bırakma elimizi. Elimizi bırakma!

Nisanur Doğan'dan

Yağmur duasının öncesi

Cuma günü, cuma namazı öncesi ya da sonrasında kuraklıktan, susuzluktan, yanmakta olan ekinlerin durumundan söz edilerek yağmur ihtiyacı üzerine durulur. Yağmur duasına çıkmaya karar veren erkekler önce duanın gününü saptarlar. Sonra karar camidekilere duyurulur. Dua günü yapılması gereken hazırlıklar saptanır.

Köyün ileri gelenleri köy odasında oturup evlerden toplanan paraların listesini hazırlarlar. Listede dökümü yapılan evlerden toplanan paralarla kesilecek kurban satın alınır.

26 Ağustos

Rabbim, mümkün olduğu kadar çabuk geliyorum.
Sana gelmeden önce ölümün gölgesinden geçmem gerektiğini biliyorum.
Ama bu sadece bir gölge, küçük bir karanlık:
ama Sen sevginle ve yakınlığınla ölümün gölgesini kaldırdın.
Bu yüzden ruhumu kabul et Rabbim ve bana merhamet et.

William Laud, idamından önceki duası

Yağmur duası günü

Yağmur duası, hazırlıklarının yapılmasından sonra, duadan bir gün önce imam minareden köy halkına çağrı yapar. Duaya, genç kızlar ve kadınlar, çocuklar dahil (yürüyemeyecek kadar hasta, yaşlı ve özürlü olanlar hariç) herkes katılır.

Yağmur duası günü, camide sabah namazında bulunan köy erkekleri namazdan sonra köy yakınındaki mezarlığı ve türbe, yatır gibi bir - iki "ziyaret"i dolanır gelirler. Bu arada evlerde her aile reisi, karısına ya da kızına "çıkı"nın hazırlanmasını söyler. Çıkıya dağda kurban etiyle pişirilecek pilav için, bulgur, yağ, tuz ve ekmek konur. Başta köy imamı, iki yanında da dua okumada ona eşlik edecek olanlar, onların arkasında orta yaşlılar ve gençler, en arkada da kızlı, oğlanlı bebeler yürüyüşe geçerler. Yürüyüşün hedefi, yörenin en yüksek yeri veya mezarlığıdır.

27 Ağustos

Rabbim,
bizi öbür dünyadan ayıran bulutların sınırını aşmaya çalıştığımızda
bize rehber ol. Ve belirlenmiş saat geldiğinde yükselt bizi,
sisler içinde sabahın ilk ışıkları camına vurduğunda
çantasının kayışlarını bağlayan yolcu gibi istekli olan bizi.

Gabriel Marcel

Zeynep Çöllü için

Yağmur duası

Yağmur duası için, dağın en yüksek tepesine varıncaya kadar "ziyaret" başına toplanan cemaat dua okur ve "Amin" der. Bir "ziyaret"ten diğerine yürürken de, imam ve cemaat şu duayı yaparlar:
İmam "-Ya İlahi İsm-i Âzam hürmetine el aman rahmetini bizlere eyle ihsan ya Rahman."
Cemaat "-Amin."
İmam "-Ya İlahi, 'Amin' çağıran sübyan çocuklar hürmetine el aman."
Cemaat "-Amin."

28 Ağustos

Ya İlahî
İsm-i Âzam hürmetine el aman. Rahmetini bizlere eyle ihsan, Ya Rahman.
Ya İlahî, âmin çağıran sübyan çocuklar hürmetine, el âmân

Yağmur Duası

Yağmur duasının sonrası

Yağmur duası yapıldıktan sonra, içme suyu olan bir yere kadar yürünür ve burada mola verilir. Burada yağmur duası yemeği yenilip duayla kurban kesilir. Yere serilen bir "pala" üzerine her aile reisinin getirdiği bulgur boşaltılır; büyük bir kaba yağlar boşaltılır; tuzlar bir araya getirilir. Kesilen kurbanın etleri parçalar hâlinde, kaynayan kazana atılıp pişirilir. Ocak başında etin haşlanıp, pilavın pişirilmesine yardım edecek olan hizmetliler muhtar tarafından seçilir ve geri kalanlar yükseklere çıkarak duaya devam ederler. Dağın doruğuna ulaşıldığında; mola verilip önce öğle namazı ve sonra, Allah rızası için iki rekat yağmur namazı kılınır.

Kazanlarda etsuyuyla pişen pilav hazır durumda duadan dönen grubu beklemektedir. Her aile reisi, heybesinden çıkardığı iki kapla, kazan başında sıraya girer; payedici, önce etleri eşit oranla üleştirir, sonra pilavı verir. Et ve pilavlarını alanlar, öbek öbek yere oturup yemeğe başlarlar. Her grup karnını doyurur ve artanını da eve götürmek üzere heybesine koyar. Öğle sonu, ikindi vakti, grup aynı duaları tekrarlaya tekrarlaya köye döner. Köye inildiğinde oyuna doymayan çocuklar, kümeler oluşturup dua etmeyi sürdürürler:
"Yağmurcuğum yağıver/kuyucuğum doluver/Ekmek getir yiyelim/kaytan getir içelim. Tarlada çamur/teknede hamur/Ver Allahım ver/sulu sulu yağmur.

29 Ağustos

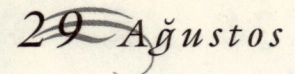

Coşup duran dalgaların derin ahengi seninle olsun
Akıp duran havanın derin ahengi seninle olsun.
Sakince duran dünyanın derin ahengi seninle olsun.
Parlayıp duran yıldızların derin huzuru seninle olsun.
Sonsuz ahengin derin ahengi seninle olsun.

Betül için

"Muzdariplerin dualarını icabetle taçlandır."

Allahım, Senden her işimizde sebat, Kur'ân yolunda kararlılık ve nimetlerine karşı da duyarlılık hissi bekliyoruz. Kapına yönelenleri boş çevirme, itaatte bulunanlara bol bol karşılık ver, Sana baş kaldıranlara da doğru yolu göster.. Muzdariplerin dualarını, icabetle taçlandır, sıkıntıda bulunanları lütfunla şâd eyle, hasta ruhlara hususi muamelede bulun, küfür ve ilhad içinde bocalayanlara da nurunu göster; göster de kalmasın hiçbir yanda muzlim bir nokta.

30 Ağustos

Rabbim, sevgili elçilerin hayatın sonsuz olduğunu ve sevginin ölmeyeceğini öğretti bize. Ölüm sadece bir ufuk; gördüklerimizin sınırının ufku. Bizim için bir yer hazırladığını bize bildirdin; bizim için mutlu bir yer hazırla ki, daima Seninle bir arada olalım ey yaşamın ve ölümün Aziz Rabbi.

William Pen

Dirilt beni Rabbim

Tükeniyorum Rabbim! Yalnız kaldığımı düşünüp, varlığının her an, her noktada tezahür ettiğini, beni devamlı koruyup gözettiğini, gönlümden geçenlere dahi cevap verdiğini unuttuğum an! "Rabbim" demeyi unuttuğumda tükeniyorum!

Diriliyorum Rabbim! Sana yaslandığım, Sana güvendiğim... Seninle başlayıp, Seninle devam ettiğim, tüm işlerimi Sana havale ettiğim an! "Ne güzel dostsun" dediğimde diriliyorum.

Tükeniyorum Rabbim! Tüm sevdiklerimden; anne babamdan, canandan, ten kafesindeki candan yakın olduğunu bilerek, ellerimi Sana açmayı, Senden çözüm, Senden çare beklemeyi, hüzünlenip, kederlenip, sızlanarak, sızımı gidereceğini unuttuğum an! "Bu dertler neden bana?" dediğimde tükeniyorum.

Diriliyorum Rabbim! Havayı soluyup Seninle dolduğum, gözümü açtığımda Seni bulduğum, en sağlıklı irtibatı Seninle kurduğum, tüm dünya bana küsse de Seni umduğum an! "Kahrın da hoş, lütfun da hoş" dediğimde diriliyorum.

Tükeniyorum Rabbim! Dünya meşgalesine dalıp, bir cenneti, bir azabı, bir de ölümü unuttuğum an! "Beni affet" demeyi unuttuğumda tükeniyorum.

Diriliyorum Rabbim! Yandığımda Seninle söndüğüm, Seni anıp ruhumu güldürdüğüm, O sırlı gücünden kuvvet aldığım, Seninle yürüdüğüm, Seninle buluştuğum, dua ederek Seninle konuştuğum an! " Yarab, bırakma ellerimi" dediğimde diriliyorum.

Engelle tükenişimi. Dirilt beni Rabbim!

Şerife Özdemir

31 Ağustos

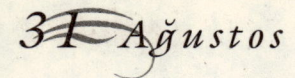

Allahım, Selam Sensin. selam Sendendir.

Namaz sonrası tesbihatı

Güzelliğin sırrı

Bakıldığında yüzünden ışıltılar yayılan yaşlı bir kadına sordular:
"Yüzünüzden nasıl böyle güzellikler yayılıyor? Sırrı nedir bunun?"
Cevabı şöyle oldu yaşlı kadının:
"Her bir uzvumu ayrı bir kulluğa adadım
Dudaklarımı hakikate
Sesimi hayır-hasenata
Ellerimi sadakaya
Kulaklarımı merhamete
Kalıbımı izzete
Kalbimi de muhabbete.
Ve bir de yaralı kuştan
düşmanıma kadar herşeye
hep dua ediyorum."

Murat Çiftkaya, Gülümseyen Öyküler

1 Eylül

Allahım Sevgini
Ve Seni sevenin sevgisini
Ve Seni sevmeye beni yaklaştıranın sevgisini bana nasip et.

O'nun (asm) Dilinden

Hayâ diliyle dua

Duanın hayırlısı, kulun ihtiyacını Allah'ın huzuruna arzetmesi ve hüzünleri coşturmasıdır. Dua günahları terk ederek, Sevgili'ye dökülen iştiyâk lisânıdır. Hakk Teâlâ katına ancak hayâ dili ile çıkılabilir. Günah duanın yolunu tıkar. Bu yüzden duanın kabûlü için önce yolunu açmak gerekir.

Prof. Hasan Kâmil Yılmaz

2 Eylül

Rabbim,
ben pislikten derimi yıkadım, arıttım...
içimi de şerlerden sen yıka, arıt!

Mevlânâ Celâleddin Rûmî

"Ben tevbe edip Sana yöneldim."

Biz insana ana ve babasına iyilik yapmayı tavsiye ettik. Anası onu zahmetle karnında taşıdı ve zahmetle doğurdu. Onun ana karnında taşınması ile sütten kesilme süresi otuz aydır. Nihayet insan olgunluk çağına ulaşıp, kırk yaşına geldiğinde der ki: 'Ey Rabbim! Bana ve ana babama ihsan ettiğin nimetlerine şükretmemi ve senin hoşnut olacağın salih amel işlememi ilham et. Benim neslimden gelenleri de salih kimseler kıl. Doğrusu ben tevbe edip sana yöneldim. Ve ben gerçekten müslümanlardanım.'

Ahkaf Suresi

3 Eylül

Lâ ilâhe illallah,
Yavrumu büyüt Allah

Çankırı yöresinden bir dualı ninni

Altı Emir

Şems-i Tebrizî'ye soruldu:
"Marifet nedir?"
Şems; "Kalbin hak ile hayatlanmasıdır" dedi
ve ardından 6 emir sıraladı:
Diriyi öldür - yani nefsini.
Ölüyü dirilt - yani kalbini
Bulduğunu yitir - yani bu dünyayı.
Yitiğini bul - yani ahireti
Varı yok et - yani hevanı.
Yoğu var et - yani niyetini.

4 Eylül

*Ey göklerde olan Rabbimiz,
ismin mukaddes olsun, melekûtun gelsin.
Gökte olduğu gibi yerde de Senin irâden olsun.
Bizi azdırma ve bizi şerlerden uzak tut.
Melekût ve kudret ve izzet, ebede kadar Senindir.*

Pater Noster Duası

"Seni bekleyen bir taş da ben olsaydım"

Yağmur, Seni bekleyen bir taş da ben olsaydım
Çölde Seni özleyen bir kuş da ben olsaydım
Dokunduğun küçük bir nakış da ben olsaydım
Sana sırılsıklam bir bakış da ben olsaydım
Uğrunda koparılan bir baş da ben olsaydım
Bahira'dan süzülen bir yaş da ben olsaydım
Okşadığın bir parça kumaş da ben olsaydım
Senin için görülen bir düş de ben olsaydım
Yeryüzünde Seni bir görmüş de ben olsaydım
Senin visalinle bir gülmüş de ben olsaydım
Sana hicret eden bir Kureyş de ben olsaydım
Damar damar Seninle hep Seninle dolsaydım

Nurullah Genç, Yağmur

5 Eylül

Allah'ım, Aziz isminle giriyorum buraya.
Allah'ım Senden bu çarşı için ve içindekiler için hayır dilerim.
Bu çarşının şerrinden ve içindekilerin şerrinden Sana sığınırım.
Allah'ım, burada günah getiren yeminden,
zarar veren ticaretten Sana sığınırım.

O'nun (asm) Dilinden Çarşı Duası

Üç aylar zikirleri

Receb-i Şerif Zikirleri

1. On gün: Subhanallahil Hayy'ül Kayyum.
2. On gün: Subhanallahil Ehad'üsSamed.
3. On gün: Subhanallahil Gafur'urRahim.

Şaban-ı Şerif Zikirleri

1. On gün: Yâ Latif Celle Şânuhu.
2. On gün: Yâ Rezzak Celle Şânuhu.
3. On gün: Yâ Aziz Celle Şânuhu.

Ramazan-ı Şerif Zikirleri

1. On gün: Yâ Erhamerrahimîn.
2. On gün: Yâ Gaffarezzünüb.
3. On gün: Yâ Atikarrikab

Büşra Günel'in katkısıyla

6 Eylül

Allahım,
tembellikten, boş işlerden ve sermayemi heba
etmekten Sana sığınırım.

O'nun (asm) Dilinden

Yaşanmış bir dua öyküsü

İkinci Dünya Harbi sırasında yaşadıklarını, Pilot Binbaşı Linberg şöyle anlatıyor: Bir gün dokuz kişiden ibaret olan, Uçankale'mizle Avustralya üzerinden uçuyorduk. Aniden bir arıza meydana geldi. Düşüş o kadar çabuk oldu ki, ancak kurtarma sandallarına binecek kadar zaman bulabildik. Yanımızda ne bir lokma ekmek, ne de bir damla su vardı. Hepimiz ne yapacağımızı şaşırmıştık. Yalnız içimizde bulunan makineli tüfek onbaşısı Dallas'lı Hernandez, kaza olduktan sonra dua etmeye başlamıştı. Bir müddet dua edip, kurtulacağımızı bize müjdeledi. Bunun üzerine biz de hep birlikte dua etmeye başladık. Böylece üç geceyi aç ve susuz geçirdik. Tam üçüncü günün akşamı, takatten kesildiğimiz anda uzaktan sandallar gözüktü. Yaklaştıklarında, bunların Avustralya'lı yerliler olduğunu farkettik ve bizi kurtardılar. Bu bölgeye nasıl geldiklerini sorduğumuz zaman, yerliler şu ilginç cevabı verdiler: "Üç gün önce balıktan eve dönerken içimizde garip bir his, bize buraya kadar gelmemizi ihtar ediyordu. İşte biz de bu sese kulak vererek buraya kadar geldik ve sizleri bulduk."

7 Eylül

Allah'ın adıyla.
Allah dilediğini eyler. Kuvvet ve kudret Allah'tandır.
Allah dilediğini eyler. Bütün hayırlar Allah'a aittir.
Allah dilediğini eyler. Kötülüğü Allah'tan başka giderecek yoktur.

Hz. Hızır(as) Duası

"Birbirinizi duasız bırakmayın"

"Birbirini sevmekte, birbirine merhamette bulunmakta ve birbirini şefkatle kucaklamakta mü'minlerin misali, bir tek beden misalidir. Şöyleki: Bedenden bir âzâ şikayetçi olduğu zaman, sair uzuvları uykusuzluk ve titreyişle ona çağrışırlar."

"Müslüman müslümanın kardeşidir. Ona zulmetmez. Onu tehlikede bırakmaz, düşmanı yahut başına gelen belâsı ile yapayalnız bırakmaz. Bir kimse kardeşinin ihtiyacını giderirse Allah da onun ihtiyacını giderir, yardım eder. Her kim bir Müslümanın bir sıkıntısını giderirse, o sebeble Allah Teâlâ da kıyamet gününde onun sıkıntılarından birçoğunu giderir. Ve her kim bir Müslümanın hatasını örtbas ederse yahut giydirirse, kıyamet gününde Allah Teâlâ da onun hatalarını örtbas eder yahut örter."

Hadis-i Şerifler

8 Eylül

Aleluyia, aleluyia, aleluyia

"Allah'a Hamd Olsun"
mealinde Hıristiyan duası

"Kelimeler boş; yürekler konuşsun"

Ya Rabbi, şu halimizi ifade etmeye kelime aradım, bulamadım, acizliğimiz ve pespayeliğimiz Zat'ınca malum... Bizi yoluna ve yolundakilere döndür Allahım.
Ya Rabbi... Ya Rabbi... Ya Rabbi...
Güzeller Güzeli, Şefkat ve Rahmetin sahibi, Korunağımız, Sığınağımız Rabbimiz... Bize şu acziyetimize, yalancı hallerimize, ikiyüzlülüğümüze, rağmen; yine de sadece Sen yardım eder ve bizi paklarsın. Bizi temizle, kalbimizi Dininin yönüne döndür Allahım!.. Perişanız... Kelime boş ve mânâsız geliyor... Yürekler konuşadursun...

9 Eylül

*Allahım, hazırlıksız yakalanmaktan,
gaflette kalıp gafillerden olmaktan Sana sığınırım.
Allahım, bana salih amel nasib eyle.
Amelimi Senin rızana mahsus kıl; içine riya ve
yalan karışmasından sakındır.
Allahım, canımı hayırlılarla beraber al,
şerlilerle birlikte alma. Beni Cehennem azabından koru.
Beni hayırlı kulların arasına kat.*

Hz. Ömer(ra)'in Duası

Dağdağadan duaya

Teknolojik hayatın kirleri ve atıkları ile toplumsal hayatın gürültüsü, insanların kendilerine ayırabilecekleri bir âna fırsat vermemektedir. Oysa zihnî, kalbî ve bedenî yorgunluk ve sıkıntıların giderilebilmesi için, iç huzuru sağlayan ortamlara insanların ne kadar da çok ihtiyacı var! Bu gürültü ve dağdağa arasında çok zor da olsa, insanın Rabbıyla buluşmaya ayıracağı bir zamanı ve bir dua, bir hüzün ve bir iltica ânı olmalıdır. Gönül yorgunluğunun dinlenmesi, adalelerin gevşemesi ve stresin yerini sükûnetin alması için bu zarurî görünüyor. Nitekim Alexis Carrel, *Dua* adlı kitabında, duanın bir alışkanlık hâline gelmek şartıyla karakter tesis edileceğini; bu yüzden sık sık dua etmek lâzım geldiğini ve duayı bir yaşayış biçimi hâline getirmek gerektiğini söyler.

Prof. Hasan Kâmil Yılmaz

10 Eylül

Gecenin örtüsünü kaldırıp günün altın şalı ile bizi giydiren Rabbimiz,
umudun parıltısıyla yüreğimizi bütün karanlıklara mühürle ki,
hiç kazanılmamış faziletlere talip olalım.

"İyi ki kalbimizden geçenleri biliyorsun..."

Ey Rabbim iyi ki kalbimizden geçenleri biliyorsun.
Ve iyi ki biz kalbimizden geçenleri bildiğini biliyoruz.
Bizi hiç kimse anlamasa da; ya da her anlayan kendi anlayışsızlığını mazur gösterecek kadar donanımlı olsa da Sen varsın ve birsin.
Biz, bizi bildiğini bildiğimiz için her günahın yakıcılığından sonra kendimizi masum bulabiliyoruz.
Bizi günahımızda bildiğin kadar tövbemizde de biliyorsun çünkü.
Çünkü Sen varsın ve birsin.
Senin Bir'liğin bizi yeniden birleştiriyor.
Bunca ayrılıktan sonra yeniden.
Birbirimize güveniyoruz; çünkü Senin hepimizi tek tek bildiğini biliyoruz.
Ey Rabbim unutuşumuz kendimizedir.
Ama hatırlayışımız Sana dairdir.

Fatma K. Barbarosoğlu

11 Eylül

*Ey işiten duaları, Zannımın yanında ol. Ey beni kötülükten koruyan,
Yetiş Sen bana, Rızana eriştir beni. İşlerimin en iyisini seç
Şifa ver bana Ve affet beni.*

İmam Şafi

Duaya tutunarak yaşamak

"Ne çok dua ediyoruz. Çoğu tutmuyor. Duam kabul olmadı. Benim duam mı!" gibi sözleri duyarız; söyleriz de. Laf olsun diye belki de. Öylesine şiddetli dualarımız var ki, öylesine tutuyor, tutmuş işte. Çünkü... bizim sonsuz aciz oluşumuz sonsuz bir dua. Toprak "kara" kalmayayım diye çiğnenir, çapalanır, bellenir, sürülür. Veysel'in de dediği gibi: "Yüzün yırttım kazmayınan belinen / Yine beni karşıladı gülünen." Hangi duamız kabul olmamış Allah aşkına. Öylesine şiddetli istemişiz ki zahir, işte bak "insan" olmuşuz. Gözlerimiz, gözlerimizin olduğu yerde olsun diye gözyaşı dökmüşüz, olmuş. "Duamız kabul olmuyor" sızlanmalarımız tamamen fantezi. Hiçbir dayanağı yok. Ellerimiz öyle olsun, öyle olsun ki her an duaya açılabilecek, kalem tutabilecek olsun; olmuş işte. Gak dersek su, guk dersek ekmek geliyor. Masal gibi gerçek bu olsa gerek. Baharı ne de çok seviyoruz. Çiçekler boyansın cilalansın, kokutulsun istiyoruz. Badem çiçekleri her yanı gelin eylerken yerimizde duramıyoruz. Bademler de çıkmış diyoruz çok geçmeden. Derken kayısılar, kirazlar. Bu bahar harçlığını gözlerimize koyanın peşine düşmek düşüyor bize, düşmesine de... Baharın içindeyken bile: "Vuslat bahara kaldı." diyoruz. İşte dualarımız. İşte bahar. İşte vuslat.

Ali Hakkoymaz

12 Eylül

Nereye akıyor cümlelerim? Kalemim nereye koşuyor?
Hangi sayfa beni Sana getirir? Ben yazamam ey sayfaların ve
kalemin Rabbi... Bir teşehhüd miktarı ömür,
dört elif miktarı ölüm isterim Senden.

Senai Demirci

"Sahibimden yüz çevirmem..."

Adalet ve faziletiyle tanınan Horasan Valisi Abdullah Bin Tahir'in yasakçıları, evine dönmekte olan Hirat'lı bir demirciyi hırsız zanlısı olarak içeri atarlar. Hirat'lı demirci suçsuzdu. Namazlarını muntazam kılıyor ve ardından gözyaşlarıyla duaya yöneliyordu: "Ey Mülkün Sahibi! Benim suçsuzluğumu sadece Sen biliyorsun!.. Bana ancak Sen imdat edebilirsin!.." Ertesi gece, vali rüyasında dört güçlü kişinin gelerek sarayını tahribe koyulduklarını gördü. Tahtı tersine döndürülürken uyandı... Hemen abdest alıp iki rekat namaz kıldı ve tekrar uykuya daldı. Aynı hadiseyi tekrar yaşadı ve uykusundan fırladı. Üzerinde bir mazlumun âhı bulunduğunu anlamıştı. Derhal hapishane sorumlularını çağırttı, içeride suçsuz kimse olup olmadığını soruşturdu. Sorumlu: "Pek bilemem Sultanım, yalnız dün gece getirilen demirci, namaz ve dua kapılarını zorluyor. Ondan endişe ederim" dedi.

Vali derhal demirciyi getirtip dinledi. Durumu anladı. Kendisinden özür dileyip bir torba gümüş akçe hediye etti. Helallik istedi, ardından da herhangi bir sıkıntısı olursa kendisine gelmesini rica etti. Demirci: "Hakkımı helal ettim. Hediyenizi de alıyorum. Allah kabul etsin. Fakat, sıkıntılarım için size gelemem" dedi. Vali, "Niçin?" diye sorunca. "Benim gibi bir garip için, senin gibi bir Sultanın tahtını bir kaç defa tersine çeviren Sahibimi bırakıp, başka kapıya sığınmam asla yakışık almaz, korkarım" dedi.

13 Eylül

Allahım, hemen gelen ve sonra gelecek, bildiğim ve bilmediğim hayırların hepsini Senden isterim; hemen gelen ve sonra gelecek, bildiğim ve bilmediğim şerlerin hepsinden Sana sığınırım.

Hz. Aişe(ra)'nin Duası

Ölüm kadar özel, ölüm gibi güzel

Dua savaşa giderken, dua düğün ederken. Dua yağmur yağmurdu, dua tuzdu hamurdu... Ağlarken de, çağlarken de... Dua babadan oğula, dua azdan çoğula... Dua belalar def'i, dua makamlar ref'iydi... Allah kulunu dinliyor gibiydi dua, sebiller suyuna inliyor gibiydi... Dayanılmaz dertlerden, düşmanı sevindiren felaketlerden; başa gelen fenalıklardan, sese hasret tenhalıklardandı...

Geceydi... Kurşun sesinde bir cenin duaya durmuştu...

O dua idi ay aydın karanlıklardan, o dua idi yıldızlara karşı aydınlıklardan... Dua yıldırım akışlıydı, dua cemale bakışlıydı... Söylemesi imkansız birşeyler içindi, hüzzamı hüzün dokuyan neyler içindi... Dua ölüm kadar özeldi, dua ölüm gibi güzeldi...

İskender Pala

14 Eylül

*"Allahım,
günahlarımın tümünü, küçüğünü, büyüğünü,
ilkini, sonunu, gizlisini, açığını bağışla!"*

O'nun(asm) Dilinden

İçine düşeceğim bir bakış için..

Sinesinde saklanacağım bir kucak, içine düşeceğim bir bakış, teselli bulacağım bir kelam yok. Sana sığınıyorum ey darda kalmışların kurtarıcısı. Sana sığınıyorum ey şefkate muhtaç olanlara merhamet dağıtan şefkat kucağı. Sana sığınıyorum cürm işlemişleri kendine celbeden. Sana sığınıyorum sıkıntıyı üzerimizden kaldıran. Eman ver bize. Eman diliyoruz Senden. Eman Sensin. Eman Sendendir.

Yasemin Hekim

15 Eylül

Om sarvetra sukhinah santu sarve santu niramayah.
Sarve bhadrani pasyantu ma kascid duhkhamapnuyat
Om shantih shantih shantih

Rigveda 4:11:51, Hindistan–3700 M.Ö.

Ey Rab! Herkesi mutlu eyle! Herkesi acılarından kurtar!
Bize doğruyu göster! Bizi kötülükten koru! Ey Rab! Bize huzur ver, huzur ver, huzur ver!
Her yere huzur ver, herkese huzur ver!

Pazar duası

Konya'nın Beyşehir ilçesinde pazarda alışveriş öncesi bereket duası yapılıyor. Tam 27 yıldır yapılan dua için, Beyşehir pazarında her hafta müftülük tarafından görevlendirilen bir imam, belediye hoparlöründen dua ediyor. Pazar esnafı ve pazardan alışverişe gelenler bu duaya 'amin' diyerek katılıyor. Söz konusu dua şöyle:

"Allahım, ellerini sana açarak yardım dileyen biz kullarına hayırlı alışverişler ihsan eyle. İşlerimizi kolaylaştır, rızkımızı bollaştır, haramdan uzaklaştır, helalini yaklaştır. Allahım, bize alışverişlerimizde helal kazanç ve bereket nasip eyle. Allahım, bizi hile yapan, alıcıyı kandıran helal olmayan kazanç peşinde koşan satıcılardan koru. Bizi aç açıkta bırakma Yarabbi."

Mürsel Çetin, Zaman Gazetesi

16 Eylül

Allahım, beni bir Ali(ra) gibi kıl:
Minberde sözün, mihrabta ibadet etmenin, yeryüzünde işin,
savaş meydanında kahramanlık ve cesaretin,
Muhammed'in(asm) yanında vefanın, dinde hikmetin,
toplumda sorumluluğun, hayatta abidliğin, çağında devrimin,
iradede adaletin, evinde iaşe ve eğitimin ustası, üstadı, rehberi eyle,
her yerde Sana kul eyle...

Ali Şeriatî

Kırık bir kalp en iyi parçam

İsteyebilmeyi istemekler nasip et bize Allah'ım; sevebilmeyi sevmekler nasib et! Nasib et de sular canına kadar çekilenlerin, feryadı mabet mabet dikilenlerin... Çığlıkları boğazlarına yürüyenlerin, geceyi kurşun kurşun sürüyenlerin... Vatanında özgürlükten koğulanların, gözyaşlarında acıyla boğulanların... Can sermayesi savaşta bitenlerin, cananı kurşun kurşun yitenlerin... Duası kabul olan insanların ve cinlerin, sesi çığlık çığlık olmuş ceninlerin kalplerindeki istemeleri iste, çaresâz ol çaresizlere...
Allah'ım! Gönlümüzde olanı hakkımızda, hakkımızda olanı gönlümüzde eyle. Rahmetinden umut kestirme Tanrı'm!.. Sevginden taşra fırtınalar estirme Tanrı'm!.. Zulme kimseyi giriftâr tutma ey Rab! Zalim elinde kulunu unutma ey Rab!..
Elini kalbime koy, duy beni Tanrım!... Kırık bir kalp en iyi parçam...

İskender Pala

17 Eylül

Kalbimizden söküp at Rabbimiz, tüm gururu ve bencilliği, bütün kibirliliği, günahlarımıza mazeret bulmaları, başkasıyla rekabet etmeleri. Rabbimiz, bunların yerine bize İsa'nın feragatini, cefasını, vefasını, tevazuunu ver.

Dean Vaughan

Göz çukuru ve bir avuç toprak

Halinden yoksul olduğu anlaşılan bir adam, deniz kenarında oltayla balık tutuyordu. Oradan geçmekte olan ülkenin padişahı bu gariban adamla ilgilendi ve ona, "Oltana ben burada iken ilk takılan şey ne olursa sana onun ağırlığınca altın vereceğim" dedi. Biraz sonra oltaya takıla takıla ortası delik bir kemik takıldı. Hükümdar, "Ne yapalım, kısmetin bu kadar, oltana ağır bir şey takılmadı" diyerek balıkçıyı sarayına götürdü. Saraya varınca adamlarına, balıkçıya elindeki kemiğin ağırlığınca altın vermelerini emretti. Kemiği terazinin kefesine koydular, öbür kefesine de altın koymaya başladılar. Beş, on, yirmi, elli diyerek altınları koydular ama kemik yerinden oynamıyordu. Altını doldurmaya devam ettiler, terazinin kefesi doldu taştı ama kemik tarafı yerinden kımıldamıyordu. Bunda bir sır olduğunu anladılar. Bir bilgeyi çağırıp bu sırrın ne olduğunu sordular. Bilge kemiği eline alıp şöyle bir baktıktan sonra şu açıklamada bulundu: "Bu kemik açgözlü bir insanın göz çukurudur. Siz bunu tartmak için bütün hazineyi koysanız yine yerinden oynamaz. Çünkü doymaz. Ama bir avuç toprak bunu doyurur."
Nitekim bir avuç toprak alıp terazinin kefesine koydu ve kemik yukarı kalkıverdi.

18 Eylül

Ninni diyem edâ ile
Üstünü örteyim dibâ ile,
Mevlam büyütsün ana ile baba ile
Ninni bebeğim ninni!

Yeşilhisar'da dualı ninni

Daha çok dua, daha az hastalık

Dua ve maneviyatın insan sağlığı üzerindeki etkisini araştıran yaklaşık 1200 araştırmanın sonuçlarının özetlendiği *Handbook of Religion and Health* kitabında şu notlar yer alıyor:

Tüm çalışmalar dindar insanların daha uzun ve sağlıklı yaşadığını gösteriyor.

İbadetine düşkün ve düzenli olarak dua eden insanlar daha seyrek hasta oluyor.

Dindar olmayan hastalar, dindar olanlara göre üç katı daha uzun süre hastanede yatıyor.

Herhangi bir dinî aktiviteye katılmayan kalp hastalarının ameliyat sonrası ölüm riski, dindar hastalara kıyasla 14 kat daha fazla.

Düzenli olarak ibadet eden yaşlıların inme riski diğerlerinin yarısı kadar.

Dindar insanların kalp hastalığı ve kanserden ölme ihtimali %40 daha az.

Dindarlar daha seyrek olarak depresyon yaşıyor, depresyon yaşayınca da daha hızlı iyileşiyorlar.

19 Eylül

*Allahım,
kavmime hidayet eyle.
Onlar ne yaptıklarını bilmiyorlar.*

O'nun (asm) Dilinden;
Uhud harbinde mübarek dişlerini kırıp yüzünü kanatan Kureyş müşrikleri için

"Ekmek gerek bana her gün"

Önünde eğilmemi istiyorsan Rabbim,
biliyorsun özgür olmalı ellerim;
önünde dua etmemi istiyorsan eğer,
özgürce çıkabilmeli sesim de.

Özgür olunca, gücüm de yerinde olmalı
uzatmak için sana avuçlarımı.
İşte bundan, ekmek gerek bana her gün
ama olmazmış hem özgürlük hem ekmek.

Lütfen Rabbim, ikisinden de payıma düşeni ver
aramıza Şeytan girmeden.

S. Balu Rao

20 Eylül

Günlerim geçti bütün oldu yalan
Çün revâ kendimi döğsem taş ilen
Ey beni böyle bu sevdâya salan
Fahr-i Âlem ile haşreyle beni

Nâbî

Meyve ve fidan

Bir hükümdar maiyetiyle birlikte ülkesinde bir gezintiye çıkmıştı. Yolu üzerindeki bir köyde çok yaşlı bir adamın tarlasına fidan dikmekle meşgul olduğunu gördü. İhtiyara uzaktan seslendi:
- Baba, sen ne diye fidan dikmeye uğraşıyorsun? Maşallah yaşını yaşamışsın, bu diktiğin fidanların meyvesinden herhalde yiyemezsin.
İhtiyar cevap verdi:
- Bu diktiğim fidanların meyvesini bizim yememiz şart değil evlat. Biz nasıl bizden öncekilerin diktiği fidanların meyvesinden yediysek, bizim diktiğimiz fidanların meyvesini de bizden sonrakiler yer.
Bu cevap hükümdarın hoşuna gitti ve ihtiyara bir kese altın verilmesini emretti
İhtiyar bu ihsanı karşılıksız bırakmadı:
- Gördün mü evlat, bizim diktiğimiz fidanlar şimdiden meyve verdi.
Bu cevap da hükümdarın hoşuna gitti, bir kese daha altın verilmesini emretti.
Yaşlı köylü sıradan biri değildi.
- Evlat herkesin diktiği fidan yılda bir defa meyve verir, bizim diktiğimiz fidan yılda iki defa meyve verdi.

21 Eylül

Allahım benim kalbimi nûr eyle.
Kulağımı nûr eyle. Gözümü nûr eyle. Sağımı nûr eyle.
Solumu nûr eyle. Arkamı nûr eyle. Üstümü nûr eyle. Altımı nûr eyle.
Beni nûr eyle. Tenimi, kanımı, sinirimi, saçımı, derimi, kemiğimi nûr eyle.
Beni bütünüyle nûr eyle ya Râb.

O'nun(asm) Dilinden, "Nur Duası"

"Senin kapını görecek göz yok bende!"

Ey kerem sahibi, 'elif' gibi hiçbir şeyim yok... Mü'min gözünden daha dar bir gönlüm var, ancak. Bu 'elif', bu 'mim' varlığımızın anasıdır. Anamız olan 'mim'in eli dardır, 'elif'se ondan daha yoksul. "Elif'in bir şeyi yok" demek gaflettir, mim gibi "gönlü daralmış bir hale gelmek" akıl alametidir. Kendimden geçtiğim zaman hiçim. Fakat aklım başıma geldi mi ıstıraplara düşer, kıvranır, dururum.

Artık böyle bir hiçe bir şey yükleme. Böyle kıvrandıran şeye 'devlet' adını takma. Zaten beni iyileştirecek bir şeyim yok. Bu yüzlerce derde de vehmimden uğradım. Hiçbir şeyim yok, o haldeyim işte... Bana lutfet. Zahmetler çektim, rahatlaştır beni, rahatımı artır benim. Göz yaşlarıma gark oldum, üryan bir halde durmadayım. Senin kapını görecek göz yok bende! Gözsüz kuluna rahmet et de gözyaşları, şu yazıda bir yeşillik, bir ot bitirsin. Gözyaşım kalmazsa gözyaşı ihsan et. Peygamberin yaş dökücü gözleri gibi hani. O bile bunca devletiyle, bunca ululuğuyla, bunca ileri oluşuyla beraber Allah kereminden gözyaşı istedi.

Mesnevi-i Şerif'den

22 Eylül

*Ey "Mizanı, Ölçüyü Koyan!" Rabbim, bizi ölçülerinle ölçülendir;
bizi Yüce Katında kıymeti olmayan işlerden uzak tut.
Günlerimizi geleceğimize hazırla ve hayatımızı bereketli ve mağfur kıl.*

d1945, www.dualar.com

Bir zerâfet, nezâket ve zekâvet örneği

Sultan Ahmed, Şeyhi Aziz Mahmud'a bir hediye sunmak istiyordu Mürşidinin kendisinden bu hediyeyi kabul etmesi onu çok mutlu edecekti. Sultan Ahmed bir gün kendine uygun gördüğü bir hediyeyi Aziz Mahmud Hüdai Hazretlerine gönderdi. Ama Şeyh Hazretleri kabul etmedi. Şüphesiz bu kabul etmeyiş, Sultana karşı bir tavır anlamına gelmiyordu. Bu, büyük insanların dünya malına hangi gözle baktıklarını, başkaları için ulaşılmaz sayılan şeylerin nazarlarında hiçbir değer taşımadığını ifade etmenin bir yoluydu.

Sultan Ahmed, şeyhi Hüdai'nin kabul etmediği hediyeyi yine devrin maneviyat ulularından Abdülmecid Sivasî'ye gönderdi. Sivasî hediyeyi kabul etti. Kendisine, padişahın aynı hediyeyi Aziz Mahmud Hüdai'ye sunduğu ama kabul etmediği de hatırlatıldı. Sivasî Hazretleri gerçek büyüklere yakışır bir tutum ortaya koydu: "Hüdai Hazretleri bir karga değildir ki leşi kabul etsin" dedi. Aziz Mahmud Hüdai'ye de "Sizin kabul etmediğiniz hediyeyi Şeyh Sivasî kabul etti" dediler. Onun tepkisi de şöyle oldu: "Onun için hiç bir sakıncası yoktur. Çünkü o öyle büyük bir ummandır ki bir parçacık çamurun kendini bulandırmayacağını bilir."

23 Eylül

Allahım,
bize ve gıybetini yaptığımız kimseye mağfiret eyle.

Gıybetin affı için dua, O'nun (asm) Dilinden

Dua ve fizik

Algıladığımız maddî alem ve oluşmuş şekiller, algılayan olmadığı zaman ya da gözlemleyen olmadığı zaman, sırf dalgalardan ibaret ve kararsız, biçimsiz ve kaotik "görünür." Çoğu fizikçinin ister istemez kabul ettiği bir belirsizlik hüküm sürmektedir "derinlerde" ya da "diplerde".

Gözle görünür ve elle dokunulur dünyadaki net kesinlik ve belirlilik, işte bu net kararsızlıklar arasından sıyrılmakta, bu kesin belirsizliklerden çıkıp gelmektedir. "Şimdi ve burada" olan herşey, aslında ötelerdeki kararsızlığın şu an ve burada bizim adımıza karara bağlanması, bir belirsizliğin bizim lehimize belirlenmesidir.

Şimdi ve şu andaki isteğimiz, ihtiyacımız, arzumuz, özlemimiz, bir dua olup bu belirsizliğin makul ve anlaşılır gerçekler olarak kristalleşmesi olamaz mı?

Senai Demirci

24 Eylül

*Yaratılışımı düzeltip tasvir eden,
yüzümü mizan ve keremle güzelleştiren,
beni Müslümanlardan eyleyen Allah'a hamdolsun.*

Aynaya bakınca, O'nun (asm) Dilinden

Tansiyonun ilacı dua

Güne dua etmekle başlamak, tansiyonun düşmesine yardımcı oluyor. Bilim adamları, yaşları 25-45 arasında değişen ve kendilerini dindar kabul edip çok dua eden 155 kişiyi inceledi. Deneklerin kan basıncını, 24 saati aşkın bir zaman diliminde ölçen bilim adamları, tansiyon değerlerinin düşük olduğunu saptadı. Bilim adamları, dua etmenin kişiyi Tanrı'ya yaklaştırdığını belirterek, 'Böylece güne dua ederek başlayan, ilahî bir güç tarafından korunduğunu düşünerek gün boyunca stresten uzak kalır. Hiçbir şey için endişe etmez. Din adamları da, yapılan araştırmayı doğrulayarak, duanın, Tanrı ile kul arasında bir iletişim yöntemi olduğunu söyledi. Din adamları, 'Dua eden kişi, Tanrı'nın koruması altında olduğunu bilerek, daha rahat olur' dediler.

Akşam Gazetesi, 2001

25 Eylül

Allahım,
bu meyvenin evvelini gösterdiğin gibi,
ahirini de göster; bizleri o zamana da eriştir.

<small>Peygamberimiz(asm) kendisine mevsimin ilk meyvesi getirilince meyveyi alır,
tefekkürle bakar, daha sonra meyveyi yanında bulunan küçüklere ikram ettikten sonra böyle dua eder</small>

Dua insanın ilâhî âlem ile irtibâtıdır.

Dua insanın ilâhî âlem ile irtibatını sağlamaktadır. Dua ile insan Allah'a ulaşır, Allah insanın kalbine yerleşir. Duayı sadece zayıf ruhların, miskinlerin fiili olarak görmemelidir. İnsan suya ve oksijene olduğu kadar Allah'a muhtaçtır. Dua insanın Allah'a ihtiyacını arz etme eylemi olduğuna göre duasız insan düşünülemez. İnsandaki din duygusu ve Allah inancı; bilgi, sezgi, güzellik duygusu ve zekâ aydınlığına ilâve olarak şahsiyet ve kimliğin teşekkülünü sağlar. İnsanın başarısı fizyolojik, hissî ve rûhî kabiliyetlerinin tam inkişaf ve uyumuna bağlıdır.

İnsanın iç ve dış dünyasında kendisini zarara sokan düşmanlarına karşı mücadelede en önemli silahı, duasıdır. Özellikle insanın, ihtiyacı içindeki nefsin ve onun kurduğu desîselerin üstesinden gelmede duaya ihtiyacı vardır.

Prof. Hasan Kâmil Yılmaz

26 Eylül

Ya Rabbî,
merhameti kalblerimizin tükenmez hazinesi eyle.

Osman Nuri Topbaş

Anneye dua

Sevgili Rabbim,
Artık genç değilim ve arkadaşlarımın anneleri tek tek ölmeye başladı. Arkadaşlarım annelerinin değerini anladıklarında, bunu onlara söyleyemeyecek kadar geç kaldıklarını dile getiriyorlar. Benim hâlâ hayatta olan kusursuz bir annem var. Yaşım ilerledikçe, onun ne kadar olağanüstü bir insan olduğunu daha iyi anlıyorum. Bu sözleri annemin kendisine söyleyemiyorum ne yazık, oysa duygularımı kaleme almak ne kolay. Bir evlat, kendisine yaşam vesilesi olan annesine nasıl teşekkür edebilir? Bir çocuk büyütürken gösterdiği sevgiye, sabıra ve onca çabaya nasıl karşılık verebilir? Bebekken arkasından koştuğu, asabî bir ergeni anladığı, her şeyi bildiğine inanan üniversite öğrencisini hoşgördüğü için şükranlarını nasıl dile getirebilir? Her zaman öğüt vermeye hazır olduğu halde, istendiğinde öğüt vermeyi ya da gerektiğinde sessiz kalmayı başardığı için.
Sevgi dolu, düşünceli, sabırlı ve bağışlamayı bilen kendisi olduğu için nasıl teşekkür edilebilir? Rabbim, Senden onu hakettiğince kutsamanı istemekten başka bir şey gelmiyor elimden... Kendi çocuklarımın gözünde, annemin benim gözümde olduğu kadar iyi bir anne olabilmek için sana dua ediyorum Rabbim.

Bir kız evlat

27 Eylül

Allahım!
Sen affedicisin, affı seversin, beni affet.

Peygamberimizin(asm) Kadir Gecesi'nde ettiği
duanın meali

Kül ve bal

Bir gün İsa Aleyhisselam şeytanla karşılaşır. Şeytanın bir elinde bal, bir elinde kül vardır. İsa Aleyhisselam şeytana sorar: "Ey aduvvellah [Allah düşmanı], bu bal ve külle ne yapıyorsun?" Şeytan cevap verir: "Külü fakirlerin ve yetimlerin üzerine serpiyorum; ta ki zenginlerin gözlerine çirkin gözüksün de yardım etmek fikrinden vazgeçsinler. Balı da gıybet edenlerin, din kardeşlerini çekiştirenlerin ağızlarına çalıyorum; ta ki gıybetin acısını hissetmeyecek kadar, dedikoduyla geçen vakitlerine acımayacak kadar tat duysunlar."

28 Eylül

Allahım,
nimetini küfre çevirmekten, onu tanıdıktan sonra nankörlükten ve
onu övdükten sonra unutmaktan Sana sığınırım.

Ömer bin Abdulaziz

Kur'ân kelâmı hayatlıdır

Elfaz-ı Kur'aniye ve tesbihat-ı Nebeviyenin lafızları, camid libas değil; cesedin hayatdar cildi gibidir, belki mürur-u zamanla cild olmuştur. Libas değiştirilir; fakat cild değişse, vücuda zarardır. (...) Ben kendi nefsimde tecrübe ettiğim bir haleti çok defa tedkik ettim gördüm ki; o halet, hakikattır. O halet şudur ki:

Sûre-i İhlas'ı arefe gününde yüzer defa tekrar edip okuyordum. Gördüm ki: Bendeki manevî duyguların bir kısmı birkaç defada gıdasını alır, vazgeçer, durur. Ve kuvve-i müfekkire gibi bir kısım dahi, bir zaman mâna tarafına müteveccih olur, hissesini alır, o da durur. Ve kalb gibi bir kısım, manevî bir zevke medar bazı mefhumlar cihetinde hissesini alır, o da sükût eder. Ve hâkeza... Git gide o tekrarda yalnız bir kısım letaif kalır ki; pek geç usanıyor, devam eder, daha mânaya ve tedkikata hiç ihtiyaç bırakmıyor. Gaflet kuvve-i müfekkireye zarar verdiği gibi, ona zarar vermiyor. (...) Ve o cild hükmündeki lafızları onlara kâfi geliyor ve mâna vazifesini görüyorlar. Ve bilhassa o Arabî lafızlar ile, kelâmullah ve tekellüm-ü İlâhî olduğunu tahattur etmekle, daimî bir feyze medardır.

Risale-i Nur'dan

29 Eylül

Uyu gözlerin süzülsün
Kipriğine inci dizilsin
alnına hayır yazılsın
Ninni gonca gülüm ninni

Eskişehir'den dualı ninni

Gam ve borç halinde

El-Hudri(ra) anlatıyor: Resûlullah(asm) bir gün Mescid'e girdi. Orada Ensâr'dan Ebû Ümâme(ra) ile karşılaştı. Ona: "Ey Ebu Ümâme, niçin seni namaz vakti dışında Mescid'de oturmuş görüyorum?" diye sordu. "Peşimi bırakmayan bir sıkıntı ve borçlar sebebiyle ey Allah'ın Resûlü" diye cevap verdi. Bunun üzerine Hz. Peygamber(asm): "Sana bazı kelimeler öğreteyim mi? Bunları okursan, Allah, senden sıkıntını giderir ve borcunu öder." "Evet, ey Allah'ın Resûlü, öğret!" dedi. "Öyleyse," dedi, "akşama çıktın mı sabaha erdin mi şu duayı oku: Allahım üzüntüden ve kederden sana sığınırım. Aczden ve tembellikten sana sığınırım, korkaklıktan ve cimrilikten sana sığınırım. Borcun galebe çalmasından ve insanların kahrından sana sığınırım." Ebu Ümâme der ki: "Ben bu duayı yaptım, Allah benden gamımı giderdi, borcumu ödedi."

30 Eylül

Allahım ben senin kulunum,
kulunun oğluyum,
Senin avucunun içindeyim, alnım Senin elinde.
Hakkımdaki hükmün câridir. Kazan ne olursa, hakkımda adalettir.
Kendini tesmiye ettiğin veya Kitab'ında indirdiğin veya
nezdinde mevcut gayb hazinesinden seçtiğin,
Sana ait her bir isim adına senden Kur'ân'ı kalbimin baharı,
sıkıntı ve gamlarımı giderme vesilesi kılmanı dilerim.

"En faziletli söz"

Hz. Peygamber(asm) buyurdular ki: "Duaların en faziletlisi arefe günü yapılan duadır. Ben ve benden önceki peygamberlerin söyledikleri en faziletli söz, 'lâ ilâhe illallahu, vahdehu, lâ şerike leh, lehü'l-mülkü ve lehü'l-hamdü ve hüve alâ külli şey'in kadir' -Allah'tan başka ilah yoktur, O birdir, O'nun ortağı yoktur, mülk O'nundur, hamd O'na aittir. O, herşeye Kâdirdir- sözüdür."

1 Ekim

Güller hep elinde açsın ama dikenleri batmasın
Sevgi hep seninle olsun ama yaralamasın
Mutluluk hep yanında olsun ama En Sevgili'den ayırmasın

Ayşe Öz, www.dualar.com

"Hû" rüzgâr

Çiçeklerin kulağında esrarlı fısıltı. Yağmurun önü sıra efsunlu hışırtı. Gül yanağında bahar muştusu. Hazân ile yaprak arası dağılan ve toplanan hüzünler. Hoyrat rüzgâr. Bahar bahçesine çiçek çiçek dokunan. Diriliş nefesi... Rüzgâr.

Ağaçları, otları, kayaları, dağları okşuyor, kaynaştırıyor, birleştiriyor gibi. Şefkat rüzgâr. Elbisesiz, örtüsüz, teklifsiz, perdesiz dolaşıyor aramızda. Gizli dokunuş rüzgâr. Saklı yerlerini açıyor gibi insanın. İtiraf rüzgâr. Ruhu sılasına salıyor nefes nefes. Gam yüklü rüzgâr.

Gizlendiği yerden koşup gelen. Alnımızdan öpmeye eğilen. Yüreklerden dert savuran. Teselli rüzgâr.

Dalgalar eğildiği önü sıra coşkulu ve beyaz eğildiği ihtişam. Bir yol türküsü rüzgâr. Durgun suların yüzünde gezinirken, sessiz ve sözsüz. Tanıdık bir yolcu rüzgâr. Dünyanın tozunu göğe savuran, yeri göğe komşu eden. Bir elçi rüzgâr.

Gaflet örtüsünü dürten. Bir soğuk, bir sıcak, bir hoyrat, bir müşfik. Öğüt rüzgâr. Gül yanağında derviş. Çölden çöle dolaşan münzevi.. İnsan dudağında zikir. Bir tutam "hû". Bir sessiz dua rüzgâr.

Senai Demirci

2 Ekim

Anneciğim, ben ki senin duan ile varedildim,
bütün varlığım sana duam olsun;
Rabbim seni ebedî varetsin.

"Anne duası"

Vennehar için

Küçük kızın duası

Akşam üzeri küçük kızının odasından mırıltılar geldiğini duyan anne, kulağını iyice kapıya dayar. Henüz sadece bazı harfleri bilen 5 yaşındaki kızının ağzından anlamsız ancak içten, tuhaf fakat ısrarla söylenen sesler duyar. İçeri girip baktığında, kızının bildiği harfleri ardarda ve düzensiz biçimde saygıyla tekrar ettiğini farkeder. Aynı sırada ellerini açıp gözlerini kapatmış olan kızı annesinin sessiz adımlarını farketmez. Anlaşılan o ki kızı uykuya dalmadan önce dua ediyordur.

Çocuğunun saçlarını nazikçe okşayarak sorar annesi: "Kızım sen bu duayı nereden öğrendin?" Küçük kız, kendinden emin bir eda ile cevap verir: "Bu duayı ben buldum!" "Nasıl yani?" diye sorar annesi tekrar. Kız, "Bu gece tam olarak ne isteyeceğimi bilemiyorum. Şimdi ben sadece harfleri söylüyorum. Allah onları benim için sıraya dizecek. Çünkü benim ne isteyeceğimi o zaten biliyor."

3 Ekim

Allah'ım bizi sadece bilgiye düşürme ki, bilgi avunmaktır.
Bizi akla bağlama ki, akıl derttir.
Bizi kendi kendimize bırakma ki, bu hal uçurumdur.
Gösterdiğimiz kulluktan övülmeye razı etme ki,
bu hal geriye dönmektir.

"Onun duasına icabet ettik"

"Hani, Zekeriya da, Rabbine çağrıda bulunmuştu: 'Rabbim, beni yalnız başıma bırakma, sen mirasçıların en hayırlısısın.' Onun duasına icabet ettik, kendisine Yahya'yı armağan ettik, eşini de doğurmaya elverişli kıldık. Gerçekten onlar hayırlarda yarışırlardı, umarak ve korkarak bize dua ederlerdi. Bize karşı huşû içindeydiler."

Enbiya Suresi, 89-90

4 Ekim

Ya Rabbi, tut ellerimden, tut ki parmaklarımın ucunda yürüyeyim.
Yürüyüp kalbimin derinliklerine ineyim.
İnip oradaki pencerelerden Sana yöneleyim.
Ya Rabbi tut ellerimden Sana geleyim.

İsa Bayrak

İstidad lisanıyla dua

Bütün hububat, tohumlar lisan-ı istidad ile, Fatır-ı Hakim'e dua ederler ki: "Senin nukuş-u esmanı mufassal göstermek için, bize neşv ü nema ver; küçük hakikatımızı sünbülle ve ağacın büyük hakikatına çevir.

Hem şu istidad lisanıyla dua nev'inden birisi de şudur ki: Esbabın içtimaı, müsebbebin icadına bir duadır. Yani esbab bir vaziyet alır ki, o vaziyet, bir lisan-ı hal hükmüne geçer. Ve müsebbebi, Kadir-i Zülcelal'den dua eder, isterler. Mesela: Su, hava, toprak, ziya bir çekirdek etrafında bir vaziyet alarak, o vaziyet bir lisan-ı duadır ki: "Bu çekirdeği ağaç yap, ya Halıkınız!" derler. Çünki o mucize-i harika Kudret olan ağaç; o şuursuz, camid, basit maddelere havale edilmez, havalisi muhaldir. Demek içtima-ı esbab, bir nevi duadır.

Risale-i Nur'dan

5 Ekim

*Allahım,
bu ayda bize emniyet ve imanla selamet ve İslâm nasib lûtfet.
Ey bilâl, senin de benim de Rabbim Allah'tır.*

Peygamber Efendimiz(asm) yeni bir ayın başlangıcı olan hilali görünce böyle dua eder

İhtiyac-ı fıtrî lisanıyla dua...

Bütün ziyahatların iktidar ve ihtiyarları dahilinde olmayan hacetlerini ve matlablarını, ummadıkları yerden vakt-i münasibde onlara vermek için, Halik-ı Rahim'den bir nevi duadır. Çünki iktidar ve ihtiyarları haricinde, bilmedikleri yerden vakt-i münasibde onlara bir Hakim-i Rahim gönderiyor. Etleri yetişmiyor; demek o ihsan, dua neticesidir. Elhasıl: Bütün kâinattan Dergah-ı İlahiyeye çıkan bir duadır. Esbab olanlar, müsebbebatı Allah'tan isterler.

Risale-i Nur'dan

6 Ekim

Ey öfke ve celâl anımda sükûnetim ve iddetim!
Seni kusurdan tenzih, noksanlıktan takdis ederim.
Sen Sübhansın. Senden başka ilah yoktur.
Eman Sende, kurtuluş Senden.
Bizi cehennem azabından kurtar.

Cevşen'den

Şuur sahiplerinin ihtiyaç duası

Eğer ıztırar derecesine gelse veya ihtiyac-ı fıtriye tam münasebetdar ise veya lisan-ı istidata yakınlaşmış ise veya safi, halis kalbin lisanıyla ise, ekseriyet-i mutlaka ile makbuldur. Terakkiyat-ı beşeriyenin kısm-ı azamı ve keşfiyatları, bir nevi dua neticesidir. Havarık-i medeniyet dedikleri şeyler ve ve leşfiyatlarına medarı iftihar zannettikleri emirler, manevi bir dua neticesidir. Halis bir lisan-ı istidad ile istenilmiş, onlara verilmiştir.

Risale-i Nur'dan

7 Ekim

Uyu küçük bebeğim, Rab denizi gözler elbet,
Siste, akıntıda, siste, siste.

İskoç Ninnisi

Neyi istediğini iyi düşün...

Bir zamanlar dağda, kızgın güneşin altında, mermer taşlarını yontmaktan bezmiş bir mermer yontucusu varmış. "Bu hayattan bıktım artık. Üstelik bir de bu güneş, hep bu yakıcı güneş! Ah, onun yerinde olmayı ne kadar çok isterdim, orada yükseklerde herşeye hâkim olacaktım, ışınlarımla etrafı aydınlatacaktım" diye söylenir durur. Bu dileği kabul edilir; yontucu o an güneş oluverir. Fakat tam ışınlarını etrafa yaymaya hazırlandığı sırada, ışınlarının bulutlar tarafından engellendiğini farkeder. "Bu basit bulutlar benim ışınlarımı kesecek kadar kuvvetli olduklarına göre güneş olmak neye yarar!" diye isyan eder. "Madem ki bulutlar güneşten daha kudretli, bulut olmayı isterim." Duası hemen kabul edilir ve bulut olur. Dünyanın üzerinde uçuşmaya başlar, fakat birdenbire rüzgar çıkar ve bulutları dağıtır. "Ah, rüzgâr geldi ve beni dağıttı, öyleyse rüzgar olmak istiyorum" diye dua eder. Rüzgar olur ve tayfunlar, fırtınalar çıkarır. Fakat birdenbire önünde kocaman bir duvarın ona engel olduğunu görür. Bu bir dağdır... "Basit bir dağ beni durdurmaya yettiğine göre benim rüzgar olmam neye yarar!" der ve dağ olmak için dua eder. Dağ olma duası kabul edilir edilmez, bir şeyin göğsüne durmadan vurduğunu hisseder. Bu defa, kendisini içten içe oyan şeyi merak edip eğildiğinde hayretle görür ki.. "Bu küçük bir mermer yontucusudur"

8 Ekim

*Dostun Allah,
mürşidin Kur'ân, delilin Muhammed(asm),
meşgalen ibadet, zenginliğin kanaat olsun,
kandilin mübarek olsun.*

Tevbe Ya Rabbi, Ya Kerim

Tevbe ya Rabbi ya Kerim/Estağfirullahelazim/Kullarına Sensin Rahim/Estağfirullahelazim

Nefse uyup ettim günah/Eyledim ömrümü tebah/Senden gayrı yoktur penah/Estağfirullahelazim/Nefs ile oldum avare/Günahım çok yüzüm kare/Senden olur yine çare/Estağfirullahelazim

Terk edemedim sivayı/Olmuşam gayet hevayı/Sürme kapından gedayı/Estağfirullahelazim

Bahr-i günaha dalmışam/Zencir-i nefsi salmışam/Gayet avare kalmışam/Estağfirullahelazim

Uydum nefsin hevasına/Düşüp gaflet deryasına/Erişmişem gayesine/Estağfirullahelazim/Nefse uyup oldum zelil/Buldum Gafur ismin delil/Geldim kapına ya Celil/Estağfirullahelazim

Sırrî'ye eyle hidayet/Kalmıştır naçar begayet/Kapına geldi nihayet/Estağfirullahelazim

Sırrî, 19. yy.

9 Ekim

Ey musibete uğradığım ve derde düştüğüm anda,
Umudum ve Sığınağım.
Seni kusurdan tenzih, noksanlıktan takdis ederim.
Sen Sübhansın. Senden başka ilah yoktur.
Eman Sende, kurtuluş Senden.
Bizi cehennem azabından kurtar.

Cevşen'den

Ey gariplerin sığınağı

Ey yanlızların, kendi başına kalmışların arkadaşı, ey umutsuzluğa düşmüşlerin yardımcısı, ey yoksulların zenginliği, ey zayıfların gücü, ey fakirlerin hazinesi, ey gariplerin sığınağı, ey tek güç ve kudret sahibi, ey ihsanıyla tanınan keremi sonsuz Rabbim, Resulullah ve yakınları hürmetine sıkıntımı gider.

Ey Rabbim sen sıkıntılarıma karşı hazırlığım, musibetim anında ümidim, yanlızlığımda arkadaşımsın. Gurbetimde dostum, kederli halimde beni ferahlatansın. İhtiyacım anında yardımıma koşan; zor anlarımda sığınağımsın. Beni korkuların karanlığından kurtaran aydınlığımsın.

Ey Rabbim, sen şaşkınlığımda bana yol gösterensin. Biliyorum Rabbim, sen günahlarımı bağışlayan, ayıplarımı örten, sıkıntılarımdan kurtaran, kalbimi sevginle süsleyensin. Sen kalbimin hem tabibi hem sevgilisisin. Sen ki şaşkınlara yol gösterir, muhtaçlara yardım eder, korunmak isteyenleri korursun.

Zeynep Hut'un katkılarıyla

10 Ekim

İlahî, beni Senin dost olduğun haldeki bir ölümü seçebileceğim ana kadar yaşat.

Senin Vechinin nuruna sığınıyorum

Sana sığınıyorum tüm karanlıklardan
Ve sayısız hata; hadsiz seyyiatımızdan.

Sen dilersen, biliyorum, her şey âsân olur;
Sen dilemezsen, hayat neyle felah bulur?..

Lutfet ki ya İlahi! Seni "Bir" tanıyan muhtaç gönüllere
Esirgenmemizi de Rahmetinle yine Sen iste;
İyiliklerimizi Sen büyüt, ihsan ve kereminle
Ve nazar kılıp bahşettiğin güzel hallerimize
Bizleri de rızana erdirdiğin kullarından eyle...

"Senin Vechinin Nuruna sığınıyoruz"
Senin O Sonsuz Rahmetine...

11 Ekim

Yarabbî, aşkla yoğrulduk, akılla durulduk, vuslatla sükun bulduk; yoğrulup durulmamızı daim eyle, akıl ve kalp ile yoğur harcımızı. Yarabbi terazimizi dengele, yolumuzu doğrult, önümüzü aydınlat, sırtımızı sağlam eyle. Yarabbi bizi sadece akıllılardan ve büsbütün delilerden uzak eyle, akleden kullarından kıl bizi.

Cengiz Coşkun, "Yüzümüzde Kara Lekeler", Düş Çınarı

"Allah seni affetsin.."

Sahabeden Abdullah b. Serahs(ra) anlatıyor:
"Resulullah'ın(asm) yanına geldim. Yemeğinden ben de yedim. 'Ey Allah'ın Resulü, Allah seni affetsin' dedim. 'Seni de' buyurdu. 'Senin için istiğfar ediyorum' dedim. 'Ben de sizin için' buyurdu. Sonra da 'Kendin için, mümin erkek ve hanımlar için istiğfarda bulun' [mealindeki] ayeti okudu."

12 Ekim

Rabbim, kalbimle ve dilimle adını zikretmeyi
Adını zikrederek ve yaşayarak ölmeyi nasib eyle!

Ahmet için

Çeçenistan komutanlarından

Savaş gitgide kızışıyor, kalpler parçalanıyor. Durum çok ağır... Düşmanın vahşice saldırıları bitmek bilmiyor. Dünyadaki bütün düşmanlar bize karşı işbirliği içindeler. Savaş uçakları üzerimize bomba yağdırıyor. Topçu ateşleri dinmek bilmiyor. Sığındığımız dağlar ise, kar ve buzlarla kaplı. Ey İslam Ümmeti! İçinizde, samimîyetle ve alçak gönüllülükle ellerini Rabbi'ne kaldırdığı zaman, duası kabul edilecek bir tek kişi yok mu? Ya da bizi dualarınızda unuttunuz mu? Nerede gece yarılarındaki ısrarlı dualarınız? Şimdi, gece yarılarındaki dualarınızda bizi unutacaksınız da ne zaman hatırlayacaksınız? Müslümanların başına bir felaket geldiğini duyduğunuzda Allah'a yakarınız, onlara merhamet edip zafer nasip etmesi için dua ediniz. Ruslara karşı ilk savaşımızda dualarınızla bize olan desteğinizi unutmuş değiliz. Allah sizi sonsuz rahmetiyle kuşatmasını diliyoruz. Ey İslam Ümmeti, dualarınızda bizleri unutmayın, zafer için bizi desteklemekten vazgeçmeyin.

Çeçenistan Komutanları, 22 Şubat 2000

13 Ekim

Ey sevgisi bütün sevgilerin önünde Sultanlar Sultanı,
bizi bir kere daha yakınlığına kabul buyur
ve Senden hususî iltifat bekleyenleri
kendi uzaklıklarıyla başbaşa bırakma; bırakıp hicranla yakma.

Fethullah Gülen

Sevgili duası

Rabbim,

Bir insanı koy kalbime ama o insan Senin de sevdiğin bir insan olsun. Ve beni öyle bir insana sevdir ki, o insanın kalbinde Sen olasın. Ki ben o insanın kalbinde Seni bulayım. Beni öyle bir insanla buluştur ki benden önce onunla buluşmuş olan Sen olasın. Onunla el ele tutuştuğumda ikimizin elinin üstünde Senin Elin olsun. Bana öyle gözler göster ki ben o gözlerden Sana bakayım. Bana öyle bir sevgili ver ki bakışı cennete açılan iki pencere olsun. Onunla öyle bir yolda yürüyelim ki kılavuzumuz Sen olasın ey Rabbim. Öyle bir sevgili ver ki bana ona sarıldığımda kâinat bize bakıp birbirine sarılsın. Bize öyle bir sevgili ver ki Rabbim, Sevgimizden Muhammed sevilsin...

Azra 75, www. dualar.com

14 Ekim

*Ey Allahım bana doğru bir iman
ve şirk olmayan yakîn
ve dünya ahiret ikramına kendisiyle nail olacağım bir rahmet ver.*

Onun (asm) Dilinden

Gözyaşının duaya durduğu an...

Kalbimin kiri, yüzümün karasıyla kapındayım... Bir mümin bir hataya ikinci kez düşmezdi; ben düştüm. Geldim; Sen Afüv olduğun için Rahmet kapısının önünde durdum adını sesliyorum, hiç durmadan, yılmadan. İşte geldim; Sen benim tek inandığım, dayandığım, medet dilediğim, "dost"um dediğimsin. Beni kendine 'Halil' edindiklerinden eyle. İşte şimdi kalbimde ne varsa dilimde, Sen benim Mabudumsun, Halıkımsın, Rezzakımsın, Settarımsın; beni de "abdî" hitabına muhatab olanlardan eyle. Sürçtüğümde düzeltmeyi, düştüğümde doğrulmayı nasip eyle. Şu anda duaya durmuş müslim ve müslimelere, mümin ve müminelere "Mucib" isminle muamele et ve bizleri yolunun yolcuları eyle. Hayatımızı, ölümümüzü ve haşrimizi hayırlı ve güzel eyle...

Mehmet Çelik'in katkılarıyla

15 Ekim

*Ya Rab, bize o denli nezih yaşamayı bize nasip et ki,
haramlar ve gayrimeşru lezzetler değil hayatımızı,
rüyalarımızın ufkunu bile kirletmesin.*

Mehmet Akın

Kapına geldik

Ya Rabbi! Sen bizi bağışla! Senin kapına elsiz ayaksız gelsek de yine Sana varmak ümidi ile geliyoruz. Senden ayrı düştük ama, hiçbir gönül yapıcıya bağlanmadık. Senden başka okşayanımız olmadı. Sızlanışlarımızla alay edildi; feryadımıza kimse gelmedi. Bizden evvel Senin huzuruna bu kadar günahla gelen olmamıştır. Amma cehaletimizden dolayı bizi kınama, başka kapı bilmiyoruz. Eğer kabul etmezsen kimin kapısına gidelim? Ey yaslıların umut kaynağı! Bize Yâr ol! Ey çaresizlerin çaresi! Bize çare ol! Şu köhne kubbede bizlere biraz cilve göster! Ta ki bir daha Senden ayrı düşmeyelim. Eyledik hadsiz günah, nihayet tasmalı boynumuzla İlahî kapına geldik...

"Sıla", www. dualar.com

16 Ekim

Ey yalnızlık ve terkedilmişlik anımda, Sahibim ve Dostum.
Seni kusurdan tenzih, noksanlıktan takdis ederim.
Sen Sübhansın. Senden başka ilah yoktur.
Eman Sende, kurtuluş Senden.
Bizi cehennem azabından kurtar

Cevşen'den

İsimlerini kalbimin baharı eyle...

Ey Rabbim!
Ben Senin kulun. Peygamberin Adem'in[as] çocuğu, En Sevdiğin Muhammed'in[asm] seveniyim. Biliyorum hakkımdaki hükmün imzadan geçmiştir. Ve biliyorum ki hükmün tam adaletlidir. Görüyorsun ki Rabbim sıkıntılıyım. Bildirdiğin ve gizlediğin tüm isimlerini ve Kur'an-ı Kerim'i kalbimin baharı, gönlümün nuru, sıkıntımın ilacı yap.

Zeynep Hut'un katkılarıyla

17 Ekim

Ya Rab,
Kusurumuzu affet. Bizi kendine kul kabul et.
Emanetini kabzetmek zamanına kadar bizi emanetinde emin kıl.

"Gölgelerin asıllarını göster..."

"Ey bizi nimetleriyle perverde eden Sultanımız! Bize gösterdiğin numunelerin ve gölgelerin asıllarını, menba'larını göster. Ve bizi makarr-ı saltanatına celbet. Bizi bu çöllerde mahvettirme. Bizi huzuruna al. Bize merhamet et. Burada bize tattırdığın leziz nimetlerini orada yedir. Bizi zeval ve teb'îd ile tazib etme. Sana müştak ve müteşekkir şu mutî raiyetini başıboş bırakıp îdam etme."

Risale-i Nur'dan

18 Ekim

Allah kalbinizi ferahlatsın
Dualarınızı kabul etsin
Sıkıntılarınızı gidersin
İki dünyada da sizi nimetinin tamamına erdirsin
Ve sırlarınızı genişletsin.
Gecenizi bereketli kılsın.

Özgül Çiçek'ten kandil mesajı

"Senin kapından başka hangi kapıya gideyim?"

Ey Hâlık-ı Kerîmim ve ey Rabb-i Rahîmim! Senin Said ismindeki mahlûkun ve masnuun ve abdin, hem âsi, hem âciz, hem gafil, hem cahil, hem alîl, hem zelîl, hem müsi', hem müsin, hem şakî, hem seyyidinden kaçmış bir köle olduğu halde, kırk sene sonra nedamet edip Senin dergâhına avdet etmek istiyor. Senin rahmetine iltica ediyor. Hadsiz günah ve hatîatlarını itiraf ediyor. Evham ve türlü türlü illetlerle müptelâ olmuş, Sana tazarru ve niyaz eder. Eğer kemâl-i rahmetinle onu kabul etsen, mağfiret edip rahmet etsen, zaten o Senin şânındır. Çünkü Erhamürrâhimînsin. Eğer kabul etmezsen, Senin kapından başka hangi kapıya gideyim? Hangi kapı var? Senden başka Rab yok ki dergâhına gidilsin. Senden başka hak mâbud yoktur ki ona iltica edilsin."

Risale-i Nur'dan

19 Ekim

*İlâhî, ihtiyarım zayıf bir kıl gibi;
emellerim ise hesaba gelmez. Hiçbir zaman onlardan
müstağnî kalamayacağım şeylere ulaşmaktan ise her zaman âcizim.
Havl ve kuvvet ancak Senindir,
ey Ganî, ey Kerîm, ey Kefîl, ey Hasîb, ey Kâfî!*

Sen dua et ki, melekler de sana dua etsin...

Haydi bu gece önümüze kocaman bir isim listesi hazırlayalım. Uzak ya da yakın tanıdık ya da tanımadık bizden dua ummayacak insanlara birebir isim isim dua edelim. Öyle ya, insanların gıyabında ismen yapılan dualar Allah katında daha makbuldür. Biz başkaları için ne denli içten dua edersek melekler de bizim için dua edecektir – bunu ben değil, Allah'ın Sevgilisi, biricik umudumuz, şaşmaz rehberimiz Peygamberimiz(asm) de söylüyor.

Bir kandil gecesi çağrısı, Özgül Çiçek

20 Ekim

Ey tüm eserlerinde görünen, bilinmez Rab, Sen sözlerimi duy
Eğer yolumu şaşırdıysam, hükmünü aradığım içindir;
Yüreğim yanlış yola sapmış olabilir, ama Seninle doludur.

Voltaire

Dilek için

Sessizlik ve seslilik arası...

Ebu Mûsâ el-Eşâri(ra) rivayet eder: Biz Allah Resulü ile beraber seferden dönüyorduk, Medine'ye yaklaştığımızda Allah'ın Resulü tekbir getirdi. Ashab da onunla beraber tekbir getirerek seslerini oldukça yükselttiler. Bunun üzerine Resulullah(asm) şöyle buyurdu:

"Ey nâs! Çağırdığınız Allah, ne sağırdır, ne de gâib. Kesinlikle biliniz ki çağırdığınız Zat, sizinle bineklerinizin boynu arasındadır. (Yani her şeyden daha çok size yakındır)"

Rivâyete göre bedevinin biri Hz. Peygamber'e(asm) "Ya Resulullah! Rabbimiz yakın mıdır ki O'na fısıldayalım, uzak mıdır ki yüksek sesle dua edelim?" demiş. Resulullah(asm) susmuş. Bunun üzerine:

"Kullarım Sana Beni sorarsa, Ben şüphesiz onlara yakınım. Benden isteyenin dua ettiğinde duasını kabul ederim. Artık onlar da davetimi kabul edip bana inansınlar ki doğru yolda yürüyenlerden olsunlar. (Bakara 186)" ayeti nâzil olmuştur.

21 Ekim

*Senden başka sığınak bilmiyor, Senden başka güç
ve kuvvet de tanımıyoruz. Gören, bilen, duyan sadece Sensin;
aç ufkumuzu ve bize kendimiz olma idrakini lütfeyle.
Amellerimizi ihlâsla derinleştir
ve ümitlerimizi de ye'sin insafsızlığına bırakma...*

Fethullah Gülen

Resûl-ü Ekrem(asm) Efendimizin tehecüdde yaptığı duadan

Ey Allahım ben Senin tarafından gelecek öyle bir rahmet isterim ki onunla kalbimi hidayet edesin, dağınıklığımı toplayasın, karışık işlerimi düzeltesin, ülfetimi veresin, iç alemimi düzeltesin, salih ameller nasib edesin, işlerimi gösterişten riyadan koruyasın. O rahmetle yüzümü nurlandırasın, Seni razı edecek ve Sana yaklaştıracak işlere kavuşturasın. O rahmetinle beni bütün kötülüklerden koruyasın. Ey Allahım bana doğru bir iman ve imandan sonra şirk olmayan yakîn ve dünya ahiret ikramına kendisiyle nail olacağım bir rahmet ver. Ey Allahım ben Senden kaza anında kurtuluş, şehitlerin makamına ulaşmak, ahiret saadetine ulaşanların hayatı gibi yaşamak, düşmanlara karşı yardım ve peygamberlere komşuluk isterim. Ey Allahım ben isteklerimi Sana arz ederim. görüşüm zayıf, işlerim noksan, çarem az olsa da bütün isteklerimi Senden isterim. Şüphesiz ki biz Allah'a aitiz O'na dönüşümüz Kur'an'ın sahibi Allah'ın yardımı iledir.

22 Ekim

Allahım, acı bana: yalnızlık zor geliyor.
Yalnızlık yetersiz bir ruhun meyvesinden başka bir şey değil.
Ruhum, nesnelerle değil, yalnızca içinde okunan
ve nesneleri birbirine bağlayan biricik yüzle gönenir.
Okumayı öğrenmemi sağla, yeter!

Saint Exupery

Dualar huzura kavuşturuyor

İnsan beyninin bir özelliği de dinî düşüncelere düşkün olması. Genetik açıdan ve anatomileri incelendiğinde, beyin sinirlerinin aralarındaki bağlantıların, dinsel inançlara elverişli biçimde olduğu anlaşıldı. Almanca olarak çıkan Amerikan psikoloji dergisi *Psychologie Heute*'de yer alan bir yazıda Pennsylvania Üniversitesi'nden nöropsikolog Andrew Newberg, dindar olmayan insanların da meditasyon yöntemleriyle ruhsal konumlarını olağanüstü bir duruma soktuğunu ve kendilerini kâinatla birleşmiş gibi hissettiklerini yazıyor. İnsanın dikkatini tamamen bilincinin derinlerine yönlendirmesi, belli bir süre tüm dış uyarılara kapalı olmasını sağlıyor. Beynin yer ve yön tayini için gerekli olan bölümleri bu süre içinde tüm uyarılara kapalı oluyorlar. Bu durumda beyin dış dünyayla bağlantısını kestiğinden "ben" duygusuyla "dünya" algılamaları birbirine karışıyor ve bu yüzden "ben bilincinin" sınırları sonsuzmuş gibi, kişi evrenle bütünleşmiş gibi bir duyguya kapılıyor.

23 Ekim

Ey nimete kavuştuğum ve rızka eriştiğim anda,
Veli-i nimetim, sebepsiz Bahşedenim, minnetsiz Lûtfedenim
Seni tüm kusurlardan tenzih ederim, her türlü zulümden takdis ederim.
Sen Sübhansın. Senden başka ilah yoktur. Emân Sendedir,
kurtuluş Sendendir. Bizi cehennem azabından kurtar.

"Kabre yakınlaşıyorum..."

Ey Rabb-i Rahîmim ve ey Hâlık-ı Kerîmim! Benim sû-i ihtiyarımla ömrüm ve gençliğim zayi olup gitti. Ve o ömür ve gençliğin meyvelerinden elimde kalan, elem verici günahlar, zillet verici elemler, dalâlet verici vesveseler kalmıştır. Ve bu ağır yük ve hastalıklı kalb ve hacâletli yüzümle kabre yakınlaşıyorum. Bilmüşahede, göre göre, gayet süratle, sağa ve sola inhiraf etmeyerek, ihtiyarsız bir tarzda, vefat eden ahbap ve akran ve akaribim gibi, kabir kapısına yanaşıyorum. O kabir, bu dâr-i fâniden firâk-ı ebedî ile ebedü'l-âbâd yolunda kurulmuş, açılmış evvelki menzil ve birinci kapıdır. Ve bu bağlandığım ve meftun olduğum şu dâr-ı dünya da, katî bir yakîn ile anladım ki, hâliktir, gider ve fânidir, ölür. Ve bilmüşahede, içindeki mevcudat dahi, birbiri arkasından kafile kafile göçüp gider, kaybolur. Hususan benim gibi nefs-i emmâreyi taşıyanlara şu dünya çok gaddardır, mekkârdır. Bir lezzet verse, bin elem takar, çektirir. Bir üzüm yedirse, yüz tokat vurur.

Risale-i Nur'dan

24 Ekim

Ey Sevgili, her kalbin kalbindeki Sevgili,
Bu dünyadaki fani ve boş sancılarla,
bu zayıf insan kalplerimizin ezilmesine izin verme.

"Kabrimin başına ulaştım..."

Ey Rabb-i Rahîmim ve ey Hâlık-ı Kerîmim! "Her gelecek yakındır" sırrıyla ben şimdiden görüyorum ki, yakın bir zamanda, ben kefenimi giydim, tabutuma bindim, dostlarımla veda eyledim. Kabrime teveccüh edip giderken, Senin dergâh-ı rahmetinde, cenazemin lisan-ı haliyle, ruhumun lisan-ı kàliyle bağırarak derim: "El-aman, el-aman! Ya Hannân! Yâ Mennân! Beni günahlarımın hacâletinden kurtar!" İşte kabrimin başına ulaştım, boynuma kefenimi takıp kabrimin başında uzanan cismimin üzerine durdum. Başımı dergâh-ı rahmetine kaldırıp bütün kuvvetimle feryad edip nidâ ediyorum: "El-aman, el-aman! Yâ Hannân! Yâ Mennân! Beni günahlarımın ağır yüklerinden halâs eyle!"

25 Ekim

Ey, bütün varedilmişlerin,
bütün alemlerin, bütün zamanların Rabbi,
alımlı giysilerimizdeki, kifayetsiz lisanlarımızdaki,
garip kıyafetlerimizdeki, kusurlu yasalarımızdaki,
kendi icadımız tuhafa makamlarımızdaki
bizce hayli önemli, ancak Senin yakınlığında
anlamsız şu küçük farklılıklar bizi birbirimizden ayırmasın,
ayrımcılık ve nefret sebebi olmasın!

Voltaire'den "hoşgörü duası"

"Beni bırakıp gittiler..."

İşte, kabrime girdim, kefenime sarıldım. Teşyîciler beni bırakıp gittiler. Senin af ve rahmetini intizar ediyorum. Ve bilmüşahede gördüm ki, Senden başka melce ve mence yok. Günahların çirkin yüzünden ve mâsiyetin vahşî şeklinden ve o mekânın darlığından, bütün kuvvetimle nidâ edip diyorum: "El-aman, el-aman! Ya Rahmân! Yâ Hannân! Yâ Mennân! Yâ Deyyân! Beni çirkin günahlarımın arkadaşlıklarından kurtar! Yerimi genişlettir! İlâhî, Senin rahmetin melceimdir ve Rahmeten li'l-Âlemîn olan Habibin, Senin rahmetine yetişmek için vesilemdir. Senden şekvâ değil, belki nefsimi ve halimi Sana şekvâ ediyorum, Ey Hâlık-ı Kerîmim ve ey Rabb-i Rahîmim!

Risale-i Nur'dan

26 Ekim

> "Gerçek şu ki, biz insanı ses veren balçıktan,
> biçim verilebilir, özlü, kara bir balçıktan yarattık."
>
> Hicr, 26

Ya Rabbi, beni yarrattığın o
"ses veren balçığın" ebediyyen Senin Kelamınla tınlayıp ses vermesini,
ve yaradılışımın malzemesi olarak bildirdiğin o
"biçim verilebilir, özlü, kara balçığın" Senin Kelamınla biçim
ve öz kazanmasını, Senin Kelamınla arınıp apak kesilmesini bana
ve bencileyin aciz bütün kullarına nasip eyle.

Münib Engin Noyan

Bir hırçın Muvahhid

Dost ülkesini dolaşıp gelen "bâd-ı sabâ". Seherlerde vuslattır rüzgâr. Akşamları göle vuran solgun ışıklarda, geceleri toprağa inen hüzünlü yağmur şıpırtılarında savrulan, kıvrılan, dolanan, susan, söyleyen hep rüzgârdır. Koyu yalnızlıklara sırdaştır rüzgâr. Yakub'a Yusuf'dan habercidir rüzgâr. Dost kokusudur rüzgâr. Süleyman'a binektir. Esip geçer eteklerimizden; ruhumuzu doldurarak gelir, içini dökerek gider. Zamandır rüzgâr. Tenimize değdikçe bizi eskitir, bizden eksiltir. Gül yanağında derviştir. Çölden çöle dolaşır bir münzevidir.. İnsan dudağında zikirdir. Bir tutam "hû"dur derviş dudağında. Devâsâ bir fırtınadır gülün göğsünde. Söze gelmez, dize gelmez, dile gelmez, ele gelmez rüzgâr. Bir hırçın muvahhiddir rüzgâr, baharın göğsünde.

Senai Demirci

27 Ekim

Bugün ellerini her zamankinden çok aç,
avucuna melekler gül koysun, gülü kokla yüreğin coşsun,
kandilin mübarek, duaların kabul olsun.

Kandil gecesi mesajı

Tatlı bir şefaat öyküsü

Utbî isimli bir Allah dostu, hicrî üçüncü asrın başlarında Mescid-i Nebevî'de tanık olduğu bir olayı aktarır: Hz. Peygamberin(asm) merkadindeyken birisi geldi. Kabrin karşısında durdu ve "selam olsun sana ey Allah'ın elçisi! Allah'ın, 'şayet onlar kendilerine zulmettikleri zaman sana gelseler…' buyurduğunu işittim. Ben de günahımın bağışlanması ve Rabbim'in huzurunda senin şefaatini kazanmak için sana geldim" dedi ve sonra da şu şiiri okudu: 'Ey cesedi toprağa gömülenlerin en hayırlısı! Senin pak teninin kokusundan buram buram kokmakta bu ovalar ve tepeler. Senin bulunduğun şu kabre canım kurban olsun! Cömertlik, onur ve dürüstlük bu kabirdedir. Sen şefaati umulan şefaatçisin. Ayakların kaydığı o Sırat Köprüsü'nde…'

Daha sonra ayrılıp gitti. O sırada gözlerime bir ağırlık çöktü, uyumuşum. Rüyamda Hz. Peygamber'i(asm) gördüm. Bana şöyle diyordu: 'Ey Utbî! O adama yetiş ve benim şefaatim sayesinde Allah'ın onu bağışladığını müjdele!' Birden uyandım ve adamı aramaya başladım ama bulamadım."

Beyhaki, Şuabü'l-İman; Nevevî, el-Ezkâr; İbnü Asakir, Tarihu Dımeşk; vd.

28 Ekim

Ey zorlandığım ve darda kaldığım anda,
tek Kurtarıcım, biricik Yardımcım.
Seni kusurdan tenzih, noksanlıktan takdis ederim.
Sen Sübhansın. Senden başka ilah yoktur.
Eman Sende, kurtuluş Senden.
Bizi cehennem azabından kurtar.

Cevşen'den

Ruhlara afiyet bir yemek tarifi

Tövbe kökünü
Gönül havanında
İstiğfar yaprağıyla
Tevhid tokmağıyla döv.
Dinlensin koy kalbine
İnsaf eleğinden geçir.
Muhabbet balı ile
Aşk ateşinde pişir
Kanaat parmağına banarak
Sabah akşam ye.

29 Ekim

*Allahım! Nefsimin ve masivanın karanlıkları, günahlarımın kesafeti,
üzerinde en çok kudret sahibi olduğumu zannettiğim
nefsim karşısındaki acizliğim ve Senin dininin gereği üzere yaşama
ve Ona hizmetteki gafletimle yine Sana yöneliyor ve Senin rahmetinden
başka Melce'im ve Zat-ı Akdesinden başka Münci'im olmadığını bilerek
Sana iltica ediyorum.*

Ayşe için

"Meleklerin duasını almak ister misiniz?"

Mü'min kardeşimize gıyabında dua ettiğimiz zaman yanımızdaki melekler de aynıyla bize dua ederler. Ebud'd-Derda[ra]'nın rivayetine göre: Resulullah[asm] Efendimizden işittim. Buyurdu ki: "Müslüman bir kul, din kardeşi için gıyabında dua ederse, melek de, 'Onun için istediğinin bir misli de senin için olsun.' diye dua eder."
Aynı konuda yine Ebud'-Derda[ra]'ın rivayet ettiği başka bir hadis-i şerifte Peygamberimiz[asm] şöyle buyuruyor: "Müslüman bir kişinin din kardeşi için gıyabında ettiği dua kabul olunur. Onun başucunda memur bir melek vardır ki, o müslüman, ne zaman bir din kardeşi için hayır dua ederse o melek ona: 'Duan kabul olsun, istediğinin bir misli de senin için olsun,' diye dua eder."

30 Ekim

*Ey Rabbimiz, bize hanımlarımızdan
ve zürriyetimizden gözler süruru saadetler, nimetler ihsan buyur
ve bizi muttakilere önder kıl.*

Furkan Suresi, 74

Bana isteyebilmeyi istemeyi nasip et...

Hayatın içinde, kıyısında ya da herhangi bir yerinde ihtiyaç duyulan, paylaşılmak istenen, ağlanılan, gülünen ya da yaşanılan ne varsa, bu haller içinde dualar da olmalı. Çünkü bizi çaresizliğe, özleme, ayrılığa, uzaklığa düşüren ve dudağımıza duayı bir merhem gibi süren de bu hallerdir. Ama en çok da yalnızlığımızı paylaşacak birilerini bulamadığımızda var dualar hayatımızda. Dua ile konuştuğumuz, dua ile başvurduğumuz karşılıksız kapısına vardığımız Rabbimiz, karşılık beklemeden bizlere sayısız nimetler bahşedendir. O istemeden verendir: "Rabbim bana isteyebilmeyi istemeyi nasip et. En çok da istenmesini istediğin şeyleri..."

31 Ekim

Ey Rabbim, bizden iyi bildiğin kalbimiz Senin elinde. Yaşamak için Senin elinde. Umut etmek için Senin elinde. Bize bizden yakın olan Rabbimiz, içimize umut ver. Sükun ver. Dilimize dua ver.

Fatma K. Barbarosoğlu

Kalbinize lâyık bir yemek tarifi

Malzemeler:
1 ölçü selam, birazcık ilgi, bir tutam anlayış, bir tatlı kaşığı nezaket, bir çorba kaşığı, hoşgörü, yeterince şefkat.

Yapılışı:
Malzemeyi iç dünyanızdan alın. Yıkamaya gerek yok; hepsi tertemizdir. Dikkatle bakarsanız yıllardır içinizde hiç bayatlamadan, her sabah yenilenerek hazır beklediklerini görebilirsiniz. Tüm bu malzemeleri gönül teknenizde yavaşça karıştırın, çok geçmeden güzel bir kıvam kazanacak ve kokusu sözlerinize sinecektir. Malzemeler kıvamını ve kokusunu aldıktan sonra kalbinizden duygu şerbeti ekleyin ve nefesinizle karıştırın. Bir süre ruhunuzun kilerinde demlenmeye bırakın. Karışımı hayat tabağınızın üzerine yavaşça boşaltın. Üzerine güzel bakışlarınızın kepçesiyle bolca aşk marmelatı ekleyin, baharat olarak tebessüm rendenizle öğütebileceğiniz bir miktar gökkuşağı rengi serpiştirin. Gün boyunca, her an, hiç kilo alma endişesi taşımadan afiyetle yeyin. Sadece kendiniz yemeyin; herkese de ikram edin. İkram ettikçe tükenmediğini ve çoğaldığını göreceksiniz.

Birsen Altuntaş'ın katkılarıyla

1 Kasım

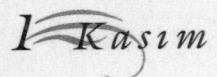

Ey fakirliğim ve mahrumiyetim anında,
tek Lûtufkârım, biricik ihsan Sahibim.
Seni tüm eksikliklerden tenzih eder,
her türlü unutma halinden takdis ederim. Sen Sübhansın.
Senden başka ilah yoktur. Emân Sendedir, kurtuluş Sendendir.
Bizi cehennem azabından kurtar.

Cevşen'den

Dua, tevekkül, istiğfar, tevbe

Ey insan! Senin elinde gayet zaif, fakat seyyiatta ve tahribatta eli gayet uzun ve hasenatta eli gayet kısa, cüz-i ihtiyarî namında bir iraden var. O iradenin bir eline duayı ver ki, silsile-i hasenatın bir meyvesi olan Cennet'e eli yetişsin ve bir çiçeği olan saadet-i ebediyeye eli uzansın. Diğer eline istiğfarı ver ki, onun eli seyyiattan kısalsın ve o şecere-i mel'unenin bir meyvesi olan zakkum-u Cehennem'e yetişmesin. Demek, dua ve tevekkül, meyelân-ı hayra büyük bir kuvvet verdiği gibi, istiğfar ve tevbe dahi, meyelân-ı şerri keser, tecavüzatını kırar.

Risale-i Nur'dan

2 Kasım

Ya Rabbi, aç gözlerimi;
aç ki, kâinatın her zerresinde Seni arasın.
Arayıp zerre zerre Seninle donansın.
Donanıp ruhumun karanlıkları aydınlansın.
Ya Rabbi, aç gözlerimi Seni göreyim.

İsa Bayrak

Ameliyat öncesi dua

Ey Rabbi Rahimim, sen benim içimin de içini biliyorsun, bedenimin ve ruhumun sırlarını biliyorsun. Kalbimi sükunetle doldur, üzerimden korku ve endişeyi al. Benim şifama vesile olmaya çabalayan cerrahları, hemşireleri ve başka herkesi rahmetinle yarlıga. Sen bana yakınsın biliyorum, beni de Kendine yakın eyle. Bana şifa vesilesi olacak kullarının eline bereket ve yetenek ver...

3 Kasım

*Allahım,
Sana tutunuyorum,
kimsenin yere atmasına izin verme beni.*

Sâdî

Güzeller adına, güzel bir dua

Yarabbi, Sana Meryem'in temizliğiyle gelmek istiyorum. Günahlarla kirlenmeme izin verme. Sana Musa'nın duasıyla geliyorum. Şeytana uymam için peşimden koşanlardan kurtar beni. İsmail'in tevekkülüyle boynumu büküyorum. Beni ve soyumu sana kul olarak yaşat. Sana İbrahim'in şefkatiyle geliyorum. Sana gelmeme engel olan şeyleri bana göster ki onları kurban edeyim. Sana İsa'nın ruhuyla geliyorum. Beni katına almanı diliyorum. Sana Yunus'un duasıyla yalvarıyorum. Beni yutan nefsimin karanlıklarından kurtarmanı bekliyorum. Beni selamet sahiline ulaştır. Sana Yusuf'un gömleğiyle geliyorum. Beni düştüğüm ümitsizlik kuyusundan çıkarmanı diliyorum. Sana Muhammed'in[asm] kulluğu ve aşkıyla geliyorum. Ubudiyetimi Mirac'ın sırrıyla taçlandırmanı diliyorum.

betül, www.dualar.com

4 Kasım

Ey, vermekle kendisinden birşey eksilmeyen!
Değiştiremeyeceklerimi tevekkül içinde kabul edecek vakarı;
değiştirebileceklerimi değiştirecek cesareti;
ve ikisi arasındaki farkı anlayabilecek feraseti ihsan et.

Peygamberimizin(asm) Taif dönüşünde yaptığı dua

İlahi, kuvvetimin zaafa uğradığını çaresiz kaldığımı halk nazarında hor görüldüğümü ancak Sana arz ederim, Sana şikayet ederim. Ey merhametlilerin en merhametlisi, herkesin zayıf görüp de dalına bindiği çaresizlerin Rabbi Sensin. İlahi, huysuz, yüzsüz bir düşman eline beni düşürmeyecek, hatta hayatımın dizginlerini eline verdiğin akrabadan bir dosta bile beni bırakmayacak kadar bana merhametlisin. İlahi, bana karşı azaplı değilsen çektiğim mihnetlere belâlara hiç aldırmam. Fakat Senin rahmetin bunları göstermeyecek kadar geniştir. Sana sığınırım, Senin cemalinin nuruna sığınırım bütün karanlıkları parlatan dünya ve ahiret işlerinin ıslahının yalnız ona bağlı bulunduğu nura sığınırım. İlahi, Sen razı olasıya dek affını diliyorum. Bütün kuvvet, her kudret ancak Sendendir.

5 Kasım

Ey Yüce Ruh
Sesini rüzgârda duyduğum
Nefhası herşeye hayat veren,
duy Beni! Ben küçük ve zayıfım,
Senin kudretine ve hikmetine ihtiyacım var.

Kızılderili Duası

Yakarış ve son

Gelin yüreğimizle el açalım, yarın toprak altında kaldıramayız. Sonbaharda ağaçları görmüyor musunuz? Dondurucu soğuk ve sert rüzgarlar yapraklarını dökünce, kendilerini çıplak ve yalnız hissederler ve ellerini göğe kaldırır, yakarırlar. Allah yakarışlarını cevapsız bırakmaz. Yeni bir bahar giysisi bağışlar onlara. Allah'ın kapısı hiç kapanmaz. El açan mahrum kalmaz O'na. Kullar kulluklarını sunar, güçsüzler niyaz ederler O'na. Ey düşkün ve çaresizler, gelin güçsüzleri okşayan eşiğe yüz sürelim, birlikte ellerimizi açalım. Böyle yapraksız kalmayalım. Allahım bize rahmetinle bak. Ancak kötülük ve çirkinlik çıkıyor elimizden. Güçsüz kulların affına umut bağlar. Ey cömert Allahım, Senin sunduklarınla beslendik, bağış ve armağanına alıştık. Bizi dünyada yücelttin, öteki dünyada da onurlandırmanı umuyoruz. İnsanlara yüceliği de, alçaklığı da sen verirsin. Senin yücelttiğini kimse aşağılayamaz. Ey Allahım, izzetinin hakkı için beni alçaltma. Kötülüklerimden ötürü beni utandırma.

Sâdî

6 Kasım

Ya Rabbi, bizi çoğalt; bizi eksiltme, bizi kıymetlendir;
bizi hakîr eyleme, bize lûtfet; bizi mahrum etme,
bizi tercih et; bize başkalarını tercih etme, bizden razı ol;
bizi Senden razı eyle.

O'nun (asm) Dilinden, Mü'minûn Suresinin nazil olması üzerine

Bir gece muhasebesi

Bu gece çoğumuz güvenlikteyiz. Hâlâ çocuklarından ayrı babaların dağlarda veya babalarından ayrı çocukların yıkıntılar arasında kavuşmayı bekledikleri Çeçenistan'da yaşamıyoruz. Bizim yaşadığımız ülkenin karanlık gecelerinde parçalayıcı bombaların kimi ne zaman ölüme götüreceğinin korkusunu da yaşıyor değiliz. Belki de bizim şehrimizde, dondurucu gecelerin sabahlarında evlatlarına ekmek yedirip onları okula gönderebilmek için birazcık daha ucuz ekmek almak uğrunda saatlerce bekleyen anne bizim annemiz değildir ve belki de şimdilik o çocuklardan biri de biz değiliz. Yani çok güvenlikteyiz; evimiz soğuk değil, soframız ekmeksiz değil. Belki henüz insanlığın isyanının bedelini ödeyenlerden değiliz. Ama biz aynı Adem ve Havva'nın çocukları olarak, dünyanın farklı köşelerindeki kardeşlerimiz için acı çekiyoruz. Zulüm nerede ve kime karşı olursa olsun reddediyoruz. Bu ortamda hem acı çekenler için daha çok dua etmeli; hem içinde yaşadığımız güvenliğin bedelinin daha çok çalışma, daha çok şükür olduğunun idrakinde olmalı ve hem de bu gecenin sabahına varmadan ebediyete davet edilebileceğimizin idrakinde yaşayabilmeliyiz.

Muhammed Bozdağ, www.yetenek.com

7 Kasım

Ya Rabbi, Sen benim sığınağım ve korunağımsın,
acı çeken herkese sükunet ve huzur ver,
kudretini rahmetinle imdadıma gönder,
bana şükretmek üzere yeniden şifa ver.

Blaise Pascal

Onun(asm) duası ebedî saadetin icadına vesiledir

O Zât(asm) duasıyla, ubudiyetiyle o saadetin vücuduna ve icadına vesiledir. Evet bak! (…) öyle bir hüzün ile niyaz ve dua eder ki, kâinat bile heyecana gelir; O Zât'ın duasına iştirak eder. Evet öyle bir maksad için niyaz eder ki, eğer o maksad husule gelmezse, yalnız mahlukat değil âlem bile kıymetsiz kalır, esfel-i safilîne düşer. Çünki o zâtın matlubuyla mevcudat yüksek kemalâta erişir. Acaba o zât, o matlubu kimden istiyor? Evet öyle bir zâttan taleb eder ki, en gizli ve en küçük bir hayvanın cüz'î bir ihtiyacı için lisan-ı haliyle yaptığı duayı işitir, kabul eder, ihtiyacını yerine getirir. Ve keza en edna bir emeli, en edna bir gaye için en edna bir zîhayatta görür ve onu ona yetiştirmekle ikram ve merhamet eder. Bu duaların neticesinde yapılan terbiye ve tedbirler öyle bir intizamla cereyan eder ki, o terbiyelerin ancak bir Semi' ve Basîr, bir Alîm ve Hakîm'den olduğuna şüphe bırakmaz.

Risale-i Nur'dan

8 Kasım

Ey Sevgili,
bu fani insan kalplerimizi Senin nihayetsiz aşkın ile onar;
kalbimizi dünyevî ve süflî yüklerden kurtar.
Böylece her şeyi Senin hatırına, Senin aşkına sevelim,
herkesi Senin aşkınla kucaklayalım.

O (asm) ne istiyor?

Acaba o Zât(asm), ...arşa müteveccihen ellerini kaldırarak yaptığı dua ile ne istiyor ki bütün mahlukat "amîn" söylüyor? Evet o zât, Cenab-ı Hakk'ın rızasını ve Cennet'te mülâkat ve rü'yetiyle saadet-i ebediyeyi istiyor. Bu istenilen şeylerin icadına rahmet, hikmet, adalet gibi sayısız esbab olmadığı takdirde, o zât-ı nuranînin tek duası ve tazarru' ile niyaz etmesi, Cennet'in icadına ve îtasına kâfidir. Binaenaleyh o Zât'ın(asm) risaleti, imtihan ve ubudiyet için şu dünyanın kurulmasına sebeb olduğu gibi, o zâtın ubudiyetinde yaptığı dua, mükâfat ve mücazat için dâr-ı âhiretin icadına sebeb olur. Evet bu yüksek intizam ve geniş rahmet ve güzel san'at ve kusursuz cemal ile zulüm ve çirkinlik arasında tezad vardır. İçtimaları mümkün değildir. Evet edna bir sesi, edna bir kimseden, âdi bir iş için işitip kabul etmekle; en yüksek bir savtı, en büyük bir iş için işitip kabul etmemek, emsalsiz bir kubh ve çirkinlik ve bir kusurdur. Bu ise, mümkün değildir. Çünki hüsn-ü zâtî, kubh-u zâtîye inkılab eder. İnkılab-ı hakaik ise muhaldir.

Risale-i Nur'dan

9 Kasım

Tanık ol
Yer Sahibi
Gök Sahibi
aktığımıza
içimize koyduğun sesle

Cahit Zarifoğlu

İsimlerin dilimin lezzetidir

Rabbim, Senin isimlerin dilimin lezzetidir. Kalbimi Senin yoluna koydum. Ve ellerimi Senin dergâhına açtım. Bundan sonra Sana gelecek ve Senden bekleyeceğim. Allahım günahlar dilimi tuttu, emrine itaatsizliğim utancımdan ne diyeceğimi bilemez hale getirdi, şiddetli gaflet sesimi kıstı. Rahmet kapını çalıyor ve Resul'ünün(asm) Sence makbul ve yanında tanınan sesiyle mağfiret kapında durarak şöyle sesleniyorum: "Ey rahmeti herşeyi kaplayan! Ey herşeyin içyüzü ve hükümranlığı elinde olan! Ey kendisine hiçbir şey zarar vermeyen, kendisine hiçbirşey fayda sağlamayan, kendinden hiçbirşey gizli kalmayan, kendisine hiçbirşey ağır gelmeyen, hiçbirşeyden yardım beklemeyen, hiçbirşey kendisine benzemeyen, hiçbirşey kendisini aciz bırakmayan Allahım. Benim herşeyimi bağışla, öyle ki beni hesaba çekeceğin hiçbirşey kalmasın.

10 Kasım

"om mani padme hum"

"Altı negatif duyguyu, yani gururu, hasedi, ihtirası, cehaleti,
nefreti ve öfkeyi benden uzak tut, beni arındır"
anlamında ünlü bir Tibet zikri...

Meleklerin hafifliğine kat bedenlerimizi

Rabbim, Ruhum susamış suya... Kalbim özler seni. Gözlerimi Senin sevdiğin şeylere çevirdim, kulaklarımı Seni çağıranın ülkesine bıraktım. Ve susan bir toprak gibi bitkin kaldım. Bundan sonra Sana gelecek ve Senden bekleyeceğim. Böylece ruhum doyacak, kalbim vuslatını bulacak. Çünkü elimde dilimde ve kalbimde Sen olacaksın. İman, sevgi ve gözyaşının duygusunu canlandır ve bu birlikle yeşert kalplerimizdeki ümit ve neşeyi. Şeytanın hilelerinden uzak eyle, meleklerin hafifliğine kat bedenlerimizi. Sen beni yaratmışsın. İnsan Yaradanını sevmemezlik edebilir mi hiç? Sevgiden öte bu Rabbim, Sana aşığım. Sen beni kendine dost seçinceye kadar yaşat. Ve aşkınla yandığım bir anda canımı al ki ölüm aşkımın adı olsun...

17 Kasım

*Allahım, herşeyimi bağışla,
öyle ki beni hesaba çekeceğin hiçbirşey kalmasın.*

İbrahim'in altıncı duası

İbrahim aleyhisselâmın hepsi de Rabbinin katında kabul görmüş duaları, değişik sûrelerde zikredilir. İbrahim sûresinde ise, bu duaların bir kısmı ard arda gelir. Bu İbrahimî duaların altıncısı ise, bugünün aile ve evlat belası çeken insanları için, nuranî bir iksir sunmaktadır. Altı kelimeden oluşan ve kısa bir meali "Rabbim, beni ve soyumdan gelecek olanları namazı devamlı kılanlardan eyle" şeklinde verilen bu duada, o kudsî nebî Rabbine şöyle yakarır: "Rabbi'c'alnî mukîme's-salâti ve min zürriyyetî." (İbrahim, 40) İbrahim, Rabbine yönelişiyle, en başta, bize hep hatırımızda olması gereken ama neredeyse daima unuttuğumuz rububiyet-ubudiyet denklemini hatırlatır. İnsan, tüm kâinatı kuşatan mutlak bir rububiyetin sahibi olan; zerreden galaksilere tüm mahlukatı her an her haliyle terbiye, idare ve tasarrufu altında tutan; bütün mahlukatının bütün ihtiyacını görüp ona lâyık tarzda karşılayan Zât-ı Zülcelâle karşı, küllî bir ubudiyetle yükümlüdür. Öyle bir Rabbin huzurunda terbiye ve idareyi başka ellerde aramak, o kulluğun edebine aykırıdır. İbrahim, daha en başta, Rabbine yönelişiyle bu dersi verir. Tüm kâinatın O'nun tasarrufunda olduğunun, tüm yapılışların ardındaki 'câil'in O olduğunun şuuru içinde, kendi matlûbunu ve maksûdunu doğrudan doğruya O'ndan ister.

12 Kasım

*Ey Allahım, işte yeni bir yaratış.
Onu bana itaatim içinde aç, onu benim için affın
ve rızan ile sonuçlandır. Bugün beni,
benden kabul buyuracağın bir salih amelle nasiplendir.*

Hz. İbrahim'in (as) sabah uyandığında okuduğu dua

Bir tutam tuzun hesabı

Bir akşam dostlarını akşam yemeğine çağırıp onlara yumuşacık bir et kızartmak istemiş Ahap. Ama birden tuzu kalmadığını fark etmiş." Oğlunu yanına çağırmış: "köye git de tuz al. Ama gerçek bedelini öde. Ne daha az ne daha fazla. Oğlu şaşırmış: "Fazla ödememem gerektigini anlıyorum baba, ama pazarlık edebileceksem neden paradan biraz tasarruf etmeyeyim ki?" Ahap: "Büyük kentlerde böyle yapabilirsin. Ama bizimki gibi bir köyde bu çok çirkin bir şey olur." Oğlan başka soru sormayıp gitmiş. Bu konuşmaya tanık olan konuklar oğlanın tuzu neden daha ucuza almaması gerektiğini öğrenmek istemişler. Ahap, bunun üzerine "Tuzu ucuza satanın acilen paraya ihtiyacı var demektir," demiş ve eklemiş. "Bu durumdan yararlanan kişi, bir şey üretmek için alnından ter akıtarak çalışmış olan adama saygısızlık etmiş olur." "Ama bir tutam tuzun köye ne zararı olabilir ki?" diye hayretle sorar konuklar. Ahap: "Dünya kurulduğunda haksızlık da bir tutamdı. Ama her yeni kuşak, ne önemi olur diye düşünerek biraz biraz üstüne ekledi, görün bakın şimdi ne durumdayız."

13 Kasım

Sana yakınlıklar diliyorum ey Cemîl.
Beni bensiz eyle, beni Sensiz eyleme ey
"bana benden yakın" olan Karîb! Beni uzaklıklardan sıyır,
unutkanlıkardan azade eyle ey Mucîb. Beni "yakın"ın eyle ey Habîb!
Beni yanında tut ey Raûf!

Senai Demirci

"Kalp katılığından Sana sığınıyoruz"

Kalb katılığından, gafletten, başkalarına bâr olmaktan, aşağılıktan, aşağılanmaktan, miskinlikten; cehaletten ve faydasız bilgiden; ürpermeyen gönülden, doyma bilmeyen nefisten, kabul edilmeyen duadan; nimetlerinin zeval bulmasından, lütuflarının değişip başkalaşmasından; ansızın bastıran azabından, gelip çatan gazabından Sana sığınıyoruz. Senden her zaman, yalvaran diller, haşyetle ürperen gönüller istiyoruz. Tövbelerimizi kabul buyur, bizi günahlardan arındır, dua ve isteklerimize cevaplar lutfeyle! Delil ve bürhanlarımızı hedefine yönlendir, kalblerimizin ufkunu aç, dilimizi doğruluğa bağla ve gönül kirlerimizi temizle!

14 Kasım

Yarabbi! Ben sert huylu ve şiddetliyim;
bana tatlılık ve yumuşaklık ver.
Ben zayıfım; bana kuvvet ihsan eyle.
Bana işlerini elime aldığım milleti
doğru yolda yürütme liyakatini bahşet.

Hz. Ömer'in (ra) duası

Şeyma için

Günah kalbe işlemesin

Günah kalbe işleyip, siyahlandıra siyahlandıra tâ nur-u îmânı çıkarıncaya kadar katılaştırıyor. Herbir günah içinde küfre gidecek bir yol var. O günah istiğfar ile çabuk imha edilmezse, kurt değil, belki küçük bir mânevî yılan olarak kalbi ısırıyor. Meselâ: Utandıracak bir günâhı gizli işliyen bir adam, başkasının ıttılaından çok hicab ettiği zaman, melâike ve ruhaniyatın vücudu ona çok ağır geliyor. Küçük bir emâre ile onları inkâr etmek arzu ediyor. Hem meselâ: Cehennem azabını intaç eden büyük bir günâhı işleyen bir adam, Cehennem'in tehdidatını işittikçe istiğfar ile ona karşı siper almazsa, bütün ruhuyla Cehennem'in ademini arzu ettiğinden, küçük bir emâre ve bir şüphe, Cehennem'in inkârına cesaret veriyor.

Risale-i Nur'dan

15 Kasım

Ya Rab,
aczimizi gördüğün gibi, bize de göster.
Aczimizi gösterdiğin gibi, kudretini de göster.
Kudretini gösterdiğin gibi, rahmetini de göster.

Murad Çetin

Sevdiğiniz telefon etse

Sevdiğiniz telefon etse ve "saat 5'te buluşalım" dese. Ve "o ağacın altında" buluşalım dese, bu randevuya kayıtsız kalabilir misiniz? O günkü işlerinizi ve diğer randevularınızı saat 5'e göre düzenlemez misiniz? Ne yapıp edip, saatte orada olmanın bir yolunu bulmaz mısınız? Sizin ve ailenizin, bugün olduğunuz yere gelmenizde unutulmaz katkıları olan, dar zamanlarda hep yanınız da olan, her sıkıntıda kendisine başvurduğunuz bir büyüğünüzün sizinle görüşmek için, belli bir saatte, belli bir yerde beklediğini bilseniz; hem sevdiğiniz hem saydığınız, hem de şükran duyduğunuz bu zatın, randevusuna geç kalmayı göze alabilir misiniz? Sevgiliniz size randevu verdi. Sizi seviyor, Sizin de O'nu sevdiğinizi duymak istiyor. Günde beş kez sizi kucaklamak istiyor. İki eliniz kanda bile olsa, bu çağrıya kulak tıkayabilir misiniz? O günde beş randevu verdi. Birincisi: daha güneş doğmadan sabahın serinliğinde. İkincisi: öğle vakti, dünyanın dert duvarları arasında sıkıştığınızda. Üçüncüsü: ikindi zamanı, her şeyin ve güneşin solup durduğu hüzün anında. Dördüncü: güneşi uğurlarken, bir gün sizin de hayat güneşinizin batacağını hatırladığınızda. Beşinci: gecenin örtüsüne büründüğü vakit, unutulmuşluğun dipsiz kuyusunda karanlıklar içinde kalacağınızı farkettiğinizde. Bu beş randevu, her gün yeniden onardığımız beş direk. Bu beş randevuya icabet ettiğimiz zaman, evinizin önünde akan bir ırmakta günde beş kez yıkanmış gibi pırıl pırıl, tertemiz olursunuz. Günde beş kez sizi kucağına çağırıyor. Tadını çıkarın.

Betül Yavuz

16 Kasım

Nakşoldu dualarımız kalplerimize;
'Lûtuf Gecesidir' lûtfunla nazar kıl!
Amansız yağmur gibi mağfiretini,
Rabbim, sağ üstümüze! Ki, susuz topraklar gibi yanıktır yüreğimiz,
Ve Sen Rahimsin, Rahmansın!.. Solan yapraklara renk veren
Ölü gönüllere cansın.

Nizâmeddîn Saltan

İbrahim(as)'in daimî namaz duası.

İbrahim(as)'in matlûbu ve maksûdu, Rabbine hep dünyanın fani yüzüne takılıp kalan nazarlarla yalvaran; O'na yönelmeyi çoğunlukla unuttuğu gibi, hatırladığı anların çoğunda da O'ndan fena ve fani şeyler talep eden bizlere ibretli bir uyarı hükmündedir. İbrahim'in altıncı duasında istediği şudur: namaz kılmak! Daha doğrusu, 'namazda mukîm olmak.' Çünkü, tüm kâinatı yaratan, tüm kâinatın şehadetiyle mutlak ve küllî rububiyetini gören gözlere gösteren ve bizi rububiyete karşı ubudiyetle mukabele edecek bir fıtratla yaratan Rabb-ı Rahîm'e karşı kulluğumuzun en net, en berrak, en muazzam ifadesi namazdır.

Rabbimiz, tüm kâinatın şahit olduğu daimî bir rububiyet sergilediğine, şu kâinatı her daim terbiye ve idaresi altında tuttuğuna göre; böyle daimî bir rububiyet karşısında kula yakışan, daimî bir ubudiyet sergilemektir. Kulluğun en berrak, en muazzam ifadesi olan namazı devamlı kılmaktır.

Metin Karabaşoğlu, Kur'ân Okumaları

17 Kasım

*Ey Allahım, Senden kalbimi hiç terketmeyen daimî bir iman
ve kusursuz bir yakîn talep ediyorum ki böylece Senin hakkımda yazmış
olduğundan başka hiçbirşeyin isabet edemiyeceğini
ve benim Senin bana takdir ettiğinden razı olduğumu bileyim.*

Hz. Adem'in(as) duası

Duanın yarısı

Fakirlere acıyan ve onlara yardım etmek için elinden geleni yapan bilge bir gün bütün sabahını mabette geçirdi ve zenginlerin fakirlere daha fazla yardım etmesi için dua etti. Eve döndüğünde eşi sordu:
"Nasıl duan kabul edildi mi?"
Bilge dudaklarında ince bir gülümsemeyle cevap verdi:
"Yarı yarıya."
Karısı şaşırdı ve bunun ne anlama geldiğini sordu. Bilgenin karşılığı şöyle oldu:
"Fakirler yardım almayı kabul ettiler..."

Murat Çiftkaya, Gülümseyen Öyküler

18 Kasım

Senden başka bir şey görmeyeceğim bir yere al beni, Rabbim!

Andre Gide'in *Dar Kapısı*'ndaki Alissa'nın duası

Bir cennet tarifi

"Ey Kendisinden başkasını sevmeme razı olmayan Rabbim," diyordu çaresiz Alissa, "herşeyimi elimden aldığın gibi kalbimi de al." Ne kadar haklı değil mi? Ayine-i Samed olan kalbinin başka mahbublara peşkeş edilmeyeceğini kavramış masum bir insanın duası bu. "İşte kalbimi taşıyamıyorum, onu benden al." der gibiydi. Onun adına olmayan sevgiler, kalbi kanatıyordu. Yalnızlıklara, fırkatlere savuruyordu. Çünkü, husûlü anında zevali başlar herşeyin. Her vuslat gerçekte bir fırkat habercisidir. Kemâl zevalle ikiz kardeştir. Her sevda bir veda... Kalbi olan hangi insan dayanır buna...

Alissa, ne kalpsiz yaşamaya razı, ne de kalbini öldürmeye. O fetret insanıydı ve kalbiyle ölmek istiyordu: "Senden başka bir şey görmeyeceğim bir yere al beni, Rabbim!" Zihnim, bugünlerde bu saf, duru sevecen Cennet tarifiyle meşgul. O, böylece ölümü istedi. Ve Rabbi ona ölümü verdi.

Senai Demirci, Dar Kapıdan Geçmek

19 Kasım

*"Allahım! Bize korkundan öyle bir pay ayır ki,
bu sana karşı işlenecek günahlarla bizim aramızda bir engel olsun.
İtaatinden öyle bir nasib ver ki, o bizi cennete ulaştırsın. Yakîninden öyle
bir hisse lutfet ki dünyevi musibetlere tahammülümüz kolaylaşsın.*

Peygamberimizin(asm) sohbet meclisinden kalkarken okuduğu dua

S. Zeynep için

Unutmak ne dipsiz bir şeydir...

Unutmak ne dipsiz bir şeydir ki, unutanlara unutuşlarını bile unutturur. Unutulmak ne acı şeydir ki, unutulanın unutuluşuna ağlayışını kimse hatırlamaz. 'Nisyan'dan, yani unutuştan çıkarıldık her birimiz. Yüzümüz gün yüzüne değeli, tenimiz güneşe erişeli beri unutulmaktan alındık, unutmaktan sakındık. Hatırı sayılır olduk. İsmimizin orada burada anılması bizi memnun etti. Ne var ki, unutmak yaşamak kadar elimizin altında ve unutulmak ölüm kadar yanıbaşımızda. Ölüm bizi geldiğimiz yere, 'nisyan'a götürüyor tekrar. Ölüm unutuşlara gömüyor yüzümüzü; tenimizi tanıdıklarımıza yabancılaştırıyor. Yaşarken ölümü anmıyoruz o yüzden. Yaşarken ölümle aramıza sahte mesafeler döşüyoruz. Unutulmak korkusu bu... Galiba, en çok, unutulacağımızı unutuyoruz. Ve herkesin unuttuğu anlarda, "hatırlanmaya değer olmadığımız zamanlarda" hatırımızı tek sayanın Yaratıcımız olduğunu unutuyoruz. Sen ki unutmadın ve hiç unutmazsın bizi, bize Senin zikrini unutturma Rabbim...

20 Kasım

Yüce Yaratıcı,
gecenin rahminden doğan bizleriz.
Yeni günün şafağında Sana yaklaşıyoruz.
Gözler Seni görene dek gurbettedir.

Buşman Duası, Güney Afrika

Neden?

Kimsesiz kız çocuğu her zamanki gibi caddenin köşesinde durmuş dileniyordu. Üzerinde yırtık pırtık elbiseler vardı. Yüzü gözü kir ve pasaktan zor seçiliyordu. Görenin yüreğini burkacak kadar sefalet içindeydi.

Zengin adam her zamanki gibi o caddeden geçiyordu. Kızı gördü, ama dönüp bir daha bakmadı. Köşedeki gazeteciden gazetesini satın aldı. Sonra da, saray yavrusu evine, mutlu ve sıcak ailesine döndü. Mükellef yemeklerle donatılmış masaya oturduğunda, nedendir bilinmez, o dilenci kızı hatırladı. Onun bu sefaletine göz yumduğu için ruhunda Allah'a karşı bir sitem duygusu uyandı.

Bu duyguyla kendi kendisine düşündü:

"Nasıl olur da Allah bu kadar küçük bir kızın böylesi bir fakirlik içinde yaşamasına izin verir? Neden o kıza yardım etmek için birşeyler yapmaz?"

Tam bu sırada, kalbinin derinliklerinden kopup gelen bir ses ruhunu titretti:

"Yaptı! Seni yarattı ve bir kısmını muhtaçlara dağıtman için sana zenginlik verdi!"

Murat Çiftkaya, Gülümseyen Öyküler

21 Kasım

Ya Rabbî,
Bedenimizin açlığını gösterdiğin gibi,
ruhumuzun tokluğunu da göster.
Ruhumuzun tokluğunu yaşattığın gibi,
kalbimizin en derininden gelen sonsuzluk isteğine de cevap ver.

Murad Çetin

"Gözleri gözlerin olacak"

Hatırla ki, toprak ayağının altından kayıyor. Ellerin son bir defa dokunuyor güle ve güne. Gözlerinin karası son kareyi alıyor ışıktan ve karanlığa hazırlanıyorsun. Göz kapaklarının kapanışı seni bir dağın arkasına götürecek. Unutmaya ve unutulmaya hazırlanıyorsun. Varlığın incecik dudaklarda bir çift kuru söze inecek; o dudaklardan insan sıcağını tadamayacaksın. Hatıran bir taştan ve hüzün renkli topraktan ibaret olacak. Kahkahalar seni yalnız bırakacak, mutluluklar seni hesaba katmadan ikmâl edilecek. Sana arkalarını dönecekler, dönüp yüzüne bakmayacaklar. Senin kokun uzakların kokusu olacak. Tenin toprağın soğuğunu tadacak. "Gelecek ölüm; gözleri gözlerin olacak."

Senai Demirci, Dar Kapıdan Geçmek

22 Kasım

*Adımlarımızı düzelt Rabbim ki
dünyanın düzensiz devinimleri karşısında sendelemeyelim
ve şanlı yuvamıza doğru durmaksızın ilerleyebilelim.*

John Wesley

Senin saatin senden sonrasını da gösterecek

Hatırla ki, yarınki gün seni taze bir toprak yığının altında bulacak. Bir gün saatinin akrebi, yelkovanı senin uzanamadığın ânlara doğru dönecek. Sen olmayacaksın ve kolundaki saat sensiz zamanları tırmanıyor olacak. Sulamayı unuttuğun çiçeğin bile senden sonra solacak. Yüzüne günışığı vurmayacak. Hayatının ebedî rengini dar ve sessiz bir boşlukta bulacaksın. Ya küle dönecek ya güle dönüşeceksin. Yarınsız ve sonsuz bir günün yanağında incecik bir gamze olup kristalleşeceksin. Yüzün solacak, ellerin hiçbir yere varmayacak, parmakların hiçbir şey göstermeyecek ve ayaklarının altında hep boşluk olacak.

Senai Demirci, Dar Kapıdan Geçmek

23 Kasım

*Rabbimiz,
çaresizlikle kıvranırken dahi ümitle çarpan sinelerimize,
yaşlarla dolan gözlerimize,
hacâletle kızaran yüzlerimize şefkatle teveccüh buyur,
bir kez daha kapı kullarını bağışla...*

Fethullah Gülen

Elinin sıcağı özlenen sevgili

Unutma ki, toprak şimdi ayağının altından kayıyor. Yürüdükçe ince bir hesap çizgisine çekiliyorsun. Unutma ki, elinle ölüme dokunuyorsun. Elinle ölümü dokuyorsun. Hatırla ki, gözlerin ölüme bakıyor. Gözlerin bir cesedi alacakaranlığa taşıyor. Hatırla o zamanı ki, sen boz topraklar altında derin unutuşlarda eriyorsun. En son, kaleminin karanlık izi kalıyor soluk sayfalarda. Ve sözlerin kırık-dökük hatıralara dönüşüyor, paylaşılıyor, solgun bir gül gibi dolaşıyor. Hatırla ki, sen sözleri genç kalbleri taze aşklara taşıyan ölü bir şairsin ya da masum ve sonsuz bakışlı gözlerin kapı aralarında beklediği bir babasın. Elinin sıcağı özlenen sevgilisin. Hatırla ki, bir mezar taşında iki rakam arasına çizilmiş eğreti bir çizgiye indirgenmişsin. Mezar taşın unutuldu ve hatta mezar taşın da seni unuttu diyelim. Ve hep başkaları var dışarıda, hep yabancılar geziyor yıkık mezar taşları arasında. Kimsenin tanıdığı değilsin artık. Kimsenin 'ölü'sü de değilsin; tıpkı şimdi olduğu gibi. Oysa, sen ve son, ne kadar da uzak görünüyordunuz birbirinize.

24 Kasım

Beni Senden razı eyle Rabbim.
Sen beni kendine razı edinceye kadar yaşat.
Ve razı olduğum anda canımı al.
Ki ölüm Senden razı olmanın
ve Senin rızanı kazanmanın adı olsun.

Ömer Faruk için

Sahte para ve sahici dua

Garip bir fırıncı vardı. Kendisine sahte para verseler de alır, paranın sahteliğini bildiği halde parayı verene söylemez ve istediği ekmeği verirdi. Onun bu haline herkes şaşar ve kimse bunu neden yaptığını anlamazdı. Nihayet ölüm vakti gelip çatınca, fırıncı ellerini yüce dergâha açtı ve şöyle yalvardı:

"Ey Allahım, biliyorsun ki yıllarca insanlar bana sahte dirhem getirdi ve ben bunu onların yüzlerine vurmayıp istediklerini verdim. Şimdi de ben Senin huzuruna sahte taâtlerle geliyorum, ne olur onları yüzüme vurma."

Osman Nuri Topbaş, Muhabbetteki Sır

25 Kasım

Ey Rabbim,
yaptıklarımdan utanıyorum. Senden, herşeyi Bilen, Gören ve İşiten'den
utanıyorum. Beni başkalarının önünde mahcup etme. Settar ismini örtüm,
Gaffar ismini sığınağım eyle.

"Meded ey..."

Meded ey gizli açık her hâlimizi bilen! Meded ey hayat ve kaderimize hükmeden! Meded ey ilk kapı ve son mercî; Senden ayrı düştüğümüz şu meş'um dönemde hiç kimse imdadımıza koşmadı; feryadımızı duyup şefkatle el uzatan da olmadı; hep hicranla inledik ve hasretle yutkunup durduk. Eyyub'a hayatın ırmağının çağı göründüğü, Yakub'a Yusuf'un gömleğinden kokular gelip ulaştığı şu günlerde, tıpkı o hasretkeş Nebi gibi tasamızı, dağınıklığımızı Sana arzediyor ve rahmetinin ihtizazını bekliyoruz. Aslında, herkesin kapılarını yüzümüze kapadığı ve çığlıklarımıza kulaklarını tıkadığı dönemlerde dahi, Senin kapıların müracaat eden herkese açık, lütuf ve ihsanların sağnak sağnak, teveccühlerin de başımızın üzerindeydi. Yoldan çıkan biz, yolsuzluk yaşayan biz, ufkumuzu karartan da bizdik. Ey bizi hiçbir zaman terketmeyen Rabbimiz, şu renk atmış simalarımıza, şu tekleyen nabızlarımıza, şu ritmi bozulmuş kalblerimize ve şu yürekler acısı hâlimize merhamet buyur da, içinde bulunduğumuz kahredici şu sıkıntılardan bir çıkış yolu göster ve dirilmemize izin ver.

Fethullah Gülen

26 Kasım

Sen bana ne güzel Vekilsin Rabbim,
yokluğumda, aczimde, unutulmuşluğumda, yitikliğimde,
çaresizliğimde Seni Vekil ediniyorum.
Varlığıma Sen Kefilsin.

Hasbünallahu ve ni'mel vekil...

Neyi bulsa, sonsuzunu, mükemmelini isteyen, ayrılıklarla perişan olan, noksanlıklarla sükût-u hayale uğrayan nefsimi bir tek O teskin etti. O'nu bulduğunda kendideki sonsuz eksikliği görüp düşen garibin yine O tuttu elinden. Bildirdi, ki bendeki acizlik, eli yetmezlik O'nun kudretini anlamak içinmiş, bendeki fakirlik O'nun rahmet'ini göstermesi içinmiş, bendeki zaaflar O'nun kuvvetinin derecelerini bilmem içinmiş. Anladım ki "O'nun esmâsının cilvelerine bir harita ve fihriste ve fezleke ve mizan ve mikyas olmam, bana hayat ve mahiyet-i hayat itibariyle yetermiş." Allah bana yeter O ne güzel Vekildir.

Esra Erus, "Dördüncü Şua'nın Nurunda"

27 Kasım

Ey cömert Allahım!
Senin sunduklarınla beslendik. Bağış ve armağanına alıştık. Bizi dünyada yücelttin, öteki dünyada da onurlandırmanı umuyoruz.

Sâdi

Peugeot ve dua

Dört gözle beklediğini bildiğim için sık sık anneannemi ziyaret eder ve her seferinde arkasından sessizce sokulup buruşuk yanaklarına bir öpücük kondururdum. Beni tanır tanımaz titrek sesiyle bir çığlık atıp boynuma sarılır, gömlek veya ceketimi gözyaşlarıyla ıslatmadan kollarını gevşetmezdi. Eğer o sıralarda sıhhati iyiyse, birkaç kelime hal hatırdan sonra hemen bahçedeki el arabasını hazırlar ve tüy gibi vücudunu kucaklayarak üst üste yığdığım yastıkların arasına yerleştirirdim. Yine böyle bir gün, "Beni gezdirip ferahlatıyorsun evladım, Allah da sana 'bejo' nasip etsin, bejoyla gez inşaallah." dedi. Anneannemin bejo dediği şey, pejo marka arabadan başka bir şey değildi. (…) Ne olmuşsa olmuş, o duadan birkaç ay sonra pejo marka bir araba almıştım. Arabasını satın aldığım zengin sanayicinin "sana bu arabayı neden sattığımı ve neden bu kadar ucuza verdiğimi hala anlamış değilim" sözlerini unutamıyorum. Anneannemin vefatından sonra o arabayı satıp bir arsa, o arsayı da satıp Cenab-ı Hakkın lütfuyla güzel bir ev aldım. Ve "Böyle bir eve nasıl sahip olabildin?" diye soranlara hep aynı cevabı verdim. "Sadece bir duayla, başka birşeyle değil."

Cüneyd Suavi

28 Kasım

*Yanınızda oruçlular yemek yesin,
yemeğinizden ebrarlar yesin, üzerinize melekler dua etsin.*

Peygamberimizin (asm) misafir olduğu yerde yemek sonrası okuduğu dua.

Nabızlarımıza ümitlerimizin ritmini ver

Ey bizi hiçbir zaman terketmeyen Rabbimiz, şu renk atmış simalarımıza, şu tekleyen nabızlarımıza, şu ritmi bozulmuş kalblerimize, ve şu yürekler acısı halimize, merhamet buyur da, içinde bulunduğumuz kahredici şu sıkıntılardan bir çıkış yolu göster ve dirilmemize izin ver. Ey Yüce Yaratıcı, huzuruna nasıl gelirsek gelelim gönüllerimiz Seni bulmanın heyecanıyla çarpıyor ve nabızlarımız da ümitlerimizin ritmiyle atıyor.
İşte böyle bir ruh haletiyle bütün duygularımızı Senin hakkındaki reca ve beklentilerimize bağlayarak, "Meded Ey Keremler Kânı, kaçkınları affet, ihtiyaçları zaruret kertesinde rahmete muhtaç olanları affet!" deyip inliyoruz.

Fethullah Gülen

29 Kasım

*İtaat itatsizliği altetsin bu evde
ve huzur uyumsuzluğa galip gelsin burada
ve cömertlik tamahtan,
saygı horgörmeden üstün olsun.*

Uzak Doğu'dan bir evlilik duası

Yûnus'un (as) duası ve biz

Hz. Yûnus Aleyhisselâm'ın gecenin karanlığında, denizin azgınlığında ve balığın karnında yaşadığı imtihanını bitiren duası mealen şöyle: "Senden başka ilah yoktur; seni bütün kusurdan ve noksanlıklardan tesbih ederim; muhakkak ki ben zulmedenlerden oldum." Başımıza küçük de olsa bir aksilik geldiğinde, kendi dünyamızda bu münâcatın hakikatinin tam da tersini yaşadığımız olur. Meselâ yolda mı kaldık; bu aksiliğe sebep olarak gördüğümüz herşeyi sıralarız: Belediyenin ilgisizliği, karayollarının ihmali, "elverişsiz" hava şartları, bozuk şehirleşme vesaire. Ancak, içinde bulunduğumuz anı, anın şartlarını sebepleri perde ederek yaratan Müsebbibül Esbab en son aklımıza gelir ya da hiç gelmez. Fakat, Yûnus Aleyhisselâm'ın aklına ilk O gelir: *"lâ ilâhe illâ ente"* - Senden başka ilâh yoktur.

30 Kasım

Allahım! Hamd Sanadır. Bunu bana Sen giydirdin. Bunun hayırlı olmasını, yapılış gayesine uygun olmasını diliyor, şerrinden ve yapılış gayesine uygun olmamasından Sana sığınıyorum."

Peygamberimizin (asm) bir elbise giydiğinde okuduğu dua

Yûnus'un(as) *duası ve masumiyetimiz*

Hayatta aleyhimize görünen "olumsuzlukları" beğenmemeye, çirkin görmeye alışmışızdır. Çok geçmeden kendimizden başka herşeyde kusur aramaya çıkarız; sonuçta hava şartları da, çarpık şehirleşme, sorumsuz araba kullanan sürücüler ağızlarının payını alır ve kendimiz alnımız ak, yüzümüz pâk beraat ederiz. Belki bu yüzden, esbabı aşıp, Müsebbibül Esbab'ı hatırlamaktan korkarız. Çünkü Onu dahi suçlamaya hazırızdır. Halbuki Yûnus Aleyhisselâm önce O'nu kusur ve noksanlıktan tenzih eder: "sübhâneke." Son basamakta, başımıza gelen musibeti Allah'tan bilsek ve kabul etsek de bunu hak etmediğimizden eminizdir. "Ben ne yaptım da bunu hak ettim?" diye sormadan edemeyiz. Sözümona, musibetin gelmesinde herkes suçludur, günahkârdır; tek masum vardır o da kendimizizdir. Kendi nefsimizde kusur aramak en son aklımıza gelir, belki hiç gelmez. Fakat Yûnus Aleyhisselâm en önce kendi nefsini suçlar: *innî küntü minezzâlimîn* - muhakkak ki ben zulmedenlerden oldum.

Senai Demirci, Risale Günlüğü

1 Aralık

Allahım Senin için oruç tuttum,
Sana iman ettim, Sana güvendim, Senin verdiğin rızıkla orucumu açtım.
Benim geçmiş ve gelecek günahlarımı bağışla.
Beni, anamı, babamı ve bütün mü'minleri hesap gününde affeyle.

İftar Duası

Nur için

Dua: mü'minin sığınağı

Dua, kulun Allah ile olduğu, O'nunla adeta konuşur gibi bulunduğu iltica ve tazarru ânıdır. Kul ile Allah arasındaki ilişkinin ferdî ve kalbî planda en yoğun zamanıdır. İnsanın Allah'a muhtaç oluşunun ve aciziyetinin farkına varması ve yüce kudrete boyun eğerek içten bir sevgi ve samimî bir gönül bağı ile yalvarıp yakarmasıdır.

Kul Allah'a muhtaç olduğu kadar O'na duaya da muhtaçtır. Diğer taraftan Allah Teâlâ da kullarının dualarına önem vermekte; dua ve niyâzı olmayan kullar için: "Sizin dualarınız olmasa Rabbim sizi ne yapsın?" (*bk.* Furkân, 25/77) buyurarak duasız bir kulun değersiz oluşuna işaret etmektedir. Ayrıca Kur'an'da geçmiş ümmetlere gelen sıkıntı ve zararların amacının onların Allah'a yalvarmaları olduğu hususuna dikkat çekilmiştir. (el-En'âm, 6/42-43) Ez-cümle Allah kullarının kendisine dua ve yakarışta bulunmasından hoşlanıyor ve onlardan bunu istiyor.

2 Aralık

Adınla, ya İlahi! Adınla, ya İlahi!
Rahmetin ve lütfunla, Senin için kılarak günleri
Varıyoruz huzuruna.
Çaremiz Yardımındır, Güvencemiz Rahmetin...

Abdullah Yıldız

Yine, yeni, yeniden "lâ ilâhe illallah"

İnsanın hem şahsı, hem âlemi her zaman teceddüd ettikleri için, her zaman tecdid-i imana muhtaçtır. Zira insanın herbir ferdinin manen çok efradı var. Ömrünün seneleri adedince, belki günleri adedince, belki saatleri adedince birer ferd-i âher sayılır. Çünki zaman altına girdiği için o ferd-i vâhid bir model hükmüne geçer, her gün bir ferd-i âher şeklini giyer.

Hem insanda bu taaddüd ve teceddüd olduğu gibi, tavattun ettiği âlem dahi seyyardır. O gider, başkası yerine gelir, daima tenevvü' ediyor; her gün başka bir âlem kapısını açıyor. İman ise hem o şahıstaki her ferdin nur-u hayatıdır, hem girdiği âlemin ziyasıdır. 'Lâ ilahe illallah' ise, o nuru açar bir anahtardır.

Risale-i Nur'dan

3 Aralık

İlahi,
Sen beni benden daha iyi bilirsin.
Ben de kendimi övenlerden daha iyi bilirim.
Onların bende bulunduğunu sandıkları iyilikleri Sen bana ihsan et ve
bilmedikleri kötülüklerimi setret ve mağfiret buyur.
Hakkımda söylenen şeylerle beni günahlandırma...

Hz. Ebubekir'in (ra) övüldüğünü işittiği zaman yaptığı dua

"Lâ ilâhe illallah" müjdesi

"Lâ ilâhe illallah" da şöyle bir müjde var ki: Hadsiz hâcâta mübtelâ, nihayetsiz a'dânın hücumuna hedef olan ruh-u insanî şu kelimede öyle bir nokta-i istimdad bulur ki, bütün hâcâtını temin edecek bir hazine-i rahmet kapısını ona açar ve öyle bir nokta-i istinad bulur ki, bütün a'dâsının şerrinden emin edecek bir kudret-i mutlakanın sâhibi olan kendi Mâbudunu ve Hâlıkını bildirir ve tanıttırır, sahibini gösterir, Mâliki kim olduğunu irâe eder. Ve o irae ile, kalbi vahşet-i mutlakadan ve ruhu hüzn-ü elîmden kurtarıp, ebedî bir ferahı, daimî bir süruru temin eder.

Risale-i Nur'dan

4 Aralık

*Üzerimize cemaliyle yumuşacık ve şeker tadında karlar indirip
celâliyle dağları ve yolları kara bürüyen Rabbimiz,
kalblerimize kar tanesinin pâklığını indir,
mutluluklarımızı kar taneleri sayısınca çok eyle,
hüzünlerimizi rahmetinin dokunuşuyla kar taneleri gibi erit,
dostluklarımızı her bir kar tanesi gibi özel ve güzel olarak halkeyle,
bizi Senin rızan yolunda uçuşan kar taneleri eyle, günahlarımızı
gufranının karında yıka ve temizle.*

Senai Demirci, "kar tanesi duası"

Dua, pencere, merdiven

Dua bir bakıma Allah'ın kuluna açtığı bir pencere, bir bakıma da kulun bu pencereye ulaşmak için kurduğu bir merdivendir. Allah, kendisinden sual eden kullarına verdiği cevapla, duanın çerçevesini çizmektedir: "Kullarım sana Benden sorarlar. De ki: Ben onlara yakınım. Dua ettiklerinde dualarını kabul ederim. Onlar bana dua etsinler, Benden istesinler, Bana inanıp güvensinler. Umulur ki bu sâyede doğru yola erişirler." (Bakara, 2/186)

Prof. Hasan Kâmil Yılmaz

5 Aralık

İlahî, demiştin ki, "Sadakalar fakirler içindir." [Tevbe Suresi, 60]
Eğer affın günahkârlara mahsus ise bizler buna hak kazandık.
Yok eğer muhsinler içinse o zaman bunun anlamı ne?

Gök kapılarını açan kutlu zamanlar güzeli

En uzun hikayesidir tarihin bu. Bizden evvel bize sahip olanın katına ilticalarımızın mecrasıdır. Hiçbir şey iken biz, bize can bağışlayana can verme sözüdür. Akitlerimizin yenilenmesi için özge bir merasim, tevbelerimizin sürekliliği için bir ahd ü peymân. Nazlanarak yapılan niyaz bazan; ve bazan derdiyle O'nun aranan derman.

Yıkanlar hâtır-ı nâşâdımı yâ Rab şâd olsun
Benimçin nâmurad olsun diyenler bermurâd olsun

Dua… Gök kapılarını açan kutlu zamanlar güzeli… Temiz yüreklerin ve gülen yüzlerin artıran aydınlığını. Dolduran beyaz ellerimizi ve boşaltan kara defterimizi. Rahmetinden alır kuvvetini avuçlar; ve o güç ile silinir cümle suçlar. Bir seher vakti belki, belki bir gece yarısı…

Bakma yâ Rab sevâd-ı defterime
Onu yak âteşe benim yerime

İskender Pala, *Âyine*

6 Aralık

Münezzehsin Rabbim;
Yücelerden Yücesin, tüm çareler Sendedir;
Sen Gani ve Mucib'sin...

"O çocuğa ne mutlu!"

Bir zaman bir zât, bir zindanda bulunuyor. Sevimli bir çocuğu yanına gönderilmiş. O bîçare mahbus, hem kendi elemini çekiyor, hem veledinin istirahatını temin edemediği için, onun zahmetiyle müteellim oluyordu. Sonra merhametkâr hâkim ona bir adam gönderir, der ki: "Şu çocuk çendan senin evlâdındır, fakat benim raiyetim ve milletimdir. Onu ben alacağım, güzel bir sarayda beslettireceğim." O adam ağlar, sızlar; "Benim medar-ı tesellim olan evlâdımı vermeyeceğim" der. Ona arkadaşları der ki: "Senin teessüratın mânâsızdır. Eğer sen çocuğa acıyorsan, çocuk şu mülevves, ufûnetli, sıkıntılı zindana bedel; ferahlı, saadetli bir saraya gidecek. Eğer sen nefsin için müteessir oluyorsan, menfaatini arıyorsan; çocuk burada kalsa, muvakkaten şübheli bir menfaatinle beraber, çocuğun meşakkatlerinden çok sıkıntı ve elem çekmek var. Eğer oraya gitse, sana bin menfaati var. Çünki padişahın merhametini celbe sebeb olur, sana şefaatçı hükmüne geçer. Padişah, onu seninle görüştürmek arzu edecek. Elbette görüşmek için onu zindana göndermeyecek, belki seni zindandan çıkarıp o saraya celbedecek, çocukla görüştürecek. Şu şartla ki, padişaha emniyetin ve itaatın varsa..."

İşte şu temsil gibi, aziz kardeşim, senin gibi mü'minlerin evlâdı vefat ettikleri vakit şöyle düşünmeli: Şu veled masumdur, onun Hâlıkı dahi Rahîm ve Kerim'dir. Benim nâkıs terbiye ve şefkatime bedel, gayet kâmil olan inayet ve rahmetine aldı. Dünyanın elemli, musibetli, meşakkatli zindanından çıkarıp Cennet-ül Firdevsine gönderdi. O çocuğa ne mutlu!

Risale-i Nur'dan "Çocuk Taziyenâmesi"

7 Aralık

Ulu ulu günahlarım
yüz komadı bana Ya Rab!
Çare kılmadı hiç kimse,
döndüm yine Sana Ya Rab

"Vahdehû-O Birdir" müjdesi

Kâinatın ekser enva'ıyla alâkadar ve o alâkadarlık yüzünden perişan ve keşmekeş içinde boğulmak derecesine gelen ruh-u beşer ve kalb-i insan "vahdehû" kelimesinde bir melce', bir halaskâr bulur ki; onu bütün o keşmekeşten, o perişaniyetten kurtarır. Yani, mânen der: "Allah birdir. Başka şeylere müracaat edip yorulma, onlara tezellül edip minnet çekme, onlara temelluk edip boyun eğme, onların arkasına düşüp zahmet çekme, onlardan korkup titreme. Çünki Sultan-ı Kâinat birdir, herşey'in anahtarı onun yanında, her şeyin dizgini onun elindedir; herşey onun emriyle halledilir. Onu bulsan, her matlubunu buldun; hadsiz minnetlerden, korkulardan kurtuldun."

Risale-i Nur'dan

8 Aralık

"Deva kıl, şifa ver kalb-i alîle
Rahmetin umagelmiştir ricaya
Günahımla beni yargılama
Kereminle setr eyle,
Rahmetinle himaye"

Dua yöneliştir...

Dua, insanın halini Allah'a arz etmesi, O'na niyazda bulunması, Rabbine doğru yönelip O'nunla iletişim kurmasıdır. Dua, insanın kibirlenme ve istiğnadan vazgeçip Allah'ın mutlak kudretini, adaletini ve merhametini kavramasından doğan bir boyun eğmedir. O, insanın kendi ihmallerini ikmal eden bir ikbal kapısı değildir. Kur'an'daki dua örneklerinin büyük bir bölümünün, dünyevi nimet ve menfaatlerden ziyade bağışlanma, hidayet ve Allah yolunda yardım isteme niteliğinde olması, değinilen gerçeği desteklemektedir. Şu halde insan, kendi sorumluluğunu bütünüyle yerine getirdikten sonra karşısına çıkabilecek engellerin aşılması hususunda Allah'tan yardım isteyebilir. Kişinin duayı, bir sihir tekniği gibi algılamaması ve uygulamaması gerekir.

Fahrettin Yıldız, Altınoluk

9 Aralık

Yağmur, bir gün elimi ellerinde bulsaydım
Güzellik şâhikası gülümserdi yüzüme
Senin visâline bir gülmüş de ben olsaydım.

Nurullah Genç, Yağmur

"Lâ şerike leh-Onun Ortağı Yoktur" Müjdesi

Ezel, Ebed Sultanı olan Cenâb-ı Hak, saltanatında şeriki olmadığı gibi, icraat-ı Rububiyetinde dahi muinlere, şeriklere muhtaç değildir. Emr-i iradesi, havl ve kuvveti olmazsa hiçbir şey, hiçbir şey'e müdahale edemez. Doğrudan doğruya herkes ona müracaat edebilir. Şeriki ve muini olmadığından, o müracaatçı adama "Yasaktır, onun huzuruna giremezsin" denilmez.

İşte şu kelime, ruh-u beşer için şöyle bir müjde verir ki: Îmanı elde eden ruh-u beşer; mânisiz, müdahalesiz, hailsiz, mümânaatsız, her halinde, her arzusunda, her anda, her yerde o ezel ve ebed ve hazâin-i rahmet mâliki ve defâin-i saadet sahibi olan Cemil-i Zülcelâl, Kadîr-i Zülkemâl'in huzuruna girip, hâcâtını arzedebilir. Ve rahmetini bulup, kudretine istinad ederek, kemâl-i ferâh ve sürûru kazanabilir.

Risale-i Nur'dan

10 Aralık

*Bize bizden yakın olan Rabbimiz,
içimize umut ver. Sükûn ver. Dilimize dua ver.*

Fatma K. Barbarosoğlu

Aşk, şefkat, Yâkub(as) ve Yusuf(as)

Kardeşim ben "erRahmanürRahim" isimlerini öyle bir nur-u azam görüyorum ki, bütün kâinatı ihata eder ve her ruhun bütün hacat-ı ebediyesini tatmin edecek ve hadsiz düşmanlarından emin edecek, nurlu ve kuvvetli görünüyorlar. Bu iki nur-u azam olan isimlere yetişmek için en mühim bulduğum vesile; fakr ile şükr, acz ile şefkattir. Yani, ubudiyet ve iftikardır. Şu mes'ele münasebetiyle hatıra gelen ve muhakkikîne, hattâ bir üstadım olan İmâm-ı Rabbânî'ye muhalif olarak diyorum ki, Hazret-i Yâkub Aleyhisselâm'ın Yûsuf Aleyhisselâm'a karşı şedid ve parlak hissiyatı, muhabbet ve aşk değildir; belki şefkattir. Çünki şefkat, aşk ve muhabbetten çok keskin ve parlak ve ulvî ve nezihtir ve makam-ı nübüvvete lâyıktır. Fakat muhabbet ve aşk, mecazî mahbublara ve mahluklara karşı derece-i şiddette olsa, o makam-ı muallâ-yı nübüvvete lâyık düşmüyor. Demek Kur'an-ı Hakîm'in parlak bir i'caz ile, parlak bir surette gösterdiği ve ism-i Rahîm'in vusulüne vesile olan hissiyat-ı Yâkubiye, yüksek bir derece-i şefkattir. İsm-i Vedûd'a vesile-i vusul olan aşk ise; Züleyha'nın Yûsuf Aleyhisselâm'a karşı olan muhabbet mes'elesindedir.

Risale-i Nur'dan

14 Aralık

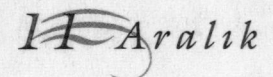

Mevlam kullarına tatl'ekmek yok mu?
El kadar et versen haznende yok mu?

Çocuk sahibi olamayan gelinlerin söylediği
geleneksel bir maniden

Üşüyen bir çocuk için sıcak bir ateş gibi

Allahım, Sana ibadeti ve Senin Sevgini, susuz ve sıcak bir çöl ortasında kavuşulan serin bir vaha gibi ve sağanaklar altında keşfedilen mücehhez bir sığınak gibi ve kararan kalplerimize, sararmış defterimize merhem olan bir deva gibi ve güneş altında serin bir gölgelik, üşüyen bir çocuk için sıcak bir ateş ve hastalıklarımız için bize sunulan en kıymetli şifa gibi sevimli, istenilen ve ulaşılan bir hal, bir şeref kıl. Ve hayatımızı emrine amade, hükümlerine musahhar, günahlardan azade ve yardımına mazhar kıl. Ve liyakatsiz anlarımızı rahmetinle eksiksiz bir felaha ulaştır, ya Rabb! Ya Erhamerrahimin! Ya Erhamerrahimin! Ya Erhamerrahimin!..

12 Aralık

Ayaklarımızın dibinde açan çiçekler için,
taze çimen için, kuşun şarkısı ve
arının vızıltısı için, gördüğümüz ve
duyduğumuz her güzel şey için Rabbim, şükran duyuyoruz Sana!

Ralph Waldo Emerson

Dua iyileştiriyor...

1997'de yayınlanan Healing Words; Power of Prayer and Practice of Medicine adlı kitap bir hekim tarafından kaleme alınmış. Kitap, maneviyatın ve duanın şifa bulma üzerindeki etkilerinin çalışıldığı araştırmaları özetliyor. 2000 yılında yayınlanan The Healing Power of Faith ise yine bir doktor imzalı. Bu iki kitapta toplanan araştırmalar duanın ve maneviyatın, bildiğimiz ilaçların aksine iki yönlü iyilik sağladığını gösteriyor: Dua, dua edenin kendisine ve ayrıca dua edilene faydalı. Aslında, bugüne kadarki psikoloji araştırmaları maneviyat ve duanın ilk etkisi konusunda aşağı yukarı hemfikirdi. Dua etmeye yatkın derecede maneviyat sahibi olan bir insanın bilinen bazı yollardan bedeninin olumlu yönde etkilenebileceği akla yatkın görülüyordu. İnsan sinir sisteminin ve dolayısıyla bedensel fonksiyonlarının insanın maneviyatı ve ruh durumu ile yakından ilişkisi bilinen bir şeydi. Dolayısıyla dua eden kişinin kendisinde görülen fayda sürpriz değildi. Bugünlerde yeni farkedilen ise, dua edilen kişinin, kendisine dua edenin varlığından haberdar olmadığı ve kendisine dua edildiğini bilmediği halde bile, duadan şifa bulması.

13 Aralık

*İyileştir bizi Rabbim, şifa bulalım;
kurtar bizi ve kurtarılmış olalım.*

Allah kulunu dinliyormuş gibi

Dua, sadece dua edene değil, belki dua edilen yerde bulunanlara ve çevreye de etkili olmaktadır. Namazda kıraâti Allah ile konuşur gibi okumak nasıl namaz âdâbından ise duayı da Allah kulunu dinliyormuş gibi ve kendisine cevap veriyormuş gibi yapmalıdır. Dua, duyulan korkular sonucu bir panik ve sığınma gibi görülmemeli, aksine yüce kudretten güç ve enerji almak olarak değerlendirilmelidir. İnsanda korku duygusu fıtrî olarak vardır. Ancak insanın bildiği, sevdiği ve güvendiği kudrete duyduğu saygı dolu korku ile bilinçsizce panik hâlindeki korku arasında fark vardır. Sonra insan keyfinin isteğine göre korkusuzca ve tehlikesizce kendi hayatına yön veremez. Başarı için hayatın gerektirdiği kâidelere uymak şarttır. İster rûhî ve ahlâkî, ister fizyolojik olsun kendimizdeki temel faaliyetleri ölüme terketmemeliyiz.

14 Aralık

Allahım! Bana Harun misal arkadaşlar gönder ve
Harun'unu arayan Musa-misal arkadaşlara
Harun-misal bir kardeş olmayı nasip et

Metin Karabaşoğlu

"Lehülmülk-mülk O'nundur" müjdesi

Mülk umumen onundur. Sen, hem Onun mülküsün, hem memlûküsün, hem mülkünde çalışıyorsun. Şu kelime, şöyle şifalı bir müjde veriyor ve diyor:

Ey insan! Sen kendini, kendine mâlik sayma. Çünki sen kendini idare edemezsin, o yük ağırdır. Kendi başına muhafaza edemezsin, belâlardan sakınıp, levâzımatını yerine getiremezsin. Öyle ise beyhude ızdıraba düşüp azab çekme, mülk başkasınındır. O Mâlik, hem Kadîr'dir, hem Rahîm'dir; kudretine istinad et, rahmetini ittiham etme. Kederi bırak, keyfini çek. Zahmeti at, safâyı bul.

Hem der ki: Manen sevdiğin ve alâkadar olduğun ve perişaniyetinden müteessir olduğun ve ıslah edemediğin şu kâinat, bir Kadîr-i Rahîm'in mülküdür. Mülkü sahibine teslim et, ona bırak.. cefasını değil, safasını çek. O hem Hakîm'dir, hem Rahîm'dir. Mülkünde istediği gibi tasarruf eder, çevirir. Dehşet aldığın zaman, İbrahim Hakkı gibi "Mevlâ görelim neyler, neylerse güzel eyler" de, pencerelerden seyret, içlerine girme.

Risale-i Nur'dan

15 Aralık

*Sana sığınırım Rabbim,
cümle günahlardan, günaha yaklaşmaktan ve
günahı kötü görememekten.*

Sen hikmetli olanı iste!

Adamın biri ellerini açmış:
Ya Rab, beni nâmerde değil, merde bile muhtaç eyleme, diye dua ediyormuş.
Bunu duyan Hz. Ali(ra) uyarmış:
Kardeşim, Allah'tan hikmetine uyacak şeyleri iste, uymayacak şeyleri değil. Bir insanın kimseye muhtaç olmadan yaşaması mümkün değildir. Sen ne merde ne de nâmerde muhtaç olmadan yaşanacak bir hayat düşünebiliyor musun? Şayet böyle yaşamak mümkün olsaydı, insan da hayvanlar gibi dağlarda, derelerde tek başına yaşar, hemcinsleriyle bir araya gelip de yardımlaşarak köyler, şehirler kurma ihtiyacında olmazdı.
Sen en iyisi şöyle dua et: "Yâ Rab, beni nâmerde muhtaç eyleme!"

16 Aralık

Öğret bana Rabbim ve Sahibim,
herşeyde Seni görmeyi ve ne edersem Senin için etmeyi.

George Herbert

Murat için

Bir dua, üç dilek

Musâ(as) Tûr'a giderken bir adamın şöyle bir dileğine muhatap olur:
- Yâ Musâ, Rabbimden üç dileğim var, söyle bu duamı kabul etsin. Birincisi, benim gözlerim görmüyor, açılmasını istiyorum. İkincisi, çocuğum olmuyor, bir oğlan evladı istiyorum. Üçüncüsü, fakirim, fakirlikten çok çektim; hiç olmazsa doğacak oğlum fakir olmasın, onun zengin olmasını istiyorum."
Musâ(as) Tûr'da bu kulun üç dileğini nakledince:
- Üç dileğini birden kabul etmem; tek şey istesin, kabul edeceğim," diye buyurulmuş.
Musâ(as) bu cevabı aktarınca düşünceye dalan adam üç yerine tek bir dilekte bulunmuş:
- Yâ Rab, oğlumun altın tasla su içtiğini gözlerimle görmeyi diliyorum
Böylece adamın, hem görme dileği, hem oğul isteme dileği, hem oğlunun zengin olması dileği kabul edilmiş.

17 Aralık

Ey hiç yoktan varlığımı
bir balçıktan var edenim, nimetine şükürlerle binlerce kez hamdederim.
Ey başıma bir taç gibi Muhammed'i yar edenim
huzurunda günahımdan utanırım, ar ederim.
Evvel Allah, Ahir Allah, Bismillah

Atilla Maraş, Yakarış

"Dua farkı"

Yeni çalışmalar, duadan dua edilen kişinin habersiz olduğu halde yararlandığını gösteriyor. Bu bulgu şimdiye kadarki klasik bilimsel açıklamaların kapsama alanı dışında kalıyor. Sahiden de dindarlığın ve maneviyatın olumlu sağlık etkileri olduğuna dair çok sayıda araştırma var. Ancak bunlar, söz konusu pozitif etkileri dindar ve maneviyat sahibi olarak yaşamaya bağlı faktörlere bağlayan çalışmalar. Dindarların alkol almaması, daha sağlıklı yiyecekleri tercih etmeleri, gayr-i meşru cinsel hayat yaşamamaları gibi sosyal faktörler bunların başında geliyor. Dindarların kendi aralarında psikolojik ve sosyal olarak olumlu ilişkiler ve etkileşimler geliştirmiş "cemaatler" halinde yaşaması da bir başka faktör. Birinin ağzından çıkan bir duanın, hiç tanımadığı birinin bedeni üzerindeki olumlu etkileri bu faktörlerden bağımsız olarak gerçekleşiyor. Bilim adamlarının "dua farkı" diye itiraf ettiği işte bu. Burada, dindarlık ya da dua etmeyle birlikte olduğu açıklanan faktörler, görünen farkı açıklamaya yetmiyor. Bugüne kadar açıklama olarak sıralanan faktörler inancın kendisi değil, en fazla, inanmanın dolaylı olarak getirdiği farklılıklardır.

18 Aralık

Ey herşeyin dizgini elinde, herşeyin anahtarı yanında olan, ey hiçbir şey yokken var olan, ey herşeyden sonra da varlığı devam eden, ey herşeyin üstünde varlığı zahir olan, ey herşeyden başka ve batın olan, ey herşeyi emri altında bulunduran Allahım. Benim bütün günahlarımı bağışla. Şüphesiz Senin herşeye gücün yeter!

"Lehülhamd-hamd O'nundur" müjdesi

Hamd ve sena, medih ve minnet ona mahsustur, ona lâyıktır. Demek nimetler onundur ve onun hazinesinden çıkar. Hazine ise, daimîdir. İşte şu kelime, şöyle müjde verip diyor ki: Ey insan! Nimetin zevalinden elem çekme. Çünki rahmet hazinesi tükenmez. Ve lezzetin zevalini düşünüp, o elemden feryad etme. Çünki o nimet meyvesi, bir rahmet-i bînihayenin semeresidir. Ağacı bâki ise, meyve gitse de yerine gelen var. Nimetin lezzeti içinde, o lezzetten yüz derece daha ziyade lezzetli bir iltifat-ı rahmeti hamd ile düşünüp, lezzeti birden yüz derece yapabilirsin. Nasılki bir padişah-ı zîşanın sana hediye ettiği bir elma lezzeti içinde yüz belki bin elmanın lezzetinin fevkinde, bir iltifat-ı şâhâne lezzetini sana ihsas ve ihsân eder. Öyle de: "lehülhamd" kelimesiyle, yani hamd ve şükür ile, yani nimetten in'amı hissetmekle, yani Mün'imi tanımakla ve in'amını düşünmekle, yani onun rahmetinin iltifatını ve şefkatinin teveccühünü ve in'amının devamını düşünmekle; nimetten bin derece daha leziz, manevî bir lezzet kapısını sana açar.

Risale-i Nur'dan

19 Aralık

Ya Rabbi,
İster İsa, ister Musa, ister Nuh aşkına,
İbrahim'e putları kırdıran ruh aşkına.
Ölümsüzlüğe Muhammed sevdasıyla koşan umut aşkına
Bizleri kurtar, kurtar Ya Rabbi

İsa Bayrak

Muhammed için

Yoğun bakım, yoğun dua

*S*outhern Medical Journal dergisinin 1988 Haziran sayısında yer alan bu araştırmaya göre, bir yoğun bakım ünitesinde kendileri için dua edilen hastalar, kendilerine dua edilmeyenlere kıyasla daha hızlı bir iyileşme seyri göstermişti. Bu araştırma, o yıllarda şaşırtıcı sonuçları nedeniyle, pek kabul görmemiş, biraz ihtiyatla ve bayağı şüpheyle karşılanmıştı. Aynı araştırma 2000 yılında da tekrarlandı. Şüpheli yaklaşımları yalanlarcasına son araştırmadan da aynı sonuçlar çıktı. Bir yoğun bakımda yatan ve kendisine dua edildiğini bilmeyen ve hatta dua edenlerin varlığından bile habersiz hastalar, aynı yoğun bakımda yatan ancak kendilerine ismen dua edilmeyen diğer hastalardan daha hızlı iyileşme seyri göstermişti.

20 Aralık

Allah'ım, Sen çok affedicisin. Af ise kusur olmadan ortaya çıkmaz. Sen iyilikle karşılık verensin, iyilikle karşılık vermek ise kötülükten sonra olur. İşte bize, bizden bize layık olan çıktı, şimdi Sana layık olan şeyin Senden zuhur etmesinde. Affet bizi, bize iyilikle mukabele et.

Çiçek bile duadan nasibini alıyor

Dua ve iyileşme üzerindeki ilk önemli kitabın (*Healing Words; Power of Prayer and Practice of Medicine*) yazarı Dr. Larry Dossey, internette 'chat konuğu' olarak soruları cevaplandırdı. Dossey'e sorulan ilk soru bilimin açıklama bulmakta zorlandığı "dua farkı"nın tıpta öteden beri bilinen bir olguyla, yani "plasebo etkisi"yle açıklanıp açıklanamayacağı idi. "Plasebo etkisi", bir kişinin bir ilaç veya tedaviyi almış olduğunu sandığı ya da inandığı durumlarda meydana gelen olumlu bir etkilenmedir. Dr. Dossey dua tarkının Plasebo etkisinden öte birşey olduğunu şöylece anlattı: "Duanın etkisinin araştırıldığı çalışmalarda, kendisine dua edilen kimse, kendisine dua edilenin varlığını da, kendisine dua edildiğini de bilmiyor. Ayrıca bu tür 'uzaktan dua etme' deneyleri sadece insanlarda değil, hayvanlarda, bitkilerde ve hatta bir takım biyokimyasal reaksiyonlar üzerinde de yapıldı ve aynı sonuç alındı. Bunların kendilerine dua edildiğini bilmeleri diye bir şey söz konusu değil."

Senai Demirci

21 Aralık

Merhametli ve vefakâr iyileştirici olduğun için
bütün hastalıklarımız, acılarımız ve
sıkıntılarımız için tedavi ve ferahlık ver.
Seni tesbih ederiz ey Şafi.

"Çocuğun sana emanettir..."

Vefat eden çocuk, bir Hâlık-ı Rahîm'in mahlûku, memlûkü, abdi ve bütün heyetiyle onun masnu'u ve ona ait olarak ebeveyninin bir arkadaşı idi ki; muvakkaten ebeveyninin nezaretine verilmiş. Peder ve valideyi ona hizmetkâr etmiş. Ebeveyninin o hizmetlerine mukabil, muaccel bir ücret olarak lezzetli bir şefkat vermiş. Şimdi binden dokuzyüz doksandokuz hisse sahibi olan O Hâlık-ı Rahîm, mukteza-yı rahmet ve hikmet olarak o çocuğu senin elinden alsa, hizmetine hâtime verse; sûrî bir hisse ile, hakikî bin hisse sahibine karşı şekvayı andıracak bir tarzda me'yusane hüzün ve feryad etmek ehl-i îmana yakışmaz, belki ehl-i gaflet ve dâlâlete yakışıyor.

Risale-i Nur'dan "Çocuk Taziyenamesi"

22 Aralık

Ey beni herkes unuttuğunda anan Rabbim!
Yüzümü, elimi, gözümü, bakışımı, dokunuşumu veren Rabbim!
Beni Seni unutanlar arasından çıkar al!
Beni bensiz bıraksan da,
Sensiz bırakma!

Senai Demirci, "Sen ve Son"

"Burada başka bir şey var."

Dua ve iyileşme araştırmaları üzerinde çalışan Dr. Larry Dossey'e soruldu: "Hasta bir kişi için ne kadar sıklıkla ve ne kadar zaman dua edilmeli?" Dr. Dossey cevaplıyor: "Bunun bir kuralı yok. Etkiyi belirleyen duanın süresi ve sıklığı değil, kalitesi. Bana göre, dua eden kişinin içtenliği ve şefkati en önemli belirleyici. Sözcüklerin kalpten geliyor olması önemli." Dr. Dossey, bir başka soru üzerine, "uzaktan dua ile iyileşmelerin" bir takım enerjilerle, manyetik dalgalanma etkileriyle açıklanamayacağının da altını çiziyor. "Burada dua edenden dua edilene bir enerji yayıldığını falan söyleyemeyiz. Burada başka bir şey var; kesinlikle arzî olmayan bir şey!"

23 Aralık

Rabbim, içimdeki bu güveni, bu huzuru,
bu mutluluğu bize bağışla, Senin rızan kendi isteklerimizden yücedir.
Senin hoşnutluğun kendi hoşnutluğumuzdan daha azizdir.
Bize bütün verdiklerin Senin ihsanındır, bütün aldıkların Senin kereminindir.
Hepsi için şükran Sana, dua Sana, sevgi Sana.

Christina Rosetti

"Yuhyî-hayatı veren O'dur" müjdesi

Hayatı veren O'dur. Ve hayatı rızık ile idame eden de O'dur. Ve levazımat-ı hayatı da ihzar eden yine O'dur. Ve hayatın âlî gayeleri O'na aittir ve mühim neticeleri O'na bakar, yüzde doksandokuz meyvesi O'nundur. İşte şu kelime; şöyle fâni ve âciz beşere nida eder, müjde verir ve der: Ey insan! Hayatın ağır tekâlifini omuzuna alıp zahmet çekme. Hayatın fenasını düşünüp, hüzne düşme. Yalnız dünyevî ehemmiyetsiz meyvelerini görüp dünyaya gelişinden pişmanlık gösterme. Belki o sefine-i vücudundaki hayat makinesi, Hayy-ı Kayyûm'a aittir. Masarif ve levâzımatını, o tedarik eder. Ve o hayatın pek kesretli gayeleri ve neticeleri var ve O'na aittir. Sen, o gemide bir dümenci neferisin. Vazifeni güzel gör, ücretini al, keyfine bak. O hayat sefinesi, ne kadar kıymetdar olduğunu ve ne kadar güzel faideler verdiğini ve o sefine sahibi zâtın, ne kadar Kerim ve Rahîm olduğunu düşün, mesrur ol ve şükret ve anla ki: Vazifeni istikametle yaptığın vakit, o sefinenin verdiği bütün netaic; bir cihetle senin defter-i a'maline geçer, sana bir hayat-ı bâkiyeyi temin eder, seni ebedî ihya eder.

24 Aralık

Zihnimle yaptığım zorbalık için,
Sözle yaptığım zorbalık için,
Bedenimle yaptığım zorbalık için
Af diliyorum.

"Erhamürrahimîn" tesellisi

Rahmet-i İlâhiyenin en lâtif, en güzel, en hoş, en şirin cilvelerinden olan şefkat; bir iksir-i nuranîdir. Aşktan çok keskindir. Çabuk Cenâb-ı Hakk'a vusule vesile olur. Nasıl aşk-ı mecazî ve aşk-ı dünyevî pek çok müşkilâtla aşk-ı hakikîye inkılab eder, Cenâb-ı Hakk'ı bulur. Öyle de şefkat -fakat müşkilâtsız- daha kısa, daha safi bir tarzda kalbi Cenâb-ı Hakk'a rabteder. Gerek peder ve gerek valide, veledini bütün dünya gibi severler. Veledi elinden alındığı vakit, eğer bahtiyar ise, hakikî ehl-i îman ise; dünyadan yüzünü çevirir, Mün'im-i Hakikî'yi bulur. Der ki: "Dünya mâdem fânidir, değmiyor alâka-i kalbe..." Veledi nereye gitmişse oraya karşı bir alâka peyda eder, büyük manevî bir hal kazanır.

Risale-i Nur'dan

25 Aralık

İnce toprak eledim,
Al kundağa beledim,
Seni Hak'dan diledim,
Mevla'm sana bir can versin bebek nenni!

Konya'da dualı ninni

Belgin için

Acz duanın dilidir

İstemek, yoksulluğun ve çaresizliğin hemen yanıbaşında bekler. Elimizde bir şey yoksa, dilimiz istemeye yönelir. Elimizden bir şey gelmiyorsa, dudağımıza istemek gelir. Tam tersine, doygunluk ve varlık, dilimizi istemekten geri çevirir, dudağımızı dilekten çeker. Kendimizi kendimize yeter görüyorsak, bir başkasına başvurmayız. İhtiyaç duyduğumuz her şey elimizin altındaysa, önümüzdeki her engeli aşabiliyorsak, kimseden bir şey istemek durumunda değiliz demektir. Fakir ya da aciz değilsek, kapımız istemeye kapalıdır.

26 Aralık

Biz Allah içiniz ve muhakkak Allah'a döneceğiz.
Allahım, onu muhsinler arasına yaz, kitabını âlâ-yı illiyyînde eyle,
geride bıraktıklarına vekil ol. Allahım, bizi onun ecrinden mahrum etme,
onun ardından bizi fitneye düşürme, bize ve ona mağfiret et.

O'nun^(asm) Dilinden, vefat haberi aldığında okuduğu dua

"Yumîtu-ölümü veren O'dur" müjdesi

Hayat vazifesinden terhis eder, fâni dünyadan yerini tebdil eder, külfet-i hizmetten âzad eder. Yani: Hayat-ı fâniyeden, seni hayat-ı bâkiyeye alır. İşte şu kelime, şöylece fâni cin ve inse bağırır, der ki:

Sizlere müjde! Mevt îdam değil, hiçlik değil, fena değil, inkıraz değil, sönmek değil, firak-ı ebedî değil, adem değil, tesadüf değil, fâilsiz bir in'idam değil. Belki bir Fâil-i Hakîm-i Rahîm tarafından bir terhistir, bir tebdil-i mekândır. Saadet-i Ebediye tarafına, vatan-ı aslîlerine bir sevkiyattır. Yüzde doksandokuz ahbabın mecma'ı olan âlem-i berzaha bir visal kapısıdır.

Risale-i Nur'dan

27 Aralık

*Sana ey Yaratıcım, Sana ey kudret sahibi,
Sana sunuyorum bu taze tomurcuğunu eski ağacın taze meyvesini.
Sen Sanatkârsın, biz Senin eserleriniz. Sana ey Yaratıcım,
Sana ey Kadir, Sana bu tomurcuğu sunuyorum.*

Afrika Geleneği

Iğdır'da yağmur duası

Kâzım Karabekir Paşa anlatıyor: 14 Mayıs 1922'de Kağızman'dan otomobil ile yedi saatte Iğdır'a geldik. Iğdır büyük ve oldukça mamur bir kasabacık. Bağlık-bahçelik, büyük bir düzlük ortasında. Hayli zaman yağmur yağmadığından ekmek pahalanmış, halk ızdırap içindeydi. Bazıları yanıma geldiler:

- Paşa! Yağmursuzluktan kırılıyoruz. Seni çok işitiyoruz, dindarsın, iyisin, bize meded et, dediler.

- Düşüncelerinize teşekkür ederim. Fakat mededi Allah'tan istemeli. Ben sizin için dua ederim. Siz de kalplerinizi Allah'a bağlayın ve yalvarın. İnşallah hayırlı bir yağmur gelir, dedim. Halkın samimî ısrarı üzerine de kalbimi tamamıyla Cenab-ı Allah'a bağladım ve yalvardım.

- Siz de bir kere 'amin' deyiniz ve gidiniz. Umarım ki Allah yardımcınız olacaktır, dedim. Ve halkı selamlayarak ikametgâhıma çekildim, sonra halk da dağıldı. Biraz istirahatten sonra akşama doğru çarşıya yaya çıktım. Tam çarşı ortasına geldiğimiz zaman bir yağmur başladı. Her taraftan yayılan haykırmalar ve dualar, yağmur sesine latif bir nağme katıyordu.

28 Aralık

Rabbim, yalnız Seninle kalmakla kalabalıklaştır beni!
Bir secdede biriktir varlığımı! Beni Sana açılan ellerimde çoğalt!
Kendimi Sende unutayım ve öylece kapansın gözlerim ve
öylece çözülsün ellerim. Dilim öylece sussun ve
tenim öylece çamura katışsın ve
bu mürekkep lekeleri kısacık vuslatımın hatırası olsun.

Senai Demirci

"Vehüvehayyunlâyemut: O ebedî diri ve ölümsüzdür" müjdesi

Sizlere müjde, mahbublarınızdan nihayetsiz fırakların yaralarını tedavi edip merhem süren bir Mahbub-u Bâkî'niz var. Mâdem o var ve Bâki'dir, başkaları ne olursa olsun merak çekmeyiniz. Belki o mahbublarda, sebeb-i muhabbetiniz olan hüsn ve ihsan, fazl ve kemâl, o Mahbub-u Bâkî'nin cilve-i cemâl-i bâkisinden çok perdelerden geçip, gayet zayıf bir gölgenin gölgesidir. Onların zevalleri, sizleri incitmesin. Çünki onlar bir nevi âyinelerdir. Âyinelerin değişmesi şaşaa-i cemâlin cilvesini tazeleştirir, güzelleştirir. Mâdem o var, herşey var.

Risale-i Nur'dan

29 Aralık

Rabbim,
bütün evlatlara anababalarını saygı ile sevebilmeyi bağışla.
Asla bitmeyen, azalmayan evlatlık görevlerini hepimize öğret ve
bütün anababaları çocukları ile bütün çocukları anababaları ile kutsa.

Christina Roseth

"Biyedihil hayr: Hayır O'nun elindedir" müjdesi

Her hayır, onun elindedir. Her yaptığınız hayrat, onun defterine geçer. Her işlediğiniz a'mal-i sâliha, yanında kaydedilir. İşte şu kelime, cin ve inse nidâ edip müjde veriyor: Ey bîçareler! Mezaristana göçtüğünüz zaman, "Eyvah! Malımız harab olup, sa'yimiz heba oldu; şu güzel ve geniş dünyadan gidip, dar bir toprağa girdik." demeyiniz, feryad edip me'yus olmayınız... Çünki sizin herşeyiniz muhafaza ediliyor. Her ameliniz yazılmıştır. Her hizmetiniz kaydedilmiştir. Hizmetinizin mükâfatını verecek ve her hayır elinde ve her hayrı yapabilecek bir Zât-ı Zülcelâl, sizi celb edip, yer altında muvakkaten durdurur. Sonra huzuruna aldırır. Ne mutlu sizlere ki; hizmetinizi ve vazifenizi bitirdiniz. Zahmetiniz bitti, rahata ve rahmete gidiyorsunuz. Hizmet, meşakkat bitti; ücret almağa gidiyorsunuz.

Risale-i Nur'dan

30 Aralık

Allahım nefsimi Sen yarattın.
Ona ölüm verecek olan da Sensin.
Nefsimin ölümü de hayatı da Senin kudret elindedir.
Eğer hayat vereceksen istikamet ve emniyet ver nefsime.
Eğer ölüm vereceksen, nefsimi bağışla ve yanına al.

Uykudan önce duası

"Ve hüve alâ küllî şey'in Kadîr: O herşeye Kadirdir" müjdesi

Ey insan! Yaptığın hizmet, ettiğin ubudiyet boşuboşuna gitmez. Bir dâr-ı mükâfat, bir mahall-i saadet senin için ihzar edilmiştir. Senin şu fâni dünyana bedel, bâki bir Cennet seni bekler. İbadet ettiğin ve tanıdığın Hâlık-ı Zülcelâl'in va'dine îman ve itimad et. Ona va'dinde hulfetmek muhaldir. Kudretinde hiçbir cihetle noksaniyet yoktur. İşlerine, acz müdahale edemez. Senin küçük bahçeni halk ettiği gibi, Cennet'i dahi senin için halk edebilir ve halk etmiş ve sana va'd etmiş. Ve va'dettiği için, elbette seni onun içine alacak.

31 Aralık

Yazdıran da Sensin, yazılan da...
Bu sözden öte gayrı gidecek kapım, ağlayacak dostum,
sığınacak başka bir kalem yoktur.

"Ve ileyhil masîr: dönüş O'nadır" müjdesi

Ey insan! Bilir misin nereye gidiyorsun ve nereye sevk olunuyorsun? Dünyanın bin sene mes'udane hayatı, bir saat hayatına mukabil gelmeyen Cennet hayatının ve o Cennet hayatının dahi bin senesi, bir saat rü'yet-i cemâline mukabil gelmeyen bir Cemil-i Zülcelâl'in daire-i rahmetine ve mertebe-i huzuruna gidiyorsun. Mübtelâ ve meftun ve müştak olduğunuz mecazî mahbublarda ve bütün mevcudat-ı dünyeviyedeki hüsün ve cemâl, onun cilve-i cemâlinin ve hüsn-ü esmâsının bir nevi gölgesi ve bütün Cennet, bütün letaifiyle bir cilve-i rahmeti ve bütün iştiyaklar ve muhabbetler ve incizablar ve cazibeler, bir lem'a-i muhabbeti olan bir Mâbud-u Lemyezel'in, bir Mahbub-u Lâyezal'in daire-i huzuruna gidiyorsunuz ve ziyafetgâh-ı ebedîsi olan Cennet'e çağrılıyorsun.

29 Şubat

*Göz kaptırdığım renkten, kulak verdiğim sesten,
affet Senden habersiz aldığım her nefesten*

Necip Fazıl

Ümit Allah'ın bir ikramıdır

Ümit, Allah Tealanın kullarına bir ikramıdır. Kulun yaşayışı ile alakalı değil, Allah'ın ikramıyla alakalıdır. Yani her kulun ümitlenmek hakkı vardır. Ümitlenmesinde veya ümitsizliğe düşmesinde, ibadetlerinin ve günahlarının rolü yoktur. Çok ibadet eden bir kulun bu ibadetinden dolayı ümitlenmeye hakkı yoktur. İbadetini aksatan bir insanın da bundan dolayı ümitsizliğe düşmemesi gerekir. Ümit, Allahü Zülcelâl Hazretlerinin ikram hazinelerinden bir hazinedir.

Abdülaziz Bekkine

Sonsöz diye...

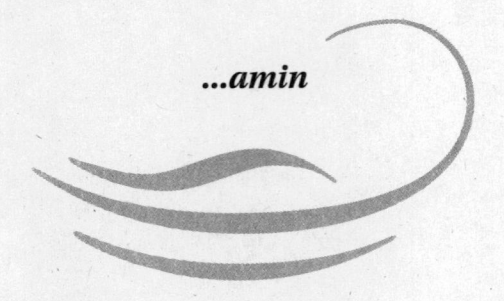

...amin

Mukabil Dualar

Her Güne Bir Dua isimli muhteşem eseriniz için sizi ve Semine hanımefendiyi kutluyorum. İsimleriniz üsluplarınız kadar -ve inşallah hayalleriniz ve idealleriniz kadar- uyum sergiliyor. Bu uyumdan, kafiyeden, -senai/semine- kaderin sahibinin size birlikte büyük eserler verdirmeyi planladığını hissediyorum. Bu eser sayesinde evrenin ve yaratılışın en önemli sırrına çok değerli bir kapı açtınız ve ışık saçılmasına vesile oldunuz. İnsana değer katan tek sır olan duaya açılmamıza vesile oldunuz. Demek ki, böylesi güzel bir hizmete vesile olmayı hak edecek kadar dua etmişsiniz ve demek ki duanız kabul edilmiş ve ezelî takdirde bu kitabın müellifi olmanız takdir buyurulmuş. Üzerinde emeği geçen herkesi kutluyorum. Mevlâ bu olağanüstü hizmetinizin bilhassa manevi mükafatini kat kat versin ve bu dua hareketiyle birlikte inşallah istikbalimizi aydınlatsın ve geçmişimizdeki kusurlarımızı temizlesin.

Muhammed BOZDAĞ

Rabbimiz duanız olmasaydı size değer vermezdim buyuruyor. Son günlerde dualarımızı kaybettik sonra hayatta kaybolduk. Duanın ruhunu anlama adına anlamın kaybolmaması adına yapılan hoş bir çalışma okuyun ve uygulayın. Lütfen; AŞK ADINA...

Cesur KÜÇÜK

Tek kelime ile kulluğun özü olan duanın ötelerden gelen esintisini bizlere duyuran ve gönül dilimizi harekete geçiren bir kitap...Tebrikler senai & semine demirci çiftine...

Sibel TUNÇ

Ey Rabbimiz! Senin rahmet ve ilmin her şeyi kuşatmıştır. O halde tövbe eden ve senin yoluna gidenleri bağışla, onları cehennem azabından koru! (derler) (Mü'min, 7).ALLAH'ın rahmeti ve bereketi sizin, hanımefendinin, evlatlarınızın ve tüm inananların üzerine olsun..Geçtiğimiz cumartesi günü Her Güne Bir Dua adlı muazzam eserinizle tanıştım. Sadelikte azameti yakalamak dedikleri böyle bişey olsa gerek.. Size, gün içinde çalışırken kitabı okumayı özlediğimi ve dün gece yastığımın altına koyarak uyuduğumu söylersem lütfen bana gülmeyin..Allah sizlerden razı olsun..Duaya çok fazla ihtiyacımın olduğu şu günlerde Her Güne Bir Dua benim için adeta hazine oldu..Siz de bana dua buyurunuz lütfen.. selam ve dua ile

Aslı

…çok güzel bir kitap... duayı hayatımızın içine daha da bir katmak, dualarımızın boyutunun nasıl olması gerektiği ve hergün muhakkak dua etmemiz bilincine ermemiz için kesinlikle okunması gereken bir eser..

Saliha YAZICI

Nefes alış verişlerime yardımcı olduğunuz için, Muhammed ve Mustafa'nın annesi olduğunuz gibi sessiz yakarışlarımın da annesi olduğunuz için, HER GÜNE BİR DUA için: önce O'na sonra size teşekkürler...

Neslihan

Her güne bir dua adlı kitabınıza ulaştım. Çok harika olmuş. Dua etmeyi Allah'a ya da tanrı dediğine emir kipinde bir şeyler söylemek sanan insanlar arasında yaşamaktan boğuluyor gibi olduğumuz şu günlerde derin bir dağ havası çektirdi kitabınız. Damarlarında oksijeni bol havadan toplanmış zerreler dolaşan insanların yüzleri daha gamzelidir farketmişseniz. Allah yolunuzu açık etsin. Temennim 13 haziran için (sayfa 174) ayırdığınız duanın sahibi olarak bir dahaki baskılara aynı duayı almanız halinde sadece altına adımı yazmanız.. Sakın bu maili olumsuz bir halet-i ruhiyeyle yazdığımı sanmayın.. Kitabınızda bir zamanlar yazdığım yazılarda geçen bir duayı almanız çok gururlandırdı beni.. "Allahım bana dua etmeyi öğrenmeyi nasib eyle" diye dua eden birinin duasının da kitabınızda geçmiş olması onu ne kadar mutlu etti bilemezsiniz.. Kitabınızın benim gibi nicelerine dua etmeyi öğretmesi dileklerimle... Bitiş yerine amin... Sonsözünüz gibi.. Sevgiler..

Erol ŞAHİN

Dua, tebessümdür

Hep zor zamanlarda elimizi açacağımızı sanarak büyüdük. Ama öğrendik ki öyle değilmiş bu.
Kuşlar zor zamanda kaldığı için dua ediyor değil. Çiçekler her an duada.
Bir tebessümdür papatya ve bir çocuk gibi hep zikirli, şükürlüdür: "Bu güzellik senden ey sonsuz süsleyici" der.
Dilimiz unutsa da duayı, yanaşmasak da acizliğimizi görmeye, biz duadayızdır yine.
İyi ki bu su varmış der ihtiyaç ateşiyle yanan hücrelerimiz. Dua bir tebessümdür bu yüzden. Şöyle derin bir nefes alırken /verirken gözlerimizin içi güler. Güler ve gökyüzünü dolduran bir tefekkürü iletiriz o adrese.
Her yaprak yeşil kaldığı için...
Her çiçek rengarenk tebessüm ettiği için...
Her kuş her taneyi gagaladıkça...
Bütün acizler ihtiyaçlarını gördükçe... bin bir dua bin bir kabul vardır gözlerimizin önünde. Farkına varsak da varmasak da sonsuz fukaraların bir sultanı vardır. Bu böyledir ve başka türlüsü düşünülemez.
Okul kitapları çocuklarımızı "tabiat ana"nın kucağına atsa da...
Yapılmışı yapan gibi gösterirken...
Hiç olacak şey mi sanatla sanatkârın karıştırılması?
Elma bir tebessümdür, portakal, üzüm, kayısı...
Gül ayrı bir tebessüm.
Der ki ağaçlar! "Acizsiniz aciz!" Ne bende elma yapacak güç var ne sizde.
Uzatın ellerinizi.
Bir zikriniz olsun koparıp ısırırken, bir fikriniz bir de şükrünüz işte! Zaten zikir, fikir, şükür velvelesine gark olmuş âlemde senin de sesin olsun. Bu koroda yerini al. Yoksa bütün meyvelerin, çiçeklerin nefreti yağacak üstüne. Bütün bu tebessümleri acılaştırma.
"Dua, istemektir." diyor Semine ve Senai Demirci.
"Her Güne Bir Dua" demişler kitaplarının adına. Duadan uzak kalmayalım diye. İnsan okudukça, ferahladığını, hafiflediğini hissediyor.
Her dilden, her gönülden dualar var orada. Her günümüze değil, her anımıza dualarımız olmalı, diyorsunuz kitabın sayfalarını çevirdikçe.

Duaya sarıldıkça, bir fanustaymışçasına kendimizi emanette görüyoruz.
Duamız acizliğimiz, acizliğimiz birdenbire gücümüz oluyor. Bir ferah rüzgar esiyor içimizde dışımızda.
Elimiz, gönlümüz dualara sonsuz açılırken aminlerle çınlıyor her yan.
Duanın duymak, duyurmak ve ebedi doymak olduğunu görüyor insan.

Ali HAKKOYMAZ

"Dua varlığımızın sebebi, varlığımız da dua vesilesidir"

Ümmühan Atak,
Yeni Şafak

www.dualar.com'u kurdunuz ve ardından Her Güne Bir Dua yayımlandı. Böyle bir kitap çalışması yapmak fikri nasıl doğdu.?

Senai: www.dualar.com'un gördüğü ilgiyle birlikte önemli bir dua gündemine ihtiyaç duyduğumuzu farkettik. Kültürümüzde bir manevi yardım olarak çokça zikredilen dualaşmanın tam da internetin interaktif ve bireysel fonksiyonuna denk düştüğünü farkettik. Sadece rumuzuyla derdini açan birine sadece rumuzunuzla içten bir dua gönderiyorsunuz. Bu durum, Peygamberimizin[asm] "birbirinize günahsız ağızlarla dua edin" tavsiyesini yerine getiriyor gibi. Peygamberimizin burada kastettiği bir başkasının bize, bizim de bir başkasına hiç beklentisiz dua etmemizdi, çünkü bizim dilimiz bir başkasının günah işlemediği bir dil olduğu gibi, bir başkasının dili de bizim için günahsız bir dildir. Kitabı, internetteki yardımlaşma uygulamasını elle tutulur, gözle görülür bir yere, yani kâğıda taşımak amacıyla kaleme aldık. Çoğu dua bir dualar.com üyesinin ya da bizzat tanıştığımız bir dostumuzun sevdiği ve kendi diline doladığı dualardan oluşur. Kitap, her gün için bir dua önererek, dua etmeyi ve dualaşmayı zamana doğru yayarak, "az da olsa düzenli" ibadet etme alışkanlığını beslemeye çalışıyor.

Karı-koca olarak böyle bir kitap yayınlamaya karar verdikten sonraki süreç hakkında neler söyleyebilirsiniz?

Semine: Önce piyasada mevcut bütün dua kitaplarını topladık ve taradık. Kur'ân'da dua formundaki ayetleri ve hadislerdeki duaları sistematik olarak seçtik. Mevcut dua kitaplarında aşağı-yukarı birbirine benzeyen özellikler vardı. Ancak biz farklı bir şey ortaya koymaya çalıştık. Öncelikle, dua kitaplarının bazılarında varolan "şu duayı şu kadar okursan şöyle olur" gibi, bizce duanın ruhunu zedeleyen yaklaşımı reddettik. Bizce dua sadece dua etmek için edilir. Dua eden, doğrudan Yaratanına muhatap olmanın zevkini ve ayrıcalığını zaten hissediyor olmalı. Duayı bir dünyevî hatta uhrevî menfaate endekslemek yerinde değil. İkincisi, duanın evrensel bir duruş olarak çok kültürlü olmasına çaba gösterdik; kitapta her dinden her kültürden dua metinleri var. Bunu bir müslüman olarak yaparken, müslüman olmanın varolan tüm güzel ve iyi şeyleri benimsemek demek olduğundan yola çıktık. Üçüncüsü, özellikle Peygamberimizin(asm) yaptığı duaları, "abdest duası", "evden çıkış duası" gibi kapalı ifadelerle değil de, duanın söylendiği bağlam içindeki anlamıyla ortaya koymaya çalıştık, ta ki Peygamberimizin(asm) dua ederek her halimizi Rabbimize arzettiği öğretisini biz de benimseyelim. Dördüncüsü, kitaba ninniler, maniler, şarkı sözleri, ağıtlar gibi kültürel ögeler koyduk ki, duanın öyle özel ve kolay erişilmez bir şey olmadığı, aksine her an dilimizin altında olduğu hissedilsin. Beşincisi, kitabın iç düzenini ve kapak tasarımını dua kitaplarına hakim olan aşırı dolu iç düzen ve koyu renkli kapakların tersine, neşeli, kolay okunur ve beyaz yaptık.

Kitabın hazırlığı sırasında, ailevî ilişkilerinize yeni/farklı bir boyut geldi mi?
Senai: Herşeye dua gözüyle bakmaya başladık. Bir keresinde deniz kenarına gitmiştik, denizin dalgalarını bir tür dua olarak algıladık. Ağacı toprağın duası diye, çiçeği yaprağın duası diye görmeye başladık. Her gördüğümüze dua ve dua kitabı sorduk. Bu telaşımızı bilen dostlarımız dualar getirdiler, dua kitapları haber verdiler. Hatta şarkı sözlerini de bir tür dua olarak işitmeye başladık. Bunun bir kaç örneğini kitaba koyduk. Kitapta çocuklar için de dualar var. Kitabı hazırlarken çocuklarınızdan da yardım aldınız mı?

Semine: Yardım aldık. Ancak onların dua sözleri henüz girmedi kitaba. Çocuk dualarını ve çocuklar için duaları ayrı bir çalışma olarak düşünüyoruz.

"Rehber" ifadesine sıcak bakıyorsanız, bu, "dua ederken eksik kalma", "dua etmede yetersiz olma" gibi düşünceleriniz mi vardı?
Senai: Dua kültürü adına yazılan kitapların bir kısmında-ki bunlar aynı zamanda popüler olanları-dua etme bir tür Allah'la pazarlık gibi sunuluyor ya da açıktan sunulmasa bile bu telkin besleniyor. Oysa duada eksik ol-

duğunu hissettiğimiz şey, bizzat dua etmenin kendisinin bir zevk ve mükafat olarak kabullenilmesi. Duaya konu ettiğiniz bir dileğiniz ya da ihtiyacınız olur elbette. Bu kısmı duanın detayı sadece. Oysa, dua ediyor olabilmenin kendisi bir tattır. Bizde eksik kaldığını hissettiğimiz de bu: "dua için dua." Eksik olan bir başka konu ise, duanın sadece sözel ve özel bir format gerektirdiğinin zannedilmesi. Özelde dua kültürümüzde ve genelde din algımızda, insan ile evren arasında bir kopukluk var, bir tür manevî sekülerizm yaşıyoruz.Bu ayırım ile insanın çalışması, emeği ve eylemleri, insanın dua etmesiyle rakip gibi duruyor. Oysa, insanın sözle istemesi ne kadar istemek ise, çalışarak istemesi, emeğini ortaya koyarak beklemesi de o kadar istek, yani dua. Bir diğer deyişle insan el açıp yalvararak da, bir işi ele alarak da aynı Yaratıcı'ya başvuruyor, ondan değişik biçimlerde istiyor. Bu yüzden, "İşimiz Allah'a kaldı", "Bu araba dua ile gidiyor" gibi deyimler, bir dualiteyi besliyor. Oysa işimiz her zaman Allah'a kalmıştır ve arabalar hep dua ile gider. Bu duanın formatı el açıp yalvarmadan farklı olabilir.... Kitapta özellikle denizin duası, ağacın duası gibi anektodlar, "bir ceninin hatıra defteri" gibi yazılar, bu ikiliği aşmaya yönelik.

Kitaba, bir anlamda "dua rehberi" olarak tanımlanabilir mi?
Semine: Kitap bir tür günlük ya da günce olarak dua etme kültürüne ve alışkanlığına götüren rehber olarak görülebilir. Ancak dua kültürünün kendisine rehber olmasını hak edecek özel bir sistematiği yok. Kur'ân'daki dua ayetlerini derlemede derli toplu bir rehber olarak görülebilir

Dualarda sınır yoktur ama insanlar bunu pek bilmezler. kitabınızda duaların sınırı olmadığını, her konuda, her boyutta dua edildiğini görüyoruz...
Senai: Çok haklısınız. Duanın ne format, ne içerik, ne de ırk ve din sınırı vardır. Bu varlık aleminde var olan herşey bir şekilde dua eder, bir şeyleri mutlaka ister. Aslında, "duanız olmasaydı ne ehemmiyetiniz vardı!" mealindeki ayeti de şöylece yorumlayabiliriz: "Dua edecek olmasaydınız neden var olasınız ki?" Dua varlığımızın sebebi, varlığımız da dua vesilesidir.